高等职业教育旅游大类专业示范院校"十三五"规划教材
编委会

顾　问

马　勇　教育部高等学校旅游管理类专业教学指导委员会副主任
　　　　　中国旅游协会教育分会副会长
　　　　　中组部国家"万人计划"教学名师
　　　　　湖北大学旅游发展研究院院长，教授、博士生导师

总主编

薛兵旺　湖北省职业教育旅游管理类专业教学指导委员会秘书长兼学术委员会主任
　　　　　武汉商学院旅游与酒店管理学院院长，教授

委　员（排名不分先后）

张金霞　王诗龙　张耀武　余远国　郭　沙　张树坤　袁　畅
熊娟梅　鄢向荣　夏　栋　陈　静　石小平　刘　斌　马金城
石海云　刘长洪　代　莹　魏　娟　罗银舫　夏绍兵　王姣蓉
张菊芳　李建中　张　勇　吴　戈　李旭元　揭爱民　刘朝阳

高等职业教育旅游大类专业示范院校"十三五"规划教材

总主编 薛兵旺

旅游应用文写作
Tourism Practical Writing

主 编／杨崇君 罗国仕
副主编／刘 艳 祁 敏 胡 璟

华中科技大学出版社
http://www.hustp.com
中国·武汉

内 容 提 要

本书是高等职业教育旅游大类专业示范院校"十三五"规划教材。全书以高职人才培养要求和旅游工作实际为依据,以培养旅游应用文写作能力、提高学生人文素养为目标,按照"任务导入、范例分享、知识览要、写作实训"的编写体例对应用文文种分别进行介绍,凸显应用文写作的实用性、规范性和人文性。全书共八章,每章附有综合练习,使知识学习和技能训练有机结合。本书适用于旅游类专业应用文写作项目化教学,也可作为旅游企业文员的培训教材或参考书。

图书在版编目(CIP)数据

旅游应用文写作/杨崇君,罗国仕主编. —武汉:华中科技大学出版社,2016.9(2020.8 重印)
高等职业教育旅游大类专业示范院校"十三五"规划教材
ISBN 978-7-5680-2009-1

Ⅰ.①旅… Ⅱ.①杨… ②罗… Ⅲ.①旅游-应用文-写作-高等职业教育-教材 Ⅳ.①H152.3

中国版本图书馆 CIP 数据核字(2016)第 144840 号

旅游应用文写作 　　　　　　　　　　　　　　　　　　　　　　　杨崇君　罗国仕　主编
Lüyou Yingyongwen Xiezuo

策划编辑:李　欢　周小方
责任编辑:章　红
封面设计:闳江文化
责任校对:曾　婷
责任监印:周治超
出版发行:华中科技大学出版社(中国·武汉)
　　　　　武昌喻家山　邮编:430074　电话:(027)81321913
录　　排:华中科技大学惠友文印中心
印　　刷:武汉科源印刷设计有限公司
开　　本:787mm×1092mm　1/16
印　　张:12　插页 2
字　　数:292 千字
版　　次:2020 年 8 月第 1 版第 3 次印刷
定　　价:35.00 元

本书若有印装质量问题,请向出版社营销中心调换
全国免费服务热线:400-6679-118　竭诚为您服务
版权所有　侵权必究

总序

随着中国经济的迅猛发展，旅游业已成为中国经济中发展势头最强劲、规模最大的产业之一，旅游消费已成为国民大众的常态化生活选项。从消费主体看，旅游正由少数人的旅游活动转变为国民大众的常态化生活选项；从产业内容看，旅游业正由狭义的旅游商业范畴转向广义拓展的大旅游商业领域。从酒店业到旅游住宿业，从旅行社业到旅行服务业，从旅游景区到休闲度假旅游业，从旅游购物店到形式多样的商业购物体系，从定点餐厅到目的地餐饮接待体系，从传统旅游交通到多主体、多层次的交通体系，旅游要素行业的内涵和外延不断拓展。

据世界旅游业理事会（WTTC）测算，未来 10 年，中国旅游产业对 GDP 综合贡献将在 10% 以上，超过教育、银行、汽车产业；而据国家旅游数据中心测算，中国旅游就业人数占总就业人数也将超过 10%。在中国旅游业可持续发展的大背景下，我国的旅游高等教育也迎来了黄金发展机遇期，有 80% 以上的高等职业教育院校开设了旅游专业，为我国旅游业发展输送了大批的高素质的技术技能型人才。

教材建设是高等院校的一项基础性工作，是衡量学校办学水平的重要标志。目前，我国高等职业院校旅游专业的教材建设已初具规模，并取得了阶段性成效。但是，旅游管理专业教材不足以满足大旅游时代的需求，不能满足现代旅游业发展的需求。由于教材编写者专业素养不够、缺乏行业实践经验等原因，旅游管理专业教材存在选题重复、不成体系、内容脱离工作实际等问题。因此，必须把握时代的脉搏，按照高等职业教育的发展规律，开发出一套对应用型旅游教育具有引领和示范作用，既有一定理论基础，又能提升学生技术技能，同时又能满足应用型旅游管理专业人才培养需要的专业教材。

为此，我们集中了湖北省高等职业教育示范性旅游院校的学科专业带头人和骨干教师，共同编写了本套教材。

本套教材采用全新的体例，力求打破传统的编纂方法。一是注重应用性和针对性，理论知识以"必须够用"为原则，契合旅游企业实际情况，强调教材内容的针对性与适用性。二是采用最前沿资讯，融入行业、企业最新案例。三是力求条理清晰，避免层次混杂。教材每一级标题都提炼出明确的观点，再展阐释，让学生一目了然，而不是到段落中去寻找要点。

  本套教材将遵循"循岗导教"的人才培养理念,按照"产教融合,工学结合"的指导思想,设置项目目标、任务导入、范例分享、知识览要、写作实训等内容,强调课堂教学与实训指导的一致性和相关性,避免内容的重复与脱节,从而准确定位和把握本套教材内容的科学性和实用性。

湖北省职业教育旅游管理类专业教学指导委员会

学术委员会主任

薛兵旺

2016 年 1 月 6 日于武汉商学院

前言

为迎接我国大众旅游时代到来、培养高素质旅游管理人才,"旅游应用文写作"课程承担着提高学生应用文写作能力和书面表达能力的重要功能。对于职业院校旅游类专业的学生来说,学习本门课程,旨在帮助他们熟悉旅游应用文写作的基本理论和基础知识,掌握常用旅游应用文文种的基本格式、写作要求及写作方法,培养和训练应用文写作技能,以适应未来职业发展的需要。

本书贴近旅游行业实际,又体现应用文写作的一般原则,突出实用实训,又有一定的理论指导。在内容上强调应用性和针对性,体现代表性和普遍性,以"必需、够用、适用"为原则选择文种,不求大而全,均为旅行社、酒店、景区等旅游企业实际工作中不可或缺的内容。

全书共八章,第一章是绪论,余下七章分别为:旅游宣传策划类应用文、旅游调研分析类应用文、旅游营销活动类应用文、旅游日常管理类应用文、旅游公务活动类应用文、旅游社交活动类应用文、旅游法律诉讼类应用文等 7 个类别 38 个文种的写作格式、要求及写法等。每个文种按照"任务导入、范例分享、知识览要、写作实训"的体例分别进行介绍,凸显应用文写作的实用性、规范性和人文性。所附范例注重新颖、真实、典型、规范。每章附有练习题,使知识学习和技能训练有机结合。本书更适合采用项目化教学方式。

本书可供各类职业院校和高等专科学校的旅游管理专业师生使用,也可作为旅游企业文员的培训教材或参考书。

全书由杨崇君、罗国仕主编,杨崇君教授负责拟定编写大纲、文种选定、分工、定稿,编写了第一章、第三章;罗国仕副教授负责统稿,编写了第二章、第六章、第七章。刘艳副教授编写了第五章,祁敏副教授、胡璟老师编写了第四章,吴海虹老师编写了第八章。在编写过程中,本书还得到了湖北三峡职业技术学院旅游与教育学院的领导和旅游教研室老师们的帮助和支持,在此一并表示感谢!书中还参考和引用了不少学者和业内人士的文章和成果,其作者及作品在参考文献中一一列出,在此谨表谢忱!最后,恳请读者和使用者提出宝贵意见,以不断完善。

编者

2016 年 6 月 1 日

目录

第一章　绪论 / 1
　　第一节　旅游应用文概述 / 1
　　第二节　旅游应用文写作基础 / 5
　　第三节　旅游应用文的语言表达 / 14

第二章　旅游宣传策划类应用文 / 24
　　第一节　消息 / 25
　　第二节　通讯 / 30
　　第三节　海报 / 34
　　第四节　导游词 / 36
　　第五节　策划案 / 42

第三章　旅游调研分析类应用文 / 47
　　第一节　调查报告 / 48
　　第二节　经济活动分析报告 / 54

第四章　旅游营销活动类应用文 / 61
　　第一节　旅游广告 / 62
　　第二节　旅游商品说明书 / 68
　　第三节　招标书 / 69
　　第四节　投标书 / 75
　　第五节　旅游合同 / 78

第五章　旅游日常管理类应用文 / 86
　　第一节　计划 / 87
　　第二节　总结 / 90
　　第三节　简报 / 95
　　第四节　制度 / 99

第五节　守则 / 103
第六节　细则 / 107
第七节　办法 / 110

第六章　旅游公务活动类应用文 / 115
第一节　公文概述 / 116
第二节　报告 / 117
第三节　请示 / 122
第四节　批复 / 125
第五节　决定 / 127
第六节　通告 / 130
第七节　通知 / 133
第八节　通报 / 135
第九节　会议纪要 / 137
第十节　函 / 140

第七章　旅游社交活动类应用文 / 145
第一节　申请书 / 146
第二节　求职信 / 149
第三节　演讲稿 / 152
第四节　欢迎词 / 156
第五节　欢送词 / 159
第六节　答谢词 / 161

第八章　旅游法律诉讼类应用文 / 166
第一节　旅游民事起诉状 / 167
第二节　旅游答辩状 / 169
第三节　旅游上诉状 / 173

附录　党政机关公文处理工作条例 / 177

参考文献 / 183

第一章 绪 论

通过本章学习,应当达到以下目标:
知识目标
了解旅游应用文的概念特点;掌握旅游应用文写作的一般步骤;明确旅游应用文语言表达的基本要求和特点。
能力目标
正确理解旅游应用文写作的特点和要求,指导今后的应用写作实践。
素质目标
正确理解学习应用文的意义及方法,培养正确的应用写作态度,为学习、生活和工作服务。

第一节 旅游应用文概述

一、旅游应用文的概念和特点

(一)旅游应用文的源流

"文章之始,多缘实用。"应用文是一种起源很早的文体。在我国最古老的规范文字甲骨文中,那些以卜辞指导生产和生活的"占卜文书",就是最古老的应用文。

中国古代凡是公文及函札都称作书,作为中国最早的典籍六经之一的《尚书》,大部分篇章是古代的公文。其内容涉及尧舜至秦穆公600多年间典、谟、训、诰、誓、命六种应用文体。南朝梁刘勰在《文心雕龙·宗经》中说:"故论、说、辞、序,则《易》统其首;诏、策、章、奏,则《书》发其源。"所以说,《尚书》是我国最早的应用文汇编。

应用文体古已有之,但是,应用文之名称出现较晚,在南朝宋范晔等撰的《后汉书·刘陶传》中,出现了"公文"的名称:"但更相告语,莫肯公文。"应用文的名称,则见于清代刘熙载《艺概·文概》:"文有辞命一体","辞命体,推之即可为一切应用之文。应用文有上行,有平行,有下行。重其辞乃所以重其实也"。

我国的旅游活动历史悠久,为旅游活动服务的旅游应用文也有悠久的历史。《尚书·周书》中有《告四方旅游》一文:"四方旅游,旁生忻通,津济道宿,所至如归。弊租轻,乃作毋以行其子;易资贵贱,以均游旅……"可视为最早的关于旅游的告示。明代田汝成的《西湖游览志》、清代康熙年间的《示我周行》,则颇似今天的旅游指南。

(二)概念

1. 应用文的概念

应用文是国家机关和其他社会团体组织及个人处理公务、日常事务和传播信息时使用的格式规范、行文简约的实用文体。它是开展公务和处理个人事务时不可缺少的工具。

应用文写作是一种最直接、最有效的表达思维、交流思想、传播信息、解决问题,为现实社会服务的写作。

2. 旅游应用文的概念

旅游应用文是各旅游单位、部门、从业人员之间与相关行业的单位、部门、从业人员之间办理旅游服务公务,处理旅游服务业务时所使用的应用文。旅游应用文是在旅游工作或旅游活动中应用得最多的实用文章,它既有一般应用文体的基本性质,又有旅游行业、旅游工作和旅游活动的特性。

(三)旅游应用文的特点

1. 实用性

旅游应用文的实用性首先表现在撰写目的上,它是用来解决旅游工作和生活中的实际问题的。刘勰在《文心雕龙·书记》篇中说:虽艺文之末品,而政事之先务也。国家的管理者为治理国家,旅游决策、行政管理部门为了开展旅游工作,促进旅游业的发展,都必须运用旅游应用文。下级向上级汇报和反映情况有"上行文";上级向下级发布指示、指导工作有"下行文";为了规范社会行为有法规、条例、合同、协议;旅游事业要发展,必须制定方针政策,必须进行具体规划,还要进行旅游资源考察与开发,撰写调查报告、旅游市场分析,制定旅游规划、计划,提出报告、请示等等。因此,旅游事业的经营与管理者要搞好旅游工作,振兴、繁荣旅游业,就必须运用旅游应用文解决各种实际问题。

2. 针对性

旅游应用文的价值就是为了解决旅游工作、生活中的实际问题,具有现实而具体的针对性。每一种旅游应用文的撰写和使用范围都有确定的针对性。比如其中的公文,主要用于处理旅游行政管理机关、旅游企事业单位的公务;上级旅游行政管理机关或企事业单位向下级有关部门下达的文件,是为了提出方针、政策、原则、办法,表明态度,解决现实工作和生活中的具体问题;下级有关部门向上级旅游行政管理机关或企事业单位呈报的文件,是为了报告本部门工作中的新情况、新问题,请求上级指导,以便正确地处理困难问题。这些应用文各有各的职能范围、各有各的针对性,不得随意乱用。在那些演讲类的应用文中,开幕词与闭幕词、欢迎词与欢送词,标题虽一字之差,但各自的使用场合不同。

旅游应用文的针对性还表现在作者和读者的确定性,如:公文有法定的作者,有固定的受文单位和阅读人。即使日常用的书信、电函也如此。

旅游应用文是最讲究现实效果的文体,只有针对性强,才能收到好的效果。事情涉及谁,谁就使用旅游应用文;需要用哪一类旅游应用文,就用哪一类,没有个人好恶选择的自由。

3. 时效性

旅游应用文的写作是为了解决当前面临的实际问题,必须有严格的时效观念。时效性主要表现在三个方面。

第一,旅游应用文的撰写一般时间要短,速度要快。为了适应旅游形势,抓住时机,旅游应用文的写作必须迅速及时。有些特殊情况,其形势瞬息万变,其机遇稍纵即逝。抓住了机遇则胜,失去了机遇则败。公文制作应"倚马可待"。不能像作家写小说那样,精雕细刻,慢慢琢磨,一年或几年才拿出作品。出手快是旅游应用文的一项基本功。

第二,旅游应用文要解决实际问题,而解决问题必然有时间的限制和应达到的标准。凡是限定时间完成的,必须按时完成;凡是要求达到的标准,必须达到。否则,就会造成损失。比如签订旅游经济协议,既有明确的目标,又有明确的时限,如果不能如期完成,必然造成经济损失。

第三,旅游应用文的时效性还表现在规定的事务一旦处理完毕,如无特殊情况,旅游应用文则完成使命,即可归档封存。诚然,旅游应用文归档之后可以作为历史资料,可能还有另外的价值,但与原来的实用价值就大不相同了,所以,从实用价值方面讲,应用文也具有明显的时效性。

4. 规范性

旅游应用文是很讲究规范的。一般性文章,尤其是诗歌、小说、散文等,"文无定法",文无定体,最崇尚自由创造,在立意、选材、结构、表现手法、遣词造句等方面随意性较大,允许作者充分发挥创造的才能。而旅游应用文则不然,必须遵守惯用的格式,必须规范化。旅游应用文的写作格式大多是固定的,内容是限定的,一些习惯用语也是不变化的。比如,其中公文的标准式的标题,一般由制文单位、事由与文种三部分构成,单位与事由之间加介词"关于",事由和文种之间加结构助词"的"。不论哪个单位什么事由的旅游应用文,若采用标准式标题,均是这一格式。再如旅游经济合同,一般包括标题、正文、具名、日期四个部分,正文开头一般采用并写或连写式,履约规定应包含标的、数量和质量、价款或酬金、期限、地点和方式,以及违约规定等,这些项目均是限定的;就是一些用语,也是约定俗成的,比如用甲、乙、丙代称各方,或用"供方"、"需方",而不能用"我方"、"你方"、"他方"。

格式化、规范化是为了便于使用,制作者照章撰写,受者阅读一目了然,时效性强,不易出现失误。

5. 论说性

论说性是指旅游应用文的表达方式而言的。旅游应用文是一种以论和说为主要表达方式的文体,但其论和说与议论文和说明文又不尽相同。

第一,旅游应用文以论事为主体。旅游应用文中的指示、决议、决定、意见、办法、报告、通报等,往往以"论"的形式来表现,但它与议论文的"论"不同,它不是抽象地论理,而是具体地论事。旅游应用文的论是以论断的逻辑方法表达具体事理。论事不是为了空讲道理,而是为了具体办事,解决问题。论事又不同于记叙文的叙事,它不是像记叙文那样细叙事情的来龙去脉及其细节,给人以具体形象感受,而是就事论理,说明事物的性质、功能、得失,对事物加以评价,指出处理要求、原则、方法。

第二,说明为论事服务。旅游应用文中离不开说明,关于背景材料的介绍、有关问题的交代、一些名词概念的诠释等,均离不开说明。但这些说明不同于说明文对客观事物或事理一说到底,而是为了论断某一事物,先说明有关情况,为论事打下基础。

第三,先论后说,章法倒悬。这是指文件内容安排而言的。中共中央在《关于纠正电报、报告、指示、决定中的文字缺点的指示》中指出:"一切较长的文电,均应开门见山,首先提出要点,即于开端处,先用极简要文句,说明全文的目的和结论,唤起阅者注意,使阅者脑子里先得一个总概念,不得不继续看下去。然后,再作必要的解释。长的文电分为几段时,每段亦应采用此法。"这种先提出要点再作必要解释的方法,也是旅游应用文的一个显著特点。

二、旅游应用文的作用

(一)规范行为

人们社会行为的道德规范形成,一靠社会道德,二靠社会法规制度。要进一步发展旅游业,就必须加强管理,诸如完善旅游管理体制,在政府职能转变中完善旅游行政管理部门的公共职能;加强对资源开发的保护和管理,增强对旅游企业和旅游消费者的服务功能,提高对旅游质量的监管能力等等。而旅游应用文,就是规范旅游管理最有力的助手和工具。比如,制定旅游法规文件,通过国家旅游局、各省市旅游局的公文向有关部门和旅游景区(点)、旅行社、酒店、交通企业传达党和国家的方针政策,对不良倾向进行行政干预,这就是指挥引导、实施监管的功能。

我国现代旅游业发展历史不长,旅游管理体系有待完善,产业要素需要进一步健全,产业结构需要合理调整,旅游设施、旅游服务、旅游环境需要进一步得到优化。由于旅游法规建设滞后,行业行政和经营运作中还存在相当多不规范的行为。而进行规范,保障旅游市场的公平竞争,加强旅游区立法,推进依法治旅,离开白纸黑字的文字也是难以进行的。

(二)交流信息

在社会生活和旅游生活中,无论是古代还是现代,传递和交流信息都是极为重要的。信息能否发挥作用,产生实际价值,很重要的因素是信息能否流通起来,如果信息传播和流动不畅,再有价值的信息也无法发挥作用。当今社会已进入信息化时代,信息的传递更为现代化。旅游业要繁荣、发展就必须与国际接轨,充分利用现代通信网络,沟通、交流旅游信息。而作为信息载体之一的旅游应用文,在沟通信息中起着极为重要的作用。因为旅游应用文的制作、传递和阅读过程,几乎涵盖了旅游信息来源、信息获取、信息应用、信息储存等环节。旅游应用文交流信息的范围极为广泛,旅游行政管理机关利用公文可使上情下达,及时传达有关的方针、政策和指示、意见,指导下级的工作;下级旅游部门工作中的新情况、新问题、新经验,以及提出的要求和希望可以通过旅游应用文及时向上级旅游行政管理机关反映;同级之间或不同部门之间交流情况、商洽工作也多通过旅游应用文进行。在市场经济条件下,旅游经济信息传递的快慢直接影响着经营状况的好坏。旅游经济合同、旅游广告、旅游经济预测报告的决策、旅游经济发展规划方案等已成为发展经济、赢得旅游市场的重要工具。

（三）宣传教育

发展旅游业,其中重要的一环就是加强营销,而旅游营销的有效手段是宣传。许多新开发的景点,固然"藏在深山人未识",就是连故宫、泰山、黄山、桂林这样在国内家喻户晓的旅游胜地,也要依靠有效的对外宣传,才能开辟新的客源。旅游应用文中的许多文种,如消息、通讯、广告、旅游指南、调查报告等,都是旅游宣传的得力体裁。目前已经有不少旅游报刊,许多普通报刊也开辟了旅游专栏,各个出版社还不断推出大量的旅游读物,这都是旅游宣传和信息交流的广阔天地。如果我们掌握旅游应用文写作,除了可以满足公务、商务工作的需要之处,业余也大有施展才能的机会。

（四）凭据征信

征者信而有征,有实物可征。征信,考核证实。《礼记·中庸》云:"上焉者,虽善无征,无征不信,不信民弗从。"意思是说上古时礼仪虽然很好,但无据可考;无根据人们就不相信,不相信人们就无法实行。旅游应用文在运用过程中除了完成其所担负的主要职能外,还具有重要的凭证作用。

国家旅游机关、旅游企事业单位和团体的公文,在办理公务中是处理各种问题的根据。在日常工作中常说拿红头文件来,或根据某某号文件,即是办事应有文件根据。文件既是执行公务者办事的根据,又是监察和检察部门监督考察执行公务者的根据。

在社会交往和旅游活动中,无论是单位之间、个人之间、个人与单位之间,都应当以有关的旅游应用文为凭据。合同、协议是旅游经济事务中的凭证;条据是人们日常生活、旅游工作中处理有关事务的凭据;旅游法规、章程和条例是旅游团体和机关人员行为规范的根据;公证书是公证机关开具的确认真实性、合法性和可行性的证明文书;介绍信、证明信是旅游机关团体、企事业单位在交往中介绍或证明有关人员情况的信件。

第二节 旅游应用文写作基础

一、旅游应用文的构成要素

（一）旅游应用文的主旨

1. 主旨的概念

主旨又称立意、主题或中心思想,是文章的灵魂和主旋律,是作者通过文章的具体材料所表现的基本思想,是作者对客观事物的认识和评价。

主旨是旅游应用文诸要素中最具决定意义的要素,旅游应用文要根据写作目的来确定文体和主旨。

2. 旅游应用文主旨要求

1) 正确

所谓主旨正确,是指旅游应用文表现的主题要以马列主义、毛泽东思想、邓小平理论和"三个代表"重要思想为指导,符合党和国家的方针政策、法律法规,同时也要符合客观实际,要反映出客观事物的本质和规律,表达健康的思想情感。主旨正确是撰写旅游应用文的基本要求。如:《国家旅游局关于下达〈旅游行业对客人服务的基本标准〉的通知》,就明确了旅游行业服务的基本要求,也保护了游客的正当权益,从而促进旅游事业的发展。

2) 鲜明

所谓主旨鲜明,是指旅游应用文的观点必须明确,即作者的观点要有明确的倾向性,要表明赞成什么反对什么,恨什么爱什么,不能含糊其辞、模棱两可。文章中对所表达的事物的是非美丑,要有明确的态度。

如:《中国旅行社关于×××所犯错误的通报》就严肃批评了×××所犯的自由主义、假公济私的错误,并作出了相应的处理。《国家旅游局关于国旅、中旅、青旅三总社补办旅行社登记的批复》明确表示肯定的态度。这些文章观点清楚,不拖泥带水,符合主旨鲜明的要求。

3) 集中

所谓主旨集中,是指旅游应用文要集中表达一个主旨,重点突出。要坚持一文一事的原则,围绕一个主旨,集中表达一个问题,把问题分析透彻、解释清楚。在文章中不使用与主旨无关的材料。有些综合性的工作报告,虽然写几件事情,但也要抓住事物的主要矛盾,抓住共性,做到重点突出,主旨集中。

4) 深刻

所谓主旨深刻,是指撰写旅游应用文时不能停留在对事物表面现象的罗列和叙述,而要揭示事物的本质,反映事物的内在规律。特别是撰写总结和调查报告等文章时,更要求主题深刻,要抓住主要矛盾,挖掘具有实质性和倾向性的问题,提炼出规律性的认识和行之有效的工作措施。

如:《关于我国旅游价格信用问题的思考》,就分析了当前我国旅游价格信用问题的表现,尖锐地指出:"在我国旅游业的发展进程中,旅游价格放开后,价格行为不规范,价格欺诈严重,价格秩序混乱等旅游价格信用失落的现象比较严重,已经影响到我国旅游业的健康发展,令人担忧。"接着,作者又分析了问题所产生的原因,提出了"建立旅游价格信用制度"和"加强道德建设,发挥信用道德调节功能"等建议。作者以极其负责的科学态度,敢于提出问题,分析问题,解决问题,这比报喜不报忧和只会泛泛而谈的文章深刻得多,也有价值得多。

(二) 旅游应用文的材料

1. 材料的概念

广义的材料即通常所说的"素材",它是生活中未经加工的原料;狭义的材料即通常所说的"题材",是指用来表现主旨的理论依据和事实依据,这是文章的血肉。

2. 材料的来源

1) 深入调研

调查是获得第一手材料的重要方法。"没有调查就没有发言权",只有深入实际调查研究,才能弄清事实,摸清规律,做到心中有数。

2) 查阅文献

查阅文献包换读书看报、查阅档案,从中查找同类问题或相关问题的现实和历史的资料。这些资料的搜集与积累,对撰写文章、研究问题有着重要的借鉴作用和参考价值。

3) 学习积累

撰写旅游应用文需要作者掌握多方面的知识。撰写者平时要注重学习马列主义理论,学习党和国家的方针政策,学习本岗位业务知识,学习旅游行业知识,只有多方面积累知识、积累材料,写作时才能胸有成竹,才能有话可说。

3. 选择材料的要求

1) 真实

材料真实可靠是保证应用文可信度和权威性的重要条件。真实,有生活真实与艺术真实两种。应用文要求生活真实,文学作品要求艺术真实。旅游应用文写作所要求的是生活真实。所用材料必须如实反映客观事物,尊重客观规律,切忌道听途说、似是而非。

例如《中国旅游报》2005年11月9日发表一篇消息《广东千家酒店再上快车道》,文中说:"广东星级酒店首次突破一千家,今年更达到1120家,是全国各省、市、自治区中星级酒店唯一过千家的省份,全省酒店业投产总额高达780亿元。"文中数字必须经过严格统计核实,用科学的方法分析比较,因而都是生活的真实,是旅游事业中的确存在的事实。

2) 典型

要选择最能揭示事物的本质、最有时代特征、最有说服力和表现力、最能反映主旨的事实或观点,用于文章之中,从而起到以一当十、以少胜多的作用。

例如,为了说明"长城正在以前所未有的速度消失,保护长城已经刻不容缓"的观点,作者举出了下面几个例子:陕西境内两千多公里的古长城人为破坏日益严重,其中850公里的明代长城就有1/3永远消失了;长达600多公里的齐鲁长城,大部分墙体已经坍塌;素有"长城博物馆"之称的宁夏境内1500多公里的历代长城正在迅速"缩水";河北金山岭长城盛夏之际上演了上千人"跳舞派对"彻夜狂欢……

3) 新颖

要尽量用别人没用过的材料或新近发生的材料、不常用的材料,抓住那些新情况、新问题、新经验、新思路、新人新事等,这样的文章才有吸引力。新颖的材料常常成为新思想、新观点、新政策的坚强支柱,令人耳目一新,从而使文章主旨更深刻。

如2004年国家旅游局局长在一篇讲话中说:"旅游成为全面建设小康社会的重要内容。随着人民生活水平的提高,以假日旅游为标志,旅游进入了大众化消费的阶段。从1999年'十一'到2004年'十一',黄金周旅游人数由4000万人次快速攀升至1亿多人次;2004年我国城乡居民平均出游率达84.8%。"这是我国初步实现小康目标以后,旅游业发展的重要特征。这些材料截止于发表讲话时是最新的,首次公开的,所以极具新闻价值。

4) 切题

主旨是文章的灵魂,所以选材必须紧扣主旨,围绕主旨选材,与主旨无关的材料坚决舍弃。如果筛选出来的材料不符合题旨,不能说明政策观点,那么材料即使再真实、再新颖、再典型,也是无用之材料。

(三)旅游应用文的结构

1. 什么是结构

结构是文章的框架,是文章部分与部分、层次与层次、段落与段落之间的内部联系与外部形式的统一。

旅游应用文的结构是指对其内容进行组织安排,构建出内容与形式、观点与材料有机结合的骨架。旅游应用文的结构要求完整、严谨,纲目清楚,层次分明,段落清晰,言之有序。

2. 结构的内容

1) 层次

层次是旅游应用文思想内容表现的次序。为了说明文章的主旨——总观点,需要设若干个分观点,用一个层次来表述一个分观点,然后安排文章的各个层次,各层次所表述的分观点的总和,也就是旅游应用文的主旨。

每个层次表述的分观点,要具有相对的完整性,层次的划分要前后有序、条理清楚。因此,在文章写作前,必须精心设计文章结构,对所写的事物进行深入的分析,以使文章具有清晰的思路。

文章的体裁不同,安排文章层次的方式也不相同。旅游应用文安排层次的方式主要有以下几种。

按时间进程安排层次:有些旅游工作是以时间划分阶段的,每一阶段一个中心,自然成为旅游应用文的一个层次。比如某些计划、规划、安排,以及工作总结、工作报告等,这类旅游应用文一般开头有个总起,说明基本情况,然后分阶段安排,最后收尾。

按工作任务要求安排层次:有些旅游工作明确提出几项任务要求,每一项一个中心,成为旅游应用文的一个层次。比如工作报告、工作计划、工作总结、通知、通报等,其结构安排也是开头有个总述,然后根据任务与要求一一列出,最后结尾。

按问题安排层次:日常旅游工作和会议都要研究和解决问题。有时是几个问题,有时是重大问题;几个问题有主有次,重大问题有几个方面。旅游应用文安排层次时可依照一定规律进行排列,如工作报告、会议纪要、决定、议案、报告、请示、通报等。

按逻辑关系安排层次:客观事物发展变化有阶段性,客观事理有内在的逻辑关系。议论性的旅游应用文,比如学术论文,一般有中心论点、分论点。中心论点和分论点之间的关系,就是客观事理的逻辑关系。

按事件与意见安排层次:旅游工作中遇到某一问题,或发生某一事件,需要请示或汇报、提出解决的意见,这类旅游应用文的层次,一般是先写事件或问题,再写看法和意见,比如处理旅游投诉的报告、旅游事故调查报告、旅游问题处理报告、旅游先进人物介绍等。

2) 段落

段落又称自然段,是构成文章的基本单位。即旅游应用文中能够表达一个完整意思而又相对独立的基本构成单位,是行文中由于转折、简析、强调等情况而自然形成的分隔、停顿。

段落划分的目的在于明晰层次结构,突出思路步骤,便于把握文章的内容。段落划分的原则是单一、完整、明确。单一是指内容单一,一段只有一个意思;完整是指每段相对完整地表达一个中心意思,不要把一个完整的意思分成几段来写,也不能把不相关的意思放在一个段内;明确是指每段要有明确的段落大意。

3）过渡

过渡又称承上启下,是指把相邻的层次段落从内容上串联起来,使其有明显的联系标志,从而使读者更好地把握文章内容。

旅游应用文常用的关联词,如:"综上所述"、"总之"、"为此"、"但是"等;过渡句、过渡段等在文章中起衔接的作用,以连接文章,使文章脉络畅通、结构紧凑。

4）照应

照应是指互不相邻的内容相互关照、呼应,即前面提示的内容,后面要有连续、回应,后面表述的内容前面应有明示,其作用在于保持前后一致,加强说服力。

旅游应用文的照应比较简单,没有文学作品那样复杂、刻意。照应的方法有首尾照应、文中照应、内容与标题照应等。

5）开头

旅游应用文的开头要求简洁,直截了当,开门见山。在开端处用极简要的文句,说明全文的目的或结论等。常用的开头方式有：

概述式——用叙述的方法,概括地写出基本情况、问题,或写出基本过程。这种写法多用于报告、总结、决定等。

目的式——用简洁的语言说明文章的目的,然后引出主旨。这种写法多用于通知、通告、决定、规则等。

缘由式——以上级文件、领导指示或有关法规、规定作为行文的依据和出发点。这种写法多用于通知、通告等。

提问式——先提出问题,然后引出下文。这种开头方式易引起读者的注意和思考。这种写法多用于总结、报告等。

6）结尾

结尾是全文的收尾部分。结尾一般应根据行文需要,"止于所当止",有话则说,无话则止,简明概括。常用的结尾方式有：

总结式——对全文内容和基本思想做进一步的概括和归纳,以加深认识,明确写作意图。

请求式——正文之后提出贯彻、执行要求,或提出请求。

展望式——结尾处发出号召,或者提出鼓励。

公文式结语——表明内容结束,可用"特此通知"、"此复"等结尾。

3. 结构的要求

1）结构要为文章主旨服务

旅游应用文都是有"事"而为。为了让这个"事"得到更加鲜明的体现、更充分的说明、更有效的实施,在表现这个"事"的时候,就必须考虑如何突出这个"事",所以要养成从各

个角度去阐述一个观点的应用写作结构思维习惯,利用应用写作的规范性特点,在文章的起承转合中,顺势安排,凸显主题。

例如,《试论中国工业旅游的发展现状和推进对策》是一篇旅游工作研究应用文,其主旨是探讨中国发展工业旅游的途径,因此在安排结构时,处处紧扣这一主题。第一部分介绍工业旅游的基本概念;第二部分提出中国工业旅游发展的现状和存在的问题;第三部分提出推进中国工业发展的对策。这样安排文章的结构,完全满足了突出主题的需要。

2)结构要为文章主题服务

应用文已形成约定俗成的程式,它的实际作用也规定了它的格式不能随意变化。在安排旅游应用文的结构时,不能忽视这个特点,而要服从这个特点的需要。旅游应用文写作不能别出心裁。如"报告",在公务文书和事务文书中就有不同的写作要求,具体写作时就要根据具体的情况来决定结构,以求更适当、更明确的表达效果。

3)结构安排要合乎逻辑

首尾照应、衔接紧密、层次清晰、段落分明是合乎逻辑结构要求的,而前后矛盾、顺序混乱、层次模糊、段意交叉则是结构不当的表现。

4)结构要有利于材料的取舍

在安排结构时,可以根据需要对材料重新取舍,重新归位。无论是什么文体,都是如此。在国家旅游局2003年工作总结中提到一系列的会议,如8月召开的中日韩三国旅游部长会,10月世界旅游组织第八届全体大会,11月在昆明成功举办中国国际旅游交易会等,这些会议若在平时,都是正常的业务会议,在工作总结中不一定提及,或者一笔带过。但是2003年我国经历了抗"非典"的斗争,这些材料恰恰生动地反映了我国在"非典"过后,国家旅游局努力把握"恢复"与"振兴"这个中心工作的成绩。因此,在安排结构时,把这些会议情况放在非常突出的位置加以应用。

4. 结构的常用模式

1)总分式

总分式即总起分述。可以先总后分,也可以先分后总,还可以总—分—总。"先总"就是先总体介绍,先提出总的观点、总的问题;"后总"就是最后归纳、提升、综合或补充;而分则是从不同的层面、角度来分说、分析,来为"总"服务。总是分的根据,分是总的证明。一般通报、报告、总结等常用这种结构。

2)并列式

文章要表达的事情各成一体,各具一定的独立性,可用并列式结构全文。这样的结构特点清晰、明了,事情说得完整,读者看得明白。一般条例、计划、合同等可用分条并列的方法表现主旨。

3)递进式

如果文章具有较强的说理性、分析性,递进式结构是较好的选择。各层次的内在意义在层层递进中被一步步推出,最终得出令人信服的结论。这样的结构也符合人们普遍的认识规律,体现思维的逻辑性、严谨性。一般调查报告、可行性分析报告等常用这种结构。

以上三种结构方式并不是在一篇文章中只能选择一种,作为常用模式,它们可根据行文需要做多种组合,综合表现文章的主旨。

（四）旅游应用文的语言

1. 语言的概念

语言是人类思维和交际的工具，是一种音义结合的符号系统，它是文章的细胞。

如果说主旨是解决"言之有理"，材料是解决"言之有物"，结构是解决"言之有序"，那么语言就是解决"言之有文"的问题。

2. 旅游应用文对语言的要求

旅游应用文作为一种实用性文体，语言上与其他文体相比较，主要表现为以下特征。

1）严谨庄重

应用文中的公文代表机关发言，具有法定的权威性，其用语应当严谨庄重，以体现公文的严肃性，因此既不宜使用口语，也不宜运用文学语言，而要使用规范化的书面语言和专用词语。

2）准确贴切

正确地记载和传递信息是撰写应用文的基本要求。遵循这一要求，旅游应用文的语言必须符合客观实际，符合逻辑。要精心选词，严密组句，不能模棱两可，含糊不清，出现歧义。语法修辞也要符合规范。

3）朴实得体

应用文是处理、办理事务的工具，也是沟通信息的基本方式，具有明确的实用性，因此遣词造句必须朴实无华，不追求华丽的辞藻。语言应适应不同文体的需要，说话讲究分寸、适度。

4）简明易懂

为了加快阅文办事的节奏，应用文用语必须简明精炼，做到言简意赅。另外，应用文的阅读对象较为广泛，要让人看懂，语言的表达就必须通俗易懂，绝不能脱离群众，故作高深。

二、旅游应用文写作的一般步骤

旅游应用文的写作过程一般包括准备、构思、起草和修改等主要步骤。

（一）准备

准备，是为了达到目的而在思想和行动方面采取相应措施的过程。

旅游应用文的写作包括思想理论准备和物质材料准备两个方面。

1. 思想理论准备

指明确写作目的和有关理论政策等等。包括了解写作的目的、意图、任务、范围，弄清文章的性质、读者对象，认真阅读有关文件，明确政策界限等。

2. 物质材料准备

指搜集有关文字材料和实物。可以通过调查、研究、走访等形式获取直接材料，也可以通过报刊、广播、电视、网络等途径获取间接材料。

（二）构思

构思，是对文章从内容到形式进行统筹安排、全面规划的过程。构思包括确立主题、选用材料、安排结构、编写提纲等。

1. 确立主题

有的文章是先有主题,后有材料;而有的文章是先有材料,后有主题。根据材料确定主题,要在充分占有材料的基础上,进一步深化对客观事物及其规律的认识,提炼出高度集中、鲜明的主题。

确立主题要考虑以下因素:

(1) 读者与社会的需要,特别是社会实践活动的需要。

(2) 作者自身的主客观条件,保证写作主题切实可行。

(3) 主题必须与文体或媒体相结合。

2. 选用材料

确立主题之后,要围绕主题选用材料。要选择真实、典型、新颖的材料,材料要丰富、多样。在充分占有材料的基础上,根据文体的特点、作用,对材料进行定位分析,围绕主题对材料进行精心的选择、剪裁和安排。

3. 安排结构

结构是文章的骨架、格局。安排结构即布局,就是对文章的段落层次、开头结尾、过渡照应、起承转合等进行全面规划和统筹安排。安排结构前首先要理清思路,还要根据不同文体进行编排设计。

4. 编写提纲

编写提纲是把构思的成果以书面形式固定下来。提纲的编写从整体到局部,从粗到细,从章到节再到层,每层次还可以列出关键词语和主要材料。编写提纲要随想随记,不断调整、修改和深化。

(三) 起草

起草,是作者把自己的整体构思写成文章初稿,把无形的思想变成有形的成品的过程。起草是写作中很重要、很关键的一步。起草的成功与否,基本上决定了整个写作过程的成功与失败。

起草要注意以下几点。

1. 最好一气呵成,但也可以各个击破

一气呵成可以使文气贯通,前后一致,不容易出现斧凿的痕迹。但是,必要时可以先化整为零,再拼凑连接。对于长篇文章,可以采取各个击破的策略,根据先易后难的原则,分别充实各章节内容。

2. 遵循提纲但又不囿于提纲

大致按照提纲去写,不至于离题太远,不着边际。但是,在写作过程中常常会冒出一些新的思想,发现提纲中的一些问题。要根据实际需要对提纲加以修改、补充和完善。

3. 写不出时不要勉强去写

写作过程中,由于材料不充分、构思不成熟、缺乏激情或灵感、一时找不到恰当的语句等原因,有时会出现写不下去的情况。这时最好立即停下来,做一些必要的准备工作,等到时机成熟时再写。

(四) 修改

修改是对初稿从内容到形式各方面进行加工、完善直至定稿的过程。

修改是写作的组成部分和重要环节。对初稿进行反复修改,是定稿之前必须完成的一项重要任务。通过修改,不仅可以发现文字表达上的不足,还可以检验文中所述内容与实际情况是否相符。应用文的修改,不仅是提高写作能力的一条重要途径,还是提高处理日常事务能力的一条重要途径。

修改的范围,涉及文章的内容和形式,包括完善标题、突出主题、增删材料、调整结构、锤炼语言、修饰文面等各个方面。

1. 内容方面

文章的思想内容是决定文章成败优劣的关键。修改文章首先应该从内容上着眼,检查标题是否恰当、简明,观点是否正确、深刻,材料是否精当、典型,材料与主题是否统一等。具体说来,文章内容方面可能存在以下问题:

(1) 标题所指范围过大或过小,正文与标题不吻合。

(2) 观点不明确、不深刻,主题平庸,缺乏积极的教育意义。

(3) 材料陈旧、平淡、不真实、不典型,不能有力地说明观点或表现主题。

(4) 内容杂乱,概念模糊,判断失误,推理、论证不合乎逻辑。

(5) 引文不当,曲解原意,或与主题没有关系。

2. 形式方面

好的内容要有完美的表现形式。修改文章还应该从形式上着眼,检查结构是否合理、和谐,语言是否得体、严谨,文面是否规范、标准等。具体地说,文章形式方面的缺陷包括以下各项:

(1) 结构不完整、不严谨,甚至散乱。

(2) 层次、段落、过渡、照应、开头、结尾等不恰当。

(3) 叙述、说明、议论、描写、抒情等不合乎文体内容要求。

(4) 字、词、句运用不当或有错误,写法不正确,不合乎语法规范或修辞要求。

(5) 标点符号使用不规范或不合乎要求。

(6) 文章格式不标准或不合乎要求。

修改文章,一般采用以下的原则和方法:

第一,通观全局,从精到细。首先要从整体着眼,考察文章内容与形式是否相符,是否体现了写作意图;其次再深入到次要方面,考察主题是否明确,材料是否典型,结构是否和谐,语言是否得体,文面是否标准等。

第二,区别对待不同文种。文种不同,写作要求就不同。要看清对象,对症下药,不能千篇一律,张冠李戴。

第三节 旅游应用文的语言表达

一、旅游应用文的表达方式

文章常用的表达方式有叙述、描写、议论、说明、抒情五种。这些均适用于旅游应用文。

（一）叙述

1. 叙述的概念

所谓叙述，是以记述人物或事件的发展变化过程以及场景、空间的转换来表达思想的一种表达方式。

如：弯弯曲曲走了一会儿，上上下下四五次，才到洞口。进入洞口几丈远，有一处洞穴很狭窄，像个瓮口，同游的人中最瘦的也得头和腰身贴着地面才能进去。到这儿才开始点起火把，一望无边无际。刚刚放开脚步走，走了几十步，忽然又闭塞了……

这是明朝游记《云水洞》的一段译文节录。作者袁宗道对游云水洞的经历及场景、空间的转换做了条理清楚的叙说和交代。这就是一段记叙。

2. 叙述的种类

（1）顺叙：按照事件发生、发展到结局的顺序进行叙述。这种方式有利于将事件的来龙去脉交代清楚，给人以完整的印象。

（2）倒叙：根据表达内容的需要，把事件的结局或某个精彩的、突出的片段提到开头叙述，然后再按照事件的发展顺序进行叙述。倒叙运用得当，可造成悬念，提高读者的阅读兴趣，能更好地表现文章的主旨。

（3）插叙：在叙述过程中暂时中断主线而插入有关的人或事，可以加大容量，使行文富于变化，做到主题突出，内容充实，事件完整，人物丰富，有断有续，有张有弛。

（4）补叙：对事件发展过程中的某个重要片段作补充交代，可以使事件更加完整。

倒叙、插叙、补叙多用于新闻报道，一般不能用于公文写作。

（5）概叙：用概括、简洁的语言将事件的全貌和本质交代清楚，给人以整体的认识。一般应用文普遍采用概叙的方式。

（6）夹叙夹议：以叙述为主，又加以分析评论的叙述方法。在调查报告等写作中广泛运用，可将材料与观点结合起来，更好地表现文章的主旨。

3. 旅游应用文对叙述的要求

旅游应用文写作中的叙述，与一般文章（尤其是文学作品）还是有较大区别的。

文学作品中的叙述，要求具体、详尽，往往与描写相结合。为了能够感染读者，还充分运用各种修辞手法，如夸张、比喻等，使主题表现更为深刻。

而旅游应用文写作中的叙述大多是概述，它不要求具体、详尽地叙述人物和事件，它所要求的是简要地叙述事实本身，做到重点突出，层次清楚。应根据文体表述的需要，选择合适的叙述方式。

（二）描写

1. 描写的概念

所谓描写,是以形象、感性的语言来描绘、摹写人物、事件及景物的形态与特征的一种表达方式。

如:冬春季节,瀑布消瘦,水流清澈。遥望瀑布,"若冰绡之被玉肌",别有一番轻歌曼舞的君子婀娜风姿。……当夜幕降临,皓月当空,星辰稀疏,伫立观瀑亭前,举头望月,吟诵"年年今夜,月华如练"的诗句,再观赏面前夜色之中的黄果树瀑布,宛若银河从九天而落,从潭中升腾起来的层层水雾直扑面门,仿佛是一幅神秘优美的图画。

此时,远眺贵州高原,峰峦叠影,人不知其数;近观身边四周,花草树木,不知其名。清风徐徐拂来,送来缕缕醉人之清香,俯身侧耳细细聆听,隆隆水声之中还夹杂着蛙声和蟋蟀声,组成一曲旋律奇特的交响乐。此时此刻,不禁飘飘若置身于世外仙境之中矣!

这是一段介绍黄果树瀑布的奇特景象以及人们看到、听到黄果树瀑布的感受的文字。运用了引用、拟人、比喻等修辞手法进行描摹,使黄果树瀑布更加形象、生动,引人入胜。

2. 描写的作用

描写是记叙性文书主要的表达方式,用于描述情景、刻画形象等。在议论文和说明文里,它作为辅助表达手段,也较为常用,尤其是在导游词、景区景点介绍和广告等文体中较多使用,主要是为了增强形象性、生动性。

3. 旅游应用文对描写的要求

首先要充分了解描写的对象。其次要掌握描写的方法,如白描、工笔细描、侧面描写、烘托等。最后还要注意,描写是为了表现主题服务的,不能为了描写而描写。

（三）议论

1. 议论的概念

议论是作者运用概念、判断和推理的逻辑形式,对客观事物进行分析、评价,以些表达自己立场的语言表达方法。

议论与叙述有着明显的区别:一是思维方法不同,议论用逻辑推理,叙述用的是形象思维;二是着眼点不同,议论重点在说理,叙述着眼于过程;三是语言不同,议论比较概括、抽象,叙述语言要求形象具体。

2. 议论的论证方法

(1) 对比法:通过正反对比、好坏对比、新旧对比等具有不同性质和特征的对照比较,使二者的本质更加鲜明突出,从而证明论点的方法。

如:中国提供到拉萨的低价火车票,北京到拉萨的最低票约46美元,而飞机票约是这一票价的7倍,这让更多普通老百姓能承受到"世界屋脊"旅游的费用……青藏铁路正在赢得全世界越来越多的赞许。

(2) 因果分析法:即通过分析问题,剖析事理,揭示论点与论据之间的因果关系,从而证明论点的方法。

如:××风景区管理机构的职工生活区均在景区内,现在职工已达3200人,加上家属近8000人。如此众多的人员在山上工作,(以上是原因)给××环境质量造成严重损害,埋下诸多隐患(这是结果)。

(3) 例证法:用具体事例或统计数字作为论据来证明论点的方法。

如:青藏铁路穿越960公里4000米以上高海拔地区,最高点5072米,大部分线路处于"生命禁区"和"冻土区",是世界上海拔最高、线路最长的高原铁路。从更广阔的范围着眼,青藏铁路通车不仅将推动中国西部地区的发展,也有利于中国与周边国家的经贸交流。中国和印度计划于7月6日重新开放连接西藏和印度锡金段的乃堆拉山口边贸通道,恢复两国中断40多年的边境贸易。

(4) 引证法:通过引用权威性的论述,科学的公理、定理,生活中的道理等作为论据来证明论点的方法。

如:王之涣的"欲穷千里目,更上一层楼"的诗句,吟诵的就是这里著名的鹳鹊楼。传说中四大美人"沉鱼落雁,闭月羞花"之一的杨玉环就出生于永济的独头村。"一巷三阁老,对门九尚书。站在古楼往南看,二十四家翰林院。大大小小知州县,三斗六升菜籽官。"这句流传至今的顺口溜可以证明这里是出人才的地方。

(5) 喻证法:通过比喻来阐明事理的方法。

如:这些千姿百态的旅游景观,就像一本百科全书,吸引着游客去阅览。而导游作为"民间大使",作为知识的传授者,美的传播者,也应该是一本小型的百科全书,要不断积累知识,要通过写作精彩的景区、景点介绍和旅游指南,把大自然和人类社会的各种美,如诗如画地展现给旅客,给人亲临其境的感受,使人获得悦耳、悦目、悦心、悦意、悦志、悦神的审美享受。

除上述几种论证方法外,还有类比法、归谬法、反证法等,在写作中要根据需要恰当选用论证方法。

3. 议论的作用

议论在旅游应用文中是作者表达观点和用来说服读者的重要手段。不过,论说文里的议论有论点,有论据,还有完整的推理过程。而公务文书、事务文书只要把道理直接说出来就行了。毫无节制地插入长篇大论是应用文写作的大忌

4. 旅游应用文对议论的要求

(1) 论点:一要正确,二要鲜明,三要集中。

(2) 论据方面:一要真实,二要充分,三要典型,四要新鲜,五要与论点有必然联系。

(3) 论证方面,论证的过程实际上是提出问题、分析问题、解决问题的过程,并不是简单地摆出几个论据就可以了。

(4) 语言:议论的语言特点是抽象、概括、逻辑性强。所谓抽象,并不是空洞无物,而是要从具体现象中概括出事物的本质来。比如,我们说"21世纪是中国旅游事业的黄金时代",这是考察了中国丰富的旅游资源,发现了中国发展旅游事业的有利条件,通过与其他国家和地区的比较,还充分研究了21世纪中国旅游事业的机遇等而得出的结论。以"黄金"来比喻,又使语言形象化,不至于枯燥无味。

(四) 说明

1. 说明的概念

说明是以客观的态度、平实的语言,对事物的形态、形式、特征、构造、成因、关系、功能等解说清楚的一种表达方法。

如：八达岭水关长城位于北京西北40公里，此段长城是八达岭长城东段，因修建中国第一条自主设计的京张铁路而截断，水关长城是明长城的遗址，由抗倭名将戚继光督建，距今有四百余年历史。此段长城建于险谷口，自水门箭楼长城呈"V"形，顺应山势而行，如巨龙似鲲鹏展翅欲飞，箭楼既是敌楼同时兼具水门功效，此种建筑方式在沿线长城中极为罕见，故名水关长城。水关长城地势险要，苍龙起伏于崇山峻岭之间，穿行于悬崖峭壁之上，城堡相连，烽燧相望，双面箭垛，拒敌万千。水关长城东起"川字一号"，西至京张铁路，全长6.8公里，以奇、险、陡、坚著称。

这段文字对八达岭水关长城的位置、修建、历史、功能、长度等方面进行了介绍说明。

2. 说明方法

（1）定义说明：用最简洁的语言解释事物或事理的本质特征，使人们能明确概念内涵的说明方法。

如：对联，俗称对子，又称联语、联句、楹贴、楹联。楹者，柱也。对联雅称"楹联"，原指悬挂于楹柱的书面联语。

（2）解释说明：对说明对象的性质、特点、规律等所作的解释说明。是对定义说明的补充。

如：对联，是中华民族独有的文化瑰宝，也是世界文艺园圃的一朵奇葩，是一种独立于诗词曲赋等形式之外的传统文学样式。

（3）举例说明：用最典型的事例来说明事物、事理的一般原则、原理和特征的方法。

如：水关长城于1995年正式对外开放，接待游人1000余万人次，篮球巨星乔丹、F1赛车手蒙托亚都曾到水关长城观光游览，香港演艺界巨星刘德华演唱的《中国人》背景即为水关长城。水关长城越来越成为诸多长城景点中游客的首选之地。

（4）比较说明：用相同的事物、事理之间的异同，或不同事物、事理之间的异同来突出说明被说明对象的方法。

如：长城四季美如画，春看山花烂漫，夏览草木蓊郁，秋观漫山红叶，冬游苍龙卧雪。这里山清水秀长城壮美，人杰地灵古寺清幽。

（5）分类说明：把被说明对象按照统一的标准，划分成不同类别的方法。

如：按传统旅游资源观分类，我国旅游资源包括自然景观资源、人文景观资源、民俗风情资源、传统饮食资源、文化资源和工艺品资源，以及都市和田园风光资源等。按现代旅游产业资源观分类，我国旅游资源包括观光型旅游资源、度假型旅游资源、生态旅游资源，以及滑雪、登山、探险、狩猎等特种旅游资源，还有美食、修学、医疗保健等专项旅游资源。

除以上说明方法外，还有数字说明、引用说明、作图表说明等方法，在写作中要根据需要选用恰当的说明方法。

3. 说明作用

说明这种表达方式的运用非常广泛，旅游应用文写作离不开它。它的主要用途是介绍、讲解、注释等。尤其是在导游词、旅游说明书等文体中应用广泛。

4. 旅游应用文对说明的要求

（1）说明要准确：要抓住被说明对象的特征，用语要恰当，分类要正确，一定要能够把被说明对象与其他相似事物区别开来。

(2) 说明要客观:实事求是地对事物进行说明,以反映客观事物的本来面目。

(3) 说明要科学:内容上要正确,选择的说明方法要得当。

(4) 语言要平实:说明的语言要平易朴素,简明易懂。运用形象化说明要贴切,不要故弄玄虚。

（五）抒情

1. 抒情的概念

抒情是运用富于感情色彩的语言抒发作者内心感受的一种表达方式。

2. 抒情的方法

(1) 直接抒情:也叫直抒胸臆,即不借助客观事物,直接把心中的情感抒发出来。

(2) 间接抒情:包括依事抒情、据理抒情、借景抒情等,都是把感情的抒发揉合在描写、叙述、议论之中。

3. 抒情的作用

旅游应用文写作具有较强的针对性、目的性,为了使读者接受文章的思想内容,有时就不能只满足于客观的叙事、冷静的说理,往往要借助于感情的抒发,从而起到召唤读者或游客、激励或鼓舞读者或游客、渲染氛围的作用,这是旅游应用文表达方式的独特之处。但应用文写作的抒情一般都是间接的,即在叙述和说明中蕴含感情色彩,很少直接抒情。在旅游应用文中,抒情多用于广告、导游词、解说词、通讯等文体,主要用于直接或间接抒发作者的情感和感受,以增加文章的感情色彩和文章的波澜,感染读者。

如:如今,作为在海内外享有盛誉的旅游纪念胜地,中山陵每年接待着来自世界各地的无数炎黄子孙与国际友人。人们怀着对中山先生伟大精神的崇敬与景仰来到这里凭吊拜谒。在统一成为大势所趋、人心所向的今天,面对目前海峡两岸的现状,海内外炎黄子孙都衷心期盼着祖国统一、繁荣昌盛的那一天早日到来。彼时彼刻,倘若孙先生泉下有知,也必会含笑长眠!

4. 旅游应用文对抒情的要求

抒情的基本要旨是感情真实、健康、自然,切忌虚情假意、矫揉造作。

二、旅游应用文的语体特征

语体是指在使用语言时,由于语言环境不同而形成的各具特点的语言体系。应用语体以实用为目的,这决定了它在词汇、语法等方面的一系列特点,并形成准确、平实、明快、庄重、简洁的语言风格。

（一）词汇上的特点

1. 运用书面语言

有许多文种属于规范性文种,大量运用书面语言,少用口语词、方言词以及土语词,能显示这些文种庄重的色彩,体现其严肃性。大量运用词语精确限定的意义和直接意义,少用或不用有象征、比喻等意义的描绘性、情感性词语,能减少主观理解的成分,避免歧义的产生。

2. 选用专用词语

专用词语一般都有明确的事务含义,如"批转"、"审核"、"任免"等。准确选用有助于表情达意的简洁、明快,言简意赅。

3. 沿用文言词语

有些文种,词语的使用在一定程度上受到了古汉语的影响。沿用古汉语中的一些文言词语,如"为荷"、"兹"、"欣逢"等,常常能起到文约意丰的作用。

（二）语法上的特点

1. 动词性宾语被大量运用

有些动词,如"严禁"、"禁止"、"主张"、"给予"、"予以",可以带动词性宾语,例如"分别予以教育、警告、罚款、行政拘留直至追究刑事责任","严禁走私和投机倒把"。动词性宾语几项并列并按一定逻辑关系排列,意义上逐步推进而又叙述全面。

2. "的"字短语被特殊使用

应用文中的"的"字短语一般指带有贬义的事物或被贬的人,褒贬分明而又表达简明,例如"情节严重拒不交代的","违反规定私自出售的"。

3. 介词短语异常活跃

应用文除了标题中常常使用介词短语以外,也经常使用介词短语。例如"关于"、"对于"、"为了"。介词短语对叙述的内容进行修饰、限定,使得表达的意义明确、严密、完整。

4. 联合短语比较普遍

联合短语按照一定的逻辑顺序排列,作为一个整体出现在句子中,罗列详细而又用词简洁。例如"严禁食品在生产、加工、包装、运输、存储、销售过程中的污染","工厂、企业、机关、学校、村组部有责任积极宣传关于禁止赌博的法律法令"。

（三）组织语言的要求

组织语言,要做到准确、平实、简明、得体、流畅、生动等。

1. 准确

准确是旅游应用文写作的基本要求。准确,一方面是逻辑问题;另一方面是语言表达问题,即选用恰当的词语,组成通顺的句子,准确地表达意思。

旅游应用文的语言怎样才能准确呢? 叶圣陶在《认真学习语文》中说:"用词要用得正确,贴切,就要比较一些词的细微的区别。这是很要紧的。譬如与'密'字配合的,有'精密'、'严密'、'周密'等词,粗粗看来好像差不多,要细细辨别人才辨得出彼此的差别。'精密'跟'周密'有何不同,'精密'该用在何处,'周密'该用在何处,都要仔细想一想。想过了,用起来就有分寸。如果平时不下工夫,就不知道用哪一个才合适。"汉语的词汇极为丰富,尤其要细细辨别那些同义词、近义词、多义词。比如,公文中常用的期望和请求用语有"请"、"敬请"、"恳请"、"即请"、"提请"、"拟请"、"希"、"希望"、"切望"、"热望"、"切盼"、"盼望"等,一般多用于上行文,有时也用于平行文和下行文。选用哪一个恰当,应细细分辨。汉语中的一些词汇带有明显的感情色彩,是褒是贬,也应认真区别。比如公文中表态用语"应"、"应该"、"同意"、"不同意"、"批准"、"照此办理"、"遵照执行"等,是明确表态用语;"原则同意"、"原则批准"、"似应"、"拟同意"、"参照执行"、"酌情处理"等,属于模糊表态用语。二者不可乱用。又如引叙用语,"收悉"与"欣悉"、"惊闻"与"喜闻"表达的感情色彩迥然不同。至于一般词语,表示不同感情色彩者很多,应细心区别。

旅游应用文的准确性还表现在句式上。汉语的句式虽然变化多端，但有内在的规律，要表达准确，必须依照语言规律办事。比如旅游应用文中应用较多的陈述句式，有用了助词"了"的，表示完成时态的陈述句；有带判断词"是"的，表示肯定的陈述句；还有不带判断词"是"的，表示肯定的陈述句，也有表示否定的陈述句。在表示肯定与否定的陈述句中，有的表示果断，直截了当；有的则表示委婉，在用词和语气上有明显的区别。又如汉语中的疑问句，有是非问、特指问、选择问、反正问、反诘问，它们的用词和语气不同，表达的内容和情感也不同。

2. 平实

旅游应用文的语言要求平实，是由应用语体的性质和功能决定的。所谓平实，平，含有平直、平稳的意思；实，就是实实在在，直截了当，无虚文浮词。应用文的写作要讲究时效，语言必须平直、朴实、通俗易懂。

旅游应用文叙事，一般是平铺直叙，从头说到尾，不用倒叙、插叙、补叙等手法；不用描写，不必绘形绘色；不用抒情，不必以情感人；也不用夸张、比喻、象征、含蓄、曲折、隐晦等意在言外的修辞方法。旅游应用文说明道理，一般是直言其理，不故作翻腾和放言高论，总是以切实明白为宗旨。

旅游应用文写作如果搞形式主义，追求浮华的辞藻，必然要淹没实际问题。应用文云山雾罩、天花乱坠讲半天，使读者不得要领，让读者细细猜想，慢慢领悟，就无法发挥其应有的作用。

旅游应用文的语言要求平实，并不是不讲究修辞，而是要求一种规范化的修辞。正如宋人李涂《文章精义》所说："文章不难于巧而难于拙，不难于曲而难于直，不难于细而难于粗，不难于华而难于质。"这种看似平淡、质朴、简明的语言，也是旅游应用文所追求的修辞效果。

3. 简明

旅游应用文要实用，就必须讲究简明。《党政机关公文处理工作条例》明确指出，拟制公文应"文字精练"。叶圣陶在《公文写得含糊草率的现象应当改变》一文中说："公文不一定要好文章，可是必须写得一清二楚，十分明确，句稳调妥，通体通顺，让人家不折不扣地了解你说的是什么。"

第一，旅游应用文叙事、说理用词要概括，宜粗不宜细；用社会上通用的词语，不赶时髦，不用那些新奇而不规范的词语；尽量不用那些有两种以上解释的容易产生歧义的词语。

第二，旅游应用文的写作要开门见山，开宗明义，直接切入主题，避免下笔千言、离题万里的毛病。应用文中叙事、写人、说理，都涉及一些背景材料，这些材料只要三言两语能说明问题就可以了，不要东拉西扯，大发议论。

第三，旅游应用文的写作要实话实说，禁绝一切套话、空话。有的作者在行文时，为了讨好或怕得罪某些人，往往把各方面的关系都照顾到，好听的话都说上，讲一些人所共知的空道理。比如说："根据国家旅游局文件精神，在省旅游局领导亲自指导和关怀下，在市旅游局大力支持下，经过全体员工的共同努力，我们的工作很顺利，我们要感谢……"有的作者为了显示自己的博学和文采，引用大量的与主题无关的材料和名言警句，形成一种铺张的文风。这种空话、套话连篇，言不及义的毛病，必然影响应用文语言的简明。

第四,旅游应用文的结尾必须意尽言止,不能拖泥带水,或画蛇添足。有些人写应用文,意思已写清楚了,总怕不完善、不周全,怕别人不理解,所以在文章结尾处总爱啰啰嗦嗦地做些说明、解释。比如,在总结或报告的结尾处,往往加上几句话:"以上是我们的总结(报告)。我们的工作虽然取得了较大的成绩,但因我们的能力和水平限制,可能还有许多不足之处,因此,诚恳地希望领导及时批评指正。我们一定遵照上级指示,把今后的工作做得更好。"

4. 得体

旅游应用文写作要得体,主要含义有两方面。首先要合于文体。刘勰说"随事立体,贵乎精要",事,即应用文的内容;体,即应用文的体式。应用文涉及的内容极广,其体式多样,所表达的内容和所采用的语体应和文种相一致。比如,公文中有上行文、下行文、平行文,其体制、行文用语有明显不同。上行文请示、报告之类,其体式规范,用语谦恭,讲究礼貌,常用"请"、"望"、"当否?请指示"等,而不能用决定的口吻说话。公文中的命令,语体严峻,斩钉截铁,毫不含糊。而书信体,语言运用比较灵活,可以优雅从容,侃侃而谈,也可激昂陈词,情感溢于言表;还可含蓄不露,隐约其辞。合同协议,则必须公平、公正,条分缕析,语言严谨周密精当,不留任何纰漏。

其次,旅游应用文的语言要得体。应用文的文种不同,语体风格也不同。文稿的内容和语气要和单位、作者的地位相一致,要和应用的环境气氛相协调。比如通告,主要用于在一定范围内公布应当遵守或周知的事项,使用面较广,无论是哪个级别、部门,只要有法人资格都可使用,它不像公告那样只用于重大事项,也不像布告那样具有很强的强制性,不强调语言通俗化,可使用一些专业术语。又如欢迎词和欢送词,情感要真挚,言词要热情,语调应欢快。如果是级别较高的负责人,语气要庄重,用词要典雅大方;若是一般人员,语言较自由、灵活。再如,学术论文的用语要科学、严谨,符合逻辑;而导游词的用语则讲究文采,富于感情色彩和诱惑性、趣味性。

不同的文种,还有一些不同的习惯用语,它们和语体风格相一致,与作者身份和环境相协调。

三、旅游应用文的修辞

有人认为,应用文是实用文体,不讲究修辞。这种说法其实是不对的。人们应用语言交流思想、传播信息,并不是消极被动的,总要针对不同的内容和语言环境,选择最恰当完美的语言手段,追求最好的表达效果,这就是所谓的修辞。在人们日常说话中,在文学创作和应用文写作中,都离不开修辞。

旅游应用文种类繁多,修辞方式的运用有明显的差异,大体可分四种情况。

(一) 公文

国家行政机关的公文具有法定效力和规范体式,具有特殊的性质和作用,在语言运用上要求简明、准确、平实、得体,结合具体对象和语言环境,在词汇、句子、语调、篇章结构方面注重修饰。有人称之为消极修辞。其叙事说理多用抽象性、概括性和准确的语言,重在表达的正确和明白,强调语言的规范和健康。其用词规范、庄重、典雅,用习惯性词语,一般不用俗语和不规范的词语,在句式方面多用严密长句和整句;在篇章结构上,比较固定化、模式化；而题旨多是规定的。

（二）一般事务性旅游应用文

一般事务性旅游应用文主要包括计划、总结、报告（工作报告、调查报告）、简报、章程、条例、合同、公证书等。这类应用文在语言运用上与公文相近，但也有区别，其修辞在语言运用上要求简明、准确、平实，多用所谓的消极修辞方式，即重在选择词汇、句式、语调、篇章方面。因不是法定公文，类似的上下行文中的关系、常用的词语、严格的时效性等，在语言修辞方面有一些区别。

（三）论文

论文包括评论和学术论文（科技论文、社科论文、学位论文），在写作上属于抽象思维，其语言运用主要以议论为表达方式，通过概念、判断、逻辑推理表达作者对客观事物和客观事理的看法，达到以理服人的目的。论文的修辞在语言运用上要求准确、鲜明、生动、严谨，结合实际对象和语言环境。同时，为了增强表达效果，使语言表达鲜明、生动，一些文艺性的修辞格，比如夸张、比喻、对偶、排比、诘问等也常运用。

（四）具有文艺性的旅游应用文

旅游应用文中有一些具有文艺性的文种，比如导游词、景点解说词、欢迎词等。其语言运用中的修辞方式较为广泛，除了实用性的修辞外，文艺性的修辞也经常运用。

如：或许正是这样的神秘，这样的深厚，峨眉山才能"高出五岳，秀甲九州"，才有了"峨眉者，山之领袖；普贤者，佛之长子"的千古诗篇。

又如：漓江两岸的山峰挺拔，形态万千，石峰上多长有茸茸的灌木和小花，远远看去，若美女身上的衣衫。江岸的堤坝上，终年碧绿的凤尾竹，似少女的裙裾，随风摇曳，婀娜多姿。

前一句，运用引用的修辞手法，展现了峨眉山的神秘与深厚；后一句采用比喻，描摹漓江两岸山峰之秀美，引人入胜。

文艺性旅游应用文采用对偶、比喻、拟人、夸张、借代、排比等灵活多样的修辞手法，不仅使语言更富有表现力，而且使表达效果更加完美。

本章练习

一、知识训练

1. 如何理解旅游应用文的主旨？
2. 旅游应用文写作处理材料的基本原则是什么？
3. 旅游应用文常用的结构模式有哪些？
4. 旅游应用文常用的表达方式有哪几种？旅游应用文写作常用的表达方式与一般文章写作有何不同？
5. 旅游应用文的语体特征是什么？
6. 如何理解旅游应用文的实用性修辞？

二、能力训练

阅读下面的应用文，你打算怎样学习"旅游应用文写作"这门课程？

学习总结

  在庄强老师的指导下,我们依依不舍地告别了一学期的"应用文写作"课程。通过这门课程的学习,我掌握了很多知识。现在我就这阶段工作和学习做一下总结:

  第一,我要非常感激庄老师用幽默风趣的语言、认真负责的态度为我们上每一节课,这也是日后激励我努力学习很重要的原因。记得老师第一堂课就跟我们说过:我们的日常生活中处处可见应用文。比如书信、请假条、借条、通知、申请书,包括我现在正在写的总结,都属于应用文的范畴。老师还用了一个相当生动、恰当的比喻形容了应用文的组成。应用文的主题为其灵魂,材料为其血肉,结构为其骨骼,语言为其细胞。如此一来,我们便能直观地理解写应用文要注意哪些部分。所以现在我已能正视自己的缺点,并不断地改进自己,提升自我。每天都有进步是我最开心的事情,因为这预示着我离成功更近一步了。因此我非常幸运我能遇到如此一个好老师。

  第二,我要谈谈学习"应用文写作"课程的收获。以后,我们势必会接触到通知、活动计划书、项目策划书、个人简介、自荐书、设计个人简历等应用文的写作,掌握了它的基本写法,对我们的学习、工作、生活都会有所帮助。所以我表面上最大的收获是:再也不用怕写作文了。事实上,我最大的收获是:在课堂上跟随老师的思维不断领悟各种各样的道理,我的思维得到升华,我的人生也在跟着改变。应用文它也使我不断地改进自己,提升自我。我认为掌握好了各种应用文的基本写法,对我们以后的学习、工作、生活都会有所帮助。只要我们能自觉地发扬自己的长处,坚持克服自己的缺点,一天比一天进步,我相信我们今后的工作或学习一定能更上一层楼,人生一定会取得很大的成功。

  第三,我应该反思在学习"应用文写作"课程的不足和问题。一开始对应用文写作毫无概念,我的语言水平和文字表达都不太理想,从小只要一听到要写作文,脑子就膨胀得像个快要爆炸的气球一样。当得知自己要学习这门课程的时候,可想而知,刚开始我的学习状态是何等的糟糕。经常一段时间的学习,仿佛就爱上了"应用文写作"课程,不仅是应用文它本身的作用,还有老师上课的风度和魅力。终于我的知识不断巩固,每学习一个阶段,我就进行总结归纳,除了老师布置的作业,我还总结规律和归纳方法,并且写了几篇小结、心得。我觉得应用文写作应当注意以下几个方面:主旨单一,简洁明确,精炼集中,结构合理,严谨庄重,语言准确,简明平易,真实不虚构。

  总之,在这个学期的应用文写作的学习过程中,我受益匪浅,写起应用文来也得心应手。在即将不久的工作中,我也会将自己所学到的应用文知识应用到我的日常学习生活中,努力提高自己,做一个对社会有用的人。

第二章 旅游宣传策划类应用文

 项目目标

通过本章学习，应当达到以下目标：

知识目标

了解旅游宣传策划活动过程中各类应用文的概念、特点、种类、作用及写法，能用其指导消息、通讯、海报、导游词和策划案的写作活动，规范其相关技能活动。

能力目标

运用本章文种知识研究相关案例，培养与"旅游宣传策划活动"相关的应用文写作情境中分析问题与解决问题的能力；通过写作实训，掌握消息、通讯、海报、导游词和策划案的写法。

素质目标

结合本章教学内容，依照行业道德规范或标准，能灵活运用消息、通讯、海报、导游词和策划案为开展旅游宣传策划活动服务。

第一节　消　息

一、任务导入

阅读下面消息，指出其中存在的问题

1月13日，太平洋人寿保险股份有限公司××中心分公司在我县召开现场理赔大会，为我县四名遭受人身意外的投保人理赔二十八万五千多元。

太平洋人寿保险公司××中心分公司自成立以来，积极将保险事业融入到经济生活中，经常开展关爱孤残、捐资助学、扶贫赈灾等公益活动，解决就业160多人次，较好地提升了自身形象。为开拓保险市场，公司决定再次招聘46人，为我县提供新的就业岗位。

二、范例分享

杭州黄龙饭店：提供最"智慧"的服务

汪成设　黎彦　何娅

在杭州西湖北缘，有多幢错落开阔的四方形建筑，这就是黄龙饭店。

近3年来，黄龙饭店通过改建，与IBM深入合作，打造全球第一家"智慧型"饭店。

老牌酒店焕发新活力

作为改革开放后杭州最早建成的中外合资饭店之一，黄龙饭店是对外接待的窗口，众多国内外政要和境内外明星都曾下榻于此，常年保持着较高的入住率，上世纪80年代的房价就达到千余元。然而在亚洲金融风暴后，这个老牌酒店经营却江河日下，房价一度跌至三四百元。

为摆脱经营困境，3年前，黄龙饭店斥资10亿元进行大规模升级改造，改造后经营面积从4.3万平方米升至11万平方米，成为中国规模最大的饭店之一。目前，一期改造工程已经结束并投入运营，这个老牌的五星级饭店以全新的面貌出现在世人面前。

"在快速发展的社会中，要始终抓住自己的个性，让客人感受到最新的科技和最新的体验。"黄龙饭店总经理杜宏新说。

今年8月21日至23日，中日韩三国旅游部长会议在杭州举办，杭州黄龙饭店作为主会场，承接了主要接待工作。在会议上，黄龙饭店先进的会议设施及会议管理系统直接发挥功效，六国同声翻译系统、同步录音摄像系统、安保系统等高科技设备的应用，保证了会议的顺利进行。

"智慧"服务优化客人体验

去年6月30日，IBM公司与黄龙饭店签署协议，致力于饭店改扩建工程，以全方位的酒店管理系统与RFID（射频无线识别技术）等智能体系为黄龙饭店度身设计了一整套"智慧酒店"解决方案，完善了饭店宏伟的"智慧酒店"蓝图。

杜宏新介绍，在选择智能化设备时，饭店主要考虑设备设施的服务功能，让客人获得与众不同的、便利舒适的体验，带来最大化的舒适和便捷。

4种形式的入住系统细分了客流,缩短了入住登记时间。VIP客人可凭黄龙饭店的智能卡,一进入酒店即可被系统自动识别,无需办理任何手续即可完成入住过程。黄龙饭店还在大堂内设置自助入住机,客人可自行完成登记手续。

当客人走出电梯后,楼层门牌指示系统会自动闪烁,指引客人至其房间。当客人进入房间后,客房会自动按照客人的习惯进行环境设置,如自动调节温度等,使其能马上在自己熟悉的空间里工作休息;互动电视系统和IP电话系统可自动获取客人的入住信息,自动选用客人的母语作为默认语言。当门铃响起,客人不必走到门前就能知道是谁来访,访客图像将自动跳转到电视屏幕上。

IBM全球信息科技服务部浙江区总经理杨磊说:"这个通讯解决方案须经过复杂的技术整合:将交换机技术、无线技术、网络技术、手持PDA技术、电信运营商的GPRS技术、GSM绑定、计费系统的引入以及IBM智能化酒店系统完全整合起来,最终才能实现客房电话的移动功能与结账一体化。"

低碳和品质完美结合

黄龙饭店之所以选择智能化设备,基于两方面考虑:一是希望新的科技能给客人带来与众不同的现代、便捷、高效的体验;二是引进智能化设备能节能降耗,符合当前酒店业绿色低碳的趋势,能够提升员工的工作效率和服务品质。

"目前,除常规系统之外我们多用了几个系统,多花了1300万元。但我们也算了一笔账,通过引进节能技术,不仅给客人带来与众不同的体验,还大大提高了员工的工作效率,为饭店节省了700多万元的其他投资。"杜宏新说。

在低碳节能降耗方面,黄龙饭店1号至3号楼的外立面贴有科技瓷砖,可吸附有毒气体、释放纯净氧气,1平方米瓷砖的净化效果相当于种植40棵白杨树。5号、6号楼的外立面铺设了纳米科技瓷砖,有独特的自洁功能,能让楼宇保持光洁如新。

黄龙饭店为每位服务员都配有一台掌上电脑,客人需要服务时,酒店客服中心会向邻近的服务员发送信息,服务员收到信息后,会及时出现在客人面前,提高了工作效率,提升了服务品质。

改建后的黄龙饭店希望把其他行业好的理念、新的技术整合到酒店行业中来,运用高科技让客人体验全新的"智慧生活",为客人提供最"智慧"的服务。杭州新黄龙饭店未来要成为全国乃至世界范围内超一流的酒店。

(资料来源:2014年9月21日《中国旅游报》)

【提示】这则消息采用叙述式导语:概括反映出新闻最主要、最新鲜的事实,给人一个总的印象。主体是消息的重要部分。它承接导语,运用典型材料从"老牌酒店焕发新活力、'智慧'服务优化客人体验、低碳和品质完美结合"这三个方面对导语加以展开,布局严谨,井井有条。内容具体,有说服力。结语用一段话。讲明消息所述事实的意义,使读者从中获得更多的启示。

三、知识览要

1. 消息的概念

消息是新闻报道中最简练、最短小的一种常用的新闻体裁。其报道的内容单一而概括,即它只报道一个事实,不用交代背景,对事实不作具体的叙述和说明,只是对新近发生事实的动态作简要的报道。

2. 消息的种类

(1) 动态消息:也称动态新闻,这种消息迅速、及时地报道国内国际的重大事件,报道社会主义现代化建设中的新人新事、新气象、新成就、新经验。动态消息中有不少是简讯(短讯、简明新闻),内容更加单一,文字更加精简,常常一事一讯,几行文字即可。

(2) 综合消息:也称综合新闻,指的是综合反映带有全局性情况、动向、成就和问题的消息报道。

(3) 典型消息:也称典型新闻,这是对某一部门或某一单位的典型经验或成功做法的集中报道,用以带动全局,指导一般。

(4) 述评消息:也称新闻述评,它除具有动态消息的一般特征外,还往往在叙述新闻事实的同时,由作者直接发出一些必要的议论,简明地表示作者的观点。记者述评、时事述评就是其中的两种。

3. 消息的写作结构

1) 标题

标题是用来揭示、评价新闻内容的一段最简短的文字。其字号一般大于正文。新闻标题具有以下特点:

(1) 必须标出新闻事实。是否必须标出新闻事实是新闻标题和通讯标题的显著区别之一。通讯标题可以标出新闻事实也可以不标出,没有硬性要求。多数情况下,常以精辟的议论、动情的抒情、尖锐的提问或生动的比喻作题。新闻标题虽然可以兼有议论、抒情、提问和比喻,但必须标出新闻事实,它是构成新闻标题的必备条件。

(2) 新闻事实要有确定性,显示一种动态。新闻标题所写的事实,必须具备足以把事实表达清楚的必要的新闻要素,具有确定性,给读者一个明确的概念,不能使其作出其他理解。通讯标题虽然可以涉及某些新闻事实,但不要求具备必要的新闻要素,也就是说足以把事实表达清楚的要素可以略去。由于要素残缺,它对于事实的表述不具有确定性。

标题结构可分为引题、主题、副题。

(1) 主题说明新闻中最重要或最引人注意的事实和思想,是标题中最重要的部分。主题在整个标题中所用的字号最大,居于最显著的位置。主题通常是完整的句子或短语,要能表达完整的内容。

例如:(主题)国家两部局"叫停"名人故里之争

(2) 引题位于主题之前,主要作用是引出主题。因此文字宜短,最好不要超过一行。过长会喧宾夺主,不利于主题的突出。引出主题的方式主要有三种。

第一,通过交代和说明相关的背景、意义、目的、原因、气氛等引出主题。

例如:(引题)成败在此一举

(主题)中国足球队今赴日

第二,通过直接叙述主干事实的起始部分引出主题。主题则是主干事实的后继部分。

例如:(引题)关广梅在京接受中外记者采访
   (主题)对答如流　语惊四座

第三,通过提出疑问和发表议论引出主题。这种方式与前两种方式的显著不同之处在于,引题不写事实。

例如:(引题)即将来临的广州花市　情况如何?
   (主题)为君报道春消息　今年花胜去年红

(3)副题位于主题之后,主要是用事实对主题做些补充和解释。

2)导语

导语是新闻开头的第一句话或第一自然段,扼要揭示新闻的主要内容。导语在一则消息中,主要承担两项任务:一是以最简练的文字突出新闻中最重要的、最新鲜的事实或思想;二是启发、吸引读者情不自禁地阅读全篇新闻。采用这种方法写的新闻开头部分,通称为新闻导语。

导语有以下几种形式。

(1)叙述式:直接用客观事实说话,通过摘要或概括,简要反映出新闻最主要、最新鲜的事实,给人一个总的印象。

(2)描写式:记者根据目击情况,对主要事实或一个有意义的侧面,做简练而有特色的描写,给读者一个生动具体的形象,如:突出人物或渲染气氛或再现场景。

(3)对比式:将过去与现在、此地或彼地加以对比,以借旧显新,以彼衬此。

(4)引话式:直引或间引与新闻有关的人物的话,放在新闻开头,引出主要内容,给读者强烈印象。注意:引用权威性的话,引用须正确,不能断章取义。

(5)设问式:把新闻报道中已经解决的问题先用疑问的方式鲜明地提出来,而后用事实加以回答。

(6)评论式:从议论入手或是使叙述与议论交织在一起,用虚实结合、夹叙夹议的写法来对所报道的新闻事实加以评述,说明其意义。

(7)悬念式:在新闻的开头提出能激发读者好奇心的情节矛盾,悬而不答,便于有效地展开主体段落,激发读者读完全篇。

3)主体

主体是新闻的躯干,是对导语的进一步扩展,要用充分的事实表现主题。正文的任务,主要是运用具体的事实有层次地回答、说明、解释或补充导语中提到的问题或事件。消息的正文,是具体展示新闻内容,充分而有力地体现新闻主题的核心部分。因此,环绕新闻主题,选取典型的材料,并加以巧妙的运用、布局和安排,注意表达的条理性和逻辑性,做到层次分明、结构严谨,是正文写作中必须做好的工作。

4)结语

结语是交代新闻事件结果的话,可有可无,视具体情况而定。

四、写作实训

试结合"任务导入"中病文的分析,写出修改稿。

知识链接

什么是新闻？

曾任《纽约太阳报》的编辑约翰·博加特说："狗咬人不是新闻，人咬狗才是新闻。"《纽约先驱论坛报》的采编斯坦利·瓦利克尔这样定义新闻："新闻就是女人、金钱、犯罪。"

在我国新闻学术界，最权威的新闻定义，是1943年陆定一提出的，"新闻的定义，就是新近发生事实的报道。"范长江也对新闻下了一个定义，"新闻就是广大群众欲知应知而未知的重要事实。"王中教授引入传播学概念，把新闻定义为"新近变动的事实的传布"。

新闻的基本特点有两个：真实、新鲜。这两点也是新闻最核心、最基本的规律。

新闻这一概念有狭义和广义之分。狭义的新闻单指消息；广义的新闻包括消息、通讯、报告文学、特写、评论等。

新闻要素是指构成新闻必需的材料。新闻五要素即 Who（谁）、What（什么）、When（时间）、Where（地点）、Why（原因）。

判断新闻价值的标准有哪些？

1. 时新性。指事实中新鲜的、新颖的元素。

内容新要求事实是人们所未知的。未知数越大，新闻价值越高；未知数越小，新闻价值越低；若是没有未知数，就没有新闻价值。在此意义上，新闻是一次性的消费品。新闻价值取决于事实的未知数含量。

时间近要求事实在时间上是新近发生或发现的。时间越近，新闻价值越高；时间越远，新闻价值越低，乃至消失。在此意义上，新闻是时间的易碎品。新闻价值随着时间流逝而递减。

2. 重要性。指事实所包含的意义。意义越大，新闻价值就越大。而事实是否有意义，是由它对社会生活所造成的影响决定的。所以，"重要性"也被称为"影响力"。

3. 接近性。指事实与受众的距离。距离越近，新闻价值就越大。包括地理上的接近和心理上的接近。

在差不多同样重要的事件中，发生地离读者越近，越有新闻价值。这是因为人们愿意首先知道发生在自己周围的事情，它往往与自己有更为直接的关系。在同类或不同类事件中，越是能够引起受众的情感联系、心理共鸣、共同兴趣的，越有新闻价值。这是因为它们往往能够满足受众的心理需要，或使之产生亲切感、认同感，因而"隔山隔水不隔心"。

为了突出这一新闻价值要素，新闻媒介及记者在新闻实践中的传统做法：一是新闻媒介地方化；二是新闻报道地方化。

4. 显著性。指事实中所涉及的人物、机构、地点等的知名度。知名度越高，新闻价值就越大。生活中，人物、机构、地点的名望往往会增加一件事情的新闻价值，尽管这件事情可能平常得不能再平常。

5. 趣味性。指事实中的能引起人们浓厚兴趣的元素,包括:①异常反常的、新奇离奇的;②刺激的;③稀少的;④逗人发笑的;⑤具有悬念或戏剧性的。

6. 人情味。指事实中涉及人、人性,能体现人的同情、关怀的元素。如人的生老病死、悲欢离合,对儿童、老人、妇女、病残者的救助保护,对动物的救助保护等等。

7. 冲突性。指事实中所包含的对立、竞争、交锋等元素。

西方新闻界认为,在新闻报道中,"和谐等于平淡,而竞争就有了新闻价值"。而且认为:冲突是大多数新闻的主要特点。

任何一个事件,只要具备了时新性再加上其他任何一性,就有成为新闻的可能。这就是说,某些事实能够成为新闻,而某些事实不能成为新闻,是由事实本身所决定的。也就是说,新闻价值要素是客观的,但是,对这些要素的取舍,却是主观的。

金字塔式结构与倒金字塔式结构

金字塔式结构——这种结构,从头到尾完全按事实发生的时间顺序或情节发展过程来安排材料。消息的开头就是事件的开头,结尾就是事件的结束。这种结构,是按人们正常思路渐进过程安排材料,因而易为读者所接受和理解,具有较强的生动性和吸引力。它最宜用来客观地叙述一些故事性强、人情味较浓的事实,写成人们惯称的新闻故事或新闻小品。

倒金字塔式结构——这种结构,其特点是头重脚轻地组织、安排材料,把新闻的高潮或结论放在最前面,然后按事实重要性递减的顺序来安排,借以突出最重要、最新鲜的事实。这种结构方式,写好导语尤为重要,并且它的结尾一般都表现为自然而止。这种结构的优点是易于材料的组织,利于突出新闻的特点,行文简洁明快,方便读者阅读,便于编辑处理。缺点是难以有所变化,导语、正文、标题容易重复,文意跳跃性较大。

倒金字塔式与金字塔式混合结构——这种结构,可以说是集倒金字塔式和金字塔式两种结构之长、避免两种结构之短的一种比较灵活多变的结构方式。取倒金字塔式结构的导语写作的优势,用金字塔式结构的结尾写作之长,使之首尾相呼应。这种结构方式,能较好地适应各种新闻内容的要求。主要缺点是,容易造成首尾重复。

第二节 通 讯

一、任务导入

八十三天的"打工梦"
——向明春外出沈阳遇难获救备忘录
蒋天兵

天有不测风云,人有旦夕祸福。谁也不会相信,一个身强力壮的男子汉,外出打工归来时,却成了一个失去四肢、生活不能自理的残疾人。眼前的他,年过40岁,是四川省广安县石笋镇文昌街居民向明春。提起他的不幸遭遇时,人们议论纷纷:"是沈阳人民救了他的命,外出打工真难啊!"

今年3月1日,向明春带着挣钱的梦想,告别爱妻和两个未成年的女儿,去大连市打工。当他来到广安火车站时,突然改变主意,决定去沈阳。3月6日,当他抵达沈阳下车时,才发现自己那个装有衣服、身份证和100多元现金的行李包被扒手洗劫一空。

3月7日,向明春拖着疲惫的身体,穿梭于沈阳北站附近,盲目找工无着落。当晚,他蹲在候车室里过夜,晚上没有衣服增添,没有被子盖,又无钱购买所需物品,冷得发抖,只好蜷缩在长条椅上。由于他没有身份证,无处住宿,一连几个晚上都被拒之于候车室和旅馆的大门外。不明真相的值班人员错把他当成流浪汉,他有口难言,欲哭无泪。就这样,他白天走街串巷,寻找四川老乡,晚上露宿沈阳街头。当时,春寒料峭,沈阳的气温零下10多度。日复一日,他忍饥受冻,双手双脚便不知不觉地冻伤了。3月13日,当他路过沈阳钢厂基建处时,这个身高1.65米的汉子终于倒下了,他的四肢已经冻僵了。此刻,幸好被队长王宏宽发现,询问情况后,王队长立即给他找住宿,并安排在这里打工的四川射洪县刘博给他端水、喂饭,扶他大小便。他在钢厂住了7天,伤情稍好,又回到车站等候家里人来接他。这期间,他靠乞讨度日,每晚躺在售票厅外面的石阶上,导致冻坏的手脚流出血水,周身麻木。一些好心人目睹此情此景,一方面洒下同情之泪,一方面请求新闻界为他呼吁。

4月7日,在沈阳电视台记者赵阳、张吉顺等人的帮助下,要来救护车,把向明春送到沈阳市第四人民医院观察治疗,医院还专门雇请一位民工照顾他。随即,沈阳电视台播放了向明春冻伤住院的新闻,引起当地群众的关注,沈阳市政府很快与广安县政府联系,通知其亲属火速赴沈。向明春之妻柏长余接到电报后,心急如焚,她东拼西凑,好不容易凑齐500元钱,去邮局电汇到向明春所住的医院。接着,柏长余又想方设法筹措路费,她怀揣着镇粮站、供销社、医院、学校等单位职工和乡亲们捐助的1100多元现金,在广安县石笋司法所律师李正法的陪同下,搭乘了驶向北国的列车,于4月18日抵达沈阳。当柏长余见到自己丈夫面黄肌瘦、双手双脚用布包裹着的模样,禁不住泪如泉涌。向明春见到亲人突然出现在病床前,顿时悲喜交加。不一会儿,李正法和柏长余查看了患者的病情,因冻伤严重,导致四肢腐烂,如不及时做四肢截除手术,将直接危及病人的生命安全。医生说:"现在,患者的臭味熏人,污染了整个病房,住院的病人对此提出抗议。"要救向明春的命,必须做截肢手术!

为了救人,李正法和柏长余请求医院立即给病人做截肢手术。然而,当柏长余得知手术、输血等费用大约要用1万多元时,急得六神无主。天啦,她哪里交得出这么多钱呢?为难之际,李正法陪他去找市长张荣茂求援,张市长当即表示:"先做手术。救人要紧!"沈阳电视台率先捐赠1000元,交给医院为向明春做手术,并拍摄电视新闻播出,再次呼吁各界人士为四川患者奉献爱心。4月21日,沈阳市政府、卫生局、医政处、民政局、红十字会的领导和同志们聚集医院现场办公,分别听取了患者病情、家庭经济状况的汇报,拍板解决了医疗费用。李正法和柏长余如释重负。4月23日,医生们给向明春冻坏的四肢做了截除手术,当地广播、电视及报社做了报道。手术后,许多人从四面八方涌向医院,有的送来现金,有的送来糖果、馒头和面包……用爱点燃了他的希望之火!

冻伤无情党有情,惨遭不幸遇恩人。经过43天的精心治疗和特殊护理,向明春终于痊愈了,1.5万多元医疗费,只交了1500元,其余费用全部由医院承担。5月20日,向明春在亲人的护理下出院启程回四川。临走时,辽宁森工地板实业公司余经理给他捐款1500元,沈阳市民政收容遣送站赠给他500元……

沈阳电视台记者摄下了人们为他送行时那一幕幕感人肺腑的场面。从沈阳到北京直到广安,他沿途受到特殊照顾,一律免费乘车、吃饭。北京到重庆的9次特快列车全体乘务员给向明春捐款445元,并给他写了一封热情洋溢的慰问信。一路上,不少乘客都给他送钱送物送水果……这一切的一切,向明春看在眼里,记在心上,他不知有多少感激的话儿要说啊!?

5月23日,向明春终于从遥远的北国回到了生养他的家乡。从出走到归来,整整83天,他历尽艰辛,饱受了人间的冷暖。连日来,乡亲们纷纷前去看望他,为他奉献一片爱心;县、镇、村的干部们也去安慰他,为他排忧解难。

夜幕降临,向明春躺在他那睡了多年的床上,百感交集。

正欲外出打工的人们,你能从向明春的遭遇中吸取什么教训呢?

这篇通讯属于哪种类型的通讯?假如你外出打工,你能从中吸取什么教训呢?

二、范例分享

温馨留蓝天　爱心在人间
——陈太菊家人向西南航空公司致谢

3月22日下午,因丢失一年血汗钱受到西南航空公司乘务员帮助的打工妹陈太菊的两位姐姐陈太凤和陈太翠,从广汉市专程赶到成都双流机场,亲手将书有"温馨留蓝天,爱心在人间"的一面锦旗赠送给西南航空公司总经理王如岑,以表达全家人的诚挚谢意。

去年12月30日,在广东中山一童装厂打工一年的陈太菊从珠海机场乘机到成都,过安检时忙乱中不慎将12900元血汗钱丢失了。当她痛不欲生之际,西南航空公司乘务员带头为其捐款,从而感动了全机123位旅客纷纷为其解囊相助。当晚23点多,同机旅客古和强、张其君夫妇在回家整理行李时意外发现了陈太菊的钱盒,于是连夜驱车冒着浓雾赶到双流机场,将钱盒交给西南航空公司乘务部值班领导。元月1日,西南航空公司派人到广汉寻找到陈太菊后及时归还了钱盒。陈太菊得到失款后,感动不已,当场将在飞机上所得的6000元捐款委托给西南航空公司的同志,请转捐给"希望工程"。四川省青少年发展基金会接到这笔捐款后,打破常规,速将该款划拨给朱德同志的故乡仪陇县,从而使15名失学儿童得助重返校园。

"这一串串动人的真实故事,就像是导演编的,简直令人不敢相信,然而它却实实在在发生在我们自家人的身上。"陈太凤噙着泪水,满怀感慨地握着王如岑的手说:"你们培养了这么好的乘务员,我们全家人永远都会感激。"

作为全国人大代表,3天前才从北京开完人大会议归来的王如岑托着锦旗说:"推进社会主义精神文明建设,是我们共同的大事,刚召开的全国人大会议把它放在了很重要的位置。陈太菊把款转捐给'希望工程'的举动,做得很好,它对我们继续抓好安全服务工作,也是一种激励。"

据悉,陈太菊已于 3 月 13 日重返广东求职打工去了。
(资料来源:http://wenda.haosou.com/q/1365971760067017? src=110)

【提示】这篇通讯选择适当的环境和场合,反映现实生活中的一个片断;线索单一而有故事情节,短小精悍而又生动活泼;善于提出读者有共同兴趣的、欲知未知的问题,善于穿插现场情景和背景材料,写得富有感情。

三、知识览要

1. 概念

通讯是报纸、电台常用的新闻报道形式之一,它是一种比消息更为详尽、更为灵活和形象地报道典型人物、事件、问题或各种有意义的客观事实的新闻体裁。通讯所作的报道必须真实,用事实说话,准确地再现特定人物、事物、景物以反映现实生活。通讯也有时效要求。它的时效性虽不像消息那样强,有时可以宽松一点,但还是要快、要新。它所描述的人物、事物、景物等,都应具有某种新闻价值,例如:《谁是最可爱的人》、《为了六十一个阶级弟兄》。

2. 种类

通讯从内容上分可以分为人物通讯、事件通讯、工作通讯和风貌通讯。

1) 人物通讯

人物通讯是以人物为报道对象,反映一个人或几个人的思想、言行、事迹,在一个主题贯穿下容纳着相当丰富的材料,着重以人物的精神面貌来感染、教育读者的一种通讯。

要写好人物通讯,一般要注意如下几点:①通过写事迹,表彰先进人物的思想。人物通讯应以人物为中心,而且一般是以一个先进人物为主,笔墨务必集中。人物通讯写人,不应就事论事,而应"见物、见人、又见思想",使之写得形神兼备,以"形"传"神"。②抓细节,抓特点。人们对一篇人物通讯的一些事迹、概貌、数字看后常常忘掉,但动人的细节、情节,却往往难以忘怀。因为细节往往是人物描写中的点睛之笔。另外,要注意表现人物有特色的事迹,挖掘人物的个性特点,并选用新的角度,这样才能把人物写得富有新意。③挖掘人物思想形成的背景、原因。

2) 事件通讯

事件通讯是以写事为主的通讯。它主要记述事件的发生、发展、结果,交代来龙去脉,介绍具体情况,点明它的典型意义,以体现时代的新气象、新变化。

事件通讯特点:①以记事为主,事件的本质、特点决定着通讯的主题。②事件通讯虽然写事,但它不孤立地写事。因此,事件通讯必然牵涉到与事件有关的人物,事件与人物是血肉相连的。但在事件通讯中人物本身的特点不是通讯反映的重点,他们只是为表现中心事件服务的。

3) 工作通讯

工作通讯直接记述和分析当前实际工作的经验、问题,从中提出带有规律性的东西去指导实践,推动实际问题的解决。

4) 风貌通讯

风貌通讯也称概貌通讯,这类通讯以记地为主,例如范长江的《中国西北角》、《塞上行》等。

3. 通讯的写作要求

1）主题要明确

有了明确的主题，取舍材料才有标准，起笔、过渡、高潮、结尾才有依据。

2）材料要精当

要按照主题思想的要求，去掂量材料、选取材料，把最能反映事物本质的、具有典型意义的和最有吸引力的材料写进去。

3）写人离不开事，写事为了写人

写人物通讯固然要写人，就是写事件通讯、概貌通讯、工作通讯，也不能忘记写人。当然，写人离不开写事。离开事例、细节、情节去写人，势必写得空空洞洞。

4）角度要新颖

写作方法要灵活多样，除叙述外，可以描写、议论，也可以穿插人物对话、自叙和作者的体会、感受；既可以用第三人称的报道形式，也可以写成第一人称的访问记、印象记或书信体、日记体等。通讯所报道的新闻事实，可以从各个不同的角度去观察，去反映，诸如正面、反面、侧面、鸟瞰、平视、仰望、远眺、近看、俯首、细察……角度不同，印象各异。若能精心选取最佳角度去写，往往能使稿件陡然增添新意，写得别具一格，引人入胜。

四、写作实训

以学院×届田径运动会为例，写一篇为五千米长跑运动员点赞的通讯稿。

第三节 海 报

一、任务导入

××学院基础课部拟举办一次青春诗会活动。你能代拟一份海报吗？

二、范例分享

象 棋 比 赛

运筹帷幄　　决胜千里

导游系　王奕—设计系　曹博

两军对垒　　扣人心弦

时间：2015年3月20日15时

地点：学院体育馆

××学院学生会体育部

2015年3月16日

【提示】这是一篇赛事海报，以精练的语言介绍了比赛的项目、时间、地点，写法灵活，具有较强的吸引力。

三、知识览要

1. 海报的概念

海报一词最早起源于上海。旧时，上海人把职业性的戏剧演出称为"海"，把从事职业性戏剧表演称为"下海"。于是，人们把宣传剧目演出招徕顾客的招贴称为"海报"。海报一词演变至今，已不仅仅是职业性戏剧表演的专用招贴，而成为向公众报道或介绍有关戏剧、电影、体育比赛、文艺演出、报告会等消息的张贴性应用文。

2. 海报的特点

1）尺寸大

海报多张贴于公共场所，受到周围环境和各种因素的干扰较多，所以必须以大画面及突出的形象和色彩展现在人们面前。

2）视觉冲击力强

为了使来去匆忙的人们留下视觉印象，除了尺寸大之外，海报设计还要充分体现定位设计的原理。以突出的商标、标志、标题、图形，或对比强烈的色彩，或大面积的空白，使海报成为视觉焦点。

3）艺术性

海报可分为商业海报和非商业海报两大类。商业海报围绕具体目的物以摄影、绘画和漫画为主要表现手法给公众留下深刻印象。非商业海报内容广泛、形式多样、艺术表现力丰富，特别是文化艺术类海报，可根据广告主题充分发挥想象力，尽情施展艺术手段。

3. 海报写作的格式和内容

1）标题

海报的标题写法较多，大约有三种形式：

其一，单独由文种构成，即在第一行中间写上"海报"字样；

其二，直接由活动的内容承担题目，如"舞讯"、"影讯"、"球讯"等；

其三，间接标题，即用描述性的文字含蓄传达，如"味蕾品养生，奢华尽绽放"。

2）正文

海报的正文可包括以下内容：

第一，活动的目的和意义；

第二，活动的主要项目、时间、地点等；

第三，参加活动的具体方法及注意事项等。

3）落款

署明主办单位的全称及海报的发文日期。

以上内容和格式是就海报的一般情况而言，在实际使用中，有些内容可根据情况省略。

4. 海报设计的注意事项

(1) 强烈的视觉冲击力，可以通过图像和色彩来实现。

(2) 表达的内容精炼，抓住主要诉求点。

(3) 一般以图片为主，文案为辅。

（4）主题字体醒目。

四、写作实训

试结合"任务导入"拟写一份海报。

第四节 导游词

一、任务导入

有一批外国游客，专门到中国游览三峡大坝，假如你是一名导游，你打算怎样写好导游词呢？

二、范例分享

故宫导游词主体部分

＊午门前

女士们、先生们：今天有幸陪同大家一道参观，我感到很高兴。这里就是世界闻名的故宫博物院，一般大家都简称它为故宫，从清朝末代皇帝爱新觉罗·溥仪被迫宣告退位上溯至1420年明朝第三位皇帝永乐皇帝朱棣迁都于此，先后有明朝的14位、清朝的10位，共24位皇帝在这座金碧辉煌的宫城里统治中国长达五个世纪之久。帝王之家，自然规模宏大，气势磅礴，时至今日，这里不仅在中国，在世界上也是规模最大、保存最完整的古代皇家宫殿建筑群。由于这座宫城集中体现了我国古代建筑艺术的优秀传统和独特风格，所以在建筑史上具有十分重要的地位，是建筑艺术的经典之作，1987年已被联合国教科文组织评定为世界文化遗产。

故宫又称紫禁城，究其由来，是由天文学说和民间传说相互交融而形成的。中国古代天文学家将天上所有的星宿分为三垣、二十八宿、三十一天区。其中的三垣是指太微垣、紫微垣和天市垣。紫微垣在三垣的中央，正符合"紫微居中"的说法。因此，古人认为紫微垣是天帝之座，故被称为紫宫。皇帝是天帝之子、人间至尊，因此他们也要模仿天帝，在自己宫殿的名字上冠以紫字，以表现其位居中央、环视天下的帝王气概。还有一个说法就是指"紫气东来"。传说老子出函谷关，关令尹喜见有紫气从东来，知道将有圣人过关。果然老子骑了青牛前来，尹喜便请他写下了《道德经》。后人因此以"紫气东来"表示祥瑞。帝王之家当然希望出祥瑞天象，那么用"紫"字来命名也就顺理成章了。"禁"字的意思就比较明显了，那就是皇宫禁地，戒备森严，万民莫近。此话决无半个虚字。在1924年末代皇帝被逐出宫后，这里正式开放以前，平民百姓别想踏近半步，大家可以想象紫禁城过去是多么崇高威严，神圣不可侵犯啊！

紫禁城建在北京，是有其历史原因的，也因为这里是一块风水宝地，说起来话长。故宫从明永乐四年（1406）开始修建，用了14年的时间才基本建成，到今天已有570多年的历史。大家看到了，故宫是一组红墙黄瓦的建筑群，为什么这样呢？道家阴阳五行学说认为,五行包括金、木、水、火、土,其中土占中央方位,因为华夏民族世代生息在黄土高原上,所以对黄色就产生了一种崇仰和依恋的感情,于是从唐朝起,黄色就成了代表皇家的色彩,其他人不得在服饰和建筑上使用。而红色,则寓意着美满、吉祥和富贵,正由于这些原因,故宫建筑的基本色调便采用了红、黄两种颜色。

故宫占地 72 万多平方米,有宫殿楼阁 9900 多间,建筑面积约 15 万平方米。四周有高 9.9 米、号称 10 米的城墙,墙外一周是 52 米宽的护城河,俗称筒子河。城南北长约 960 米,东西宽约 760 米,城上四角各有一座结构奇异、和谐美观的角楼,呈八角形,人称九梁十八柱,七十二条脊。城四周各设一门,南面的正门是午门,北门叫神武门,东门叫东华门,西门叫西华门。故宫在施工中共征集了全国著名的工匠 23 万、民夫 100 万人。所用的建筑材料来自全国各地。比如汉白玉石料来自北京房山县,五色虎皮石来自河北蓟县的盘山,花岗石采自河北曲阳县。宫殿内墁地的方砖,烧制在苏州,砌墙用砖是山东临清烧的。宫殿墙壁上所用的红色,原料产自山东宣化(今高青县)的烟筒山。木料则主要来自江西、山西等省。由此也可以看出当时工程之浩大。

我们眼前的建筑叫午门。午门是紫禁城的正门,俗称五凤楼。明代,每年正月十五,午门都要悬灯赐食百官。到了清代这种活动就取消了。每年农历十月初一,都要在这里举行颁布次年年历的仪式,清代乾隆年间因避乾隆帝"弘历"的名字,故将"颁历"改称"颁朔"。清代,皇帝举行朝会或大祀,以及元旦、冬至、万寿、大婚等重大节日,都要在这里陈设卤簿、仪仗。此外,国家凡有征战凯旋时,皇帝在午门接受献俘典礼,如果皇帝亲征也从午门出驾。

关于"推出午门斩首"的说法,可能是由戏剧舞台上及野史小说敷衍而来的。实际上是明代朝廷命官犯罪,有的在午门廷杖,当然严重的可能也有被当场打死的。

* 进午门后金水桥前

现在我们已经到了故宫里面,在正式游览之前,我先介绍一下故宫的布局和参观路线。故宫占地 72 万多平方米,在这样大的面积上,集各种建筑手法,建造一组规模如此宏大的建筑群,不但没有让人感觉纷杂,反而给人以结构严谨、色彩辉煌和布局规整的感觉,最主要的手段是建造中突出了一条极为明显的中轴线,这条中轴线和整座北京城有机地结为一体,北起钟楼,南至永定门,总长度约 8 公里,皇家禁区苑内的部分约占三分之一。宫内重要建筑都在这条中轴线上,其他建筑分东西对称分布。整个宫殿的设计和布局都表现了封建君主的"尊严"和封建等级制度的森严。

故宫分外朝内廷。现在我们在外朝的最南端,前面是太和门。门前有一对青铜狮子,威严,凶悍,成了门前桥头的守卫者,象征着权力与尊严。皇帝贵为天子,门前的狮子自然最精美、最高大了。东边立的为雄狮,前爪下有一只幼狮,象征皇权永存,千秋万代。我们眼前的这条小河,叫金水河,起装饰和防火之用。河上五座桥象征孔子所提倡的五德:仁、义、礼、智、信。整条河外观像支弓,中轴线就是箭,这表明皇帝受命于天,代天帝治理国家。

* 太和门前

故宫建筑分为"外朝"与"内廷"两大部分。由午门到乾清门之间的部分为"外朝",以太和、中和、保和三大殿为中心,东西两侧有文华、武英两组宫殿,左右对称,形成"外朝"雄伟壮观的格局。三大殿前后排列在同一个庞大的"工"字形汉白玉石殿基上,殿基高 8 米,分为三层,每层有汉白玉石刻栏杆围绕,三台中有三层石雕"御路"。太和殿俗称金銮殿,是故宫最高大的一座建筑物,也是国内最高大、最壮丽的古代木结构建筑。乾清门以内为"内廷",建筑布局也是左右对称。中部为乾清宫、交泰殿、坤宁宫,是封建皇帝居住和处理日常政务的地方。两侧的东、西六宫是嫔妃的住所,东、西五所是皇子的住所。"内廷"还有为皇家游玩的三处花园——御花园、慈宁花园、乾隆花园。内金水河沿"内廷"西边蜿蜒绕过英武殿、太和门、文华殿流出宫外,河上有汉白玉石桥,沿河两岸有曲折多姿的汉白玉雕栏杆,形似玉带。故宫建筑绝大部分以黄琉璃瓦为顶,在阳光下金碧辉煌,庄严美观。

故宫中的建筑除了突出中轴线外,还用了各种手法,使宫城中各组建筑独具特色,比如殿基的处理,殿顶的形式,吻兽和垂脊兽的数目,彩绘图案的规制等等。这样,不仅使主要建筑更显得高大、壮观,而且还表现了宫中建筑的等级差别。民间传说故宫有房9999间半,说天上的皇宫一共有房10000间,地上的皇帝自称"天子",不敢与其同数,所以就少了半间。这半间房在哪儿呢?它指的便是文渊阁西头那一小间。实际上紫禁城有房9000余间,所谓的这半间是根本不存在的。文渊阁西头一间,面积虽小,仅能容纳一个楼梯,但它仍是一整间。文渊阁楼下是收藏我国第一部《四库全书》的地方,为了照顾布局上的美观,所以把西头一间建造得格外小。

* 经过太和门后

女士们、先生们,前面的大殿叫太和殿,俗称金銮殿,是故宫内最大的宫殿。建筑面积2377平方米,重檐庑殿顶,是殿宇中最高等级,为外朝三大殿中最大的一座。太和殿建在三层重叠的"工"字形须弥座上,由汉白玉雕成,离地8余米,下层台阶21级,中、上层各9级。

太和殿始建于公元1406年,经历了三次火灾和一次兵燹的毁坏,现在大家看到的是清朝建的。四个屋檐上各有一排动物,原来是钉子,用来固定瓦片用的,后来换成了神话传说中的动物,据说可以辟邪,而且数量越多,表明建筑越重要。太和殿上有9个,9是阳之极数,往下依次为7、5、3、1,平民百姓家是不允许有这种装饰的。

明清两朝曾有24个皇帝在此登基,宣布即位诏书。元旦,冬至,皇帝生日,册立皇后,颁布法令、政令,派将出征,金殿传胪以及赐宴等等,皇帝都要在这里举行仪式,接受文武百官朝贺。

这个广场是太和殿广场,面积达3万平方米。整个广场无一草一木,空旷宁静,给人以森严肃穆的感觉。正中为御路,左右地面铺的砖横七竖八,共15层,以防有人挖地道进入皇宫。周围有一些大缸,是做什么用的呢?在故宫里一共有308个大缸,是用来储水防火的,缸下可烧炭加温,防止冬天缸水结冰。为什么要建这么大的广场呢?那是为了让人们感觉到太和殿的雄伟壮观。站在下面向前望去:蓝天之下,黄瓦生辉。层层石台,如同白云,加上香烟缭绕,整个太和殿好像天上仙境一样。举行大典时,殿内的珐琅仙鹤盘上点上蜡烛,香亭、香炉烧檀香,露台上的铜炉、龟、鹤燃松柏枝,殿前两侧香烟缭绕,全场鸦雀无声。皇帝登上宝座时,鼓乐齐鸣,文武大臣按品级跪伏在广场,仰望着云中楼阁山呼万岁,以显示皇帝无上权威与尊严。

清朝末代皇帝溥仪1908年底登基时,年仅3岁,由他父亲摄政王载沣把他抱扶到宝座上。当大典开始时,突然鼓乐齐鸣,吓得小皇帝哭闹不止,嚷着要回家去。载沣急得满头大汗,只好哄着小皇帝说:"别哭,别哭,快完了,快完了!"大臣们认为此话不吉祥,说来也巧,3年后清朝果真就灭亡了,从而结束了我国2000多年的封建统治。

* 在太和殿的石台上

这是铜香炉,是皇帝举行典礼时焚烧檀香用的。这里一共有18座,代表清朝18个省。殿外左右安放四个铜缸,象征"金瓯无缺",作为贮水防火之用。台基东西两侧各有一只铜制仙鹤和龟,是长寿的象征。这个由铅铸造成的器具叫嘉量,嘉量是当时容量的标准器,表示皇帝公平处事,谁半斤,谁八两,心中自然有数。对面还有一个石头做成的器具叫做日晷,是古代的测时仪。皇帝的意思是:量和时的基准都在自己手里。

太和殿正面有12根圆红柱,东西长约63米,南北进深约37米,高35米,殿前丹陛三层五出,殿前后有金扉40个,金锁窗16个,整个大殿雕梁画栋,豪华富丽。殿内中央设有2米高的平台,上面摆放着雕有9条金龙的楠木宝座。后面有金漆围屏,前面有御案,左右有对称的宝象、甪端、仙鹤、香筒等陈列品。象驮宝瓶,内装五谷,象征太平景象、五谷丰登。甪端是我国古代神话传说中的一种神兽,可"日行一万八千里",通晓四方语言,只有对明君,它才捧书而至,护驾身旁。

太和殿也叫金銮殿,为什么这么叫呢?因殿内为金砖墁地而得名。金砖墁地平整如镜,光滑细腻,像是洒了一层水,发着幽暗的光。那么金砖真的含金吗?其实这是一种用特殊方法烧制的砖,工艺考究、复杂,专为皇宫而制,敲起来有金石之声,所以称作"金砖"。烧这种砖,每一块相当于一石大米的价钱,可见金砖虽不含金,但也确实贵重。

殿内共有72根大主柱,支撑其全部重量,其中6根雕龙金柱,沥粉贴金,围绕着宝座周围。在殿中央有一藻井,是从古代"天井"和"天窗"形式演变而来,为中国古代建筑的特色之一。主要设置在"尊贵"的建筑物上,有"神圣"之意。在藻井中央部位,有一浮雕蟠龙,口衔一球(球为铜胎中空,外涂水银),此球叫轩辕镜,传说是远古时代轩辕黄帝制造的,悬球与藻井、蟠龙连在一起,构成游龙戏珠的形式,悬于帝王宝座上方,以示中国历代皇帝都是轩辕的子孙,是黄帝正统继承者。它使殿堂富丽堂皇,雍容华贵。镜下正好对着宝座,据说袁世凯怕大球掉下来把他砸死,故将宝座向后挪到现在的位置。关于龙椅,这里面有段故事。1916年(民国五年)袁世凯登基时,把原来的宝座搬走了,换了一把西式高背大椅,上饰他自己设计的帝国徽号。据说他的腿短,因而将椅座降低。新中国成立后,为了寻找那把龙椅,根据过去的一张照片,在破家具库找到了一把破椅,经专家鉴定,这椅子就是皇帝宝座,后经修复展出。

* 至太和殿东或西侧铜缸处

古人把陈设在殿堂屋宇前的大缸,称为"门海",门海者,盖"门前大海"之意,古人相信,门前有大海,就不怕闹火灾。因此,大缸又称为吉祥缸。它既是陈设品,又是消防器材。在科学不发达的古代,宫中没有自来水,更没有消防器材。因此,缸内必须长年储满水以备不虞。

清代时,共有308口大缸,按其质量分类三种,即鎏金铜缸、烧古铜缸和铁缸,其中最珍贵的是鎏金铜缸。然而这些鎏金铜缸没有逃脱侵略者刺刀刮体的厄运。侵略者是谁?是英、美、德、法、俄、日、意、奥八国联军。为了镇压中国人民反帝的义和团运动,1900年的8月13日至8月15日,八国联军攻陷北京,进占紫禁城。军官们烧、杀、抢、掠,从宫中及颐和园等处掠夺的文物在各侵略国使馆区堆积如山,至今仍有大量文物被伦敦、巴黎、纽约博物馆攫为己有。这一切包括眼前这口缸上的道道刮痕都已成为帝国主义侵略中国的铁证。日伪统治时期,大缸被拉出宫门,装上日本侵略军的卡车,用去制作子弹,再反过来屠杀我国人民。

*中和殿前

眼前这个方形建筑是中和殿。皇帝举行大典前,先到此暂坐休息,会见一些官员。皇帝去天、地、日、月四坛祭祀时,前一天也要在中和殿里看祭文。每年二月皇帝到先家坛举行亲耕仪式,前一天要来这里阅视种子、农具、祝文。这里现在陈列的是乾隆年间的两个顶肩舆,即八抬大轿。

*城角

故宫的四个城角,每一个角上有一座九梁十八柱七十二条脊的角楼,建造得可好看了。这四座角搂是怎么盖的呢?北京有这么个传说——

明朝的燕王朱棣在南京做了永乐皇帝以后,因为北京是他做王爷时候的老地方,就想迁都北京,于是就派了亲信大臣到北京建皇宫。朱棣告诉这个大臣:要在皇宫外墙——紫禁城的四个犄角上,盖四座样子特别美丽的角楼,每座角楼要有九梁十八柱、七十二条脊。并且说:"你就做这个管工大臣吧,如果建得不好是要杀头的!"管工大臣领了皇帝的谕旨后,心里非常发愁,不知如何盖这九梁十八柱、七十二条脊的角楼。……

【提示】这是一篇介绍名胜古迹的导游词。本文节选的主体部分,层次分明,叙述清晰,突出了景观的主要特点,包括有关建筑的特点和历史以及有关的传说故事等,语言生动形象,通俗易懂,富有感染力,能够激发旅游者的游兴,并让旅游者把握游览对象的独特风韵,使之身临其境。

三、知识览要

1. 概念

导游词是导游人员引导游客游览观光时的讲解词,也是导游员同游客交流思想、向游客传播文化知识的重要工具。导游词创作质量的高低,直接影响到旅游资源的开发质量和开发程度,对旅游形象的树立至关重要。

2. 种类

按内容划分,有介绍自然风景的导游词,有介绍名胜古迹的导游词,有介绍风土人情的导游词。

3. 特点

1) 说明性

导游词主要用说明的方法对介绍的对象进行解说,帮助游客在观看实物过程中加深印象,在视觉和听觉的双重作用下知其然而又知其所以然。

2) 通俗性

采用口语化的语言进行解说,说起来上口,听起来入耳。切忌晦涩、文白夹杂。

4. 基本结构

导游词一般分为前言、总说、分述、结束语四个部分。

1) 前言

以朴实亲切的语言对游客表示欢迎,交代活动计划、有关注意事项及联络方式,营造良好氛围,为整个游览活动做好安排和铺垫。

2) 总说

概述景点价值、特点,言词应富有激情,如行云流水,干净利落,使游客产生浓厚兴趣。

3) 分述

依据游览时间或方位,逐一介绍景点,注意突出层次和亮点。

4) 结束语

包括感谢语、惜别语、征求意见语、致歉语和祝愿语五个方面,放在导游词的最后面。

5. 创作环节

1) 选题

在导游词的创作中,首先碰到的就是"写什么"的问题。选择什么景观、古迹作为自己写作的对象,决定着整个创作活动的方向,也在很大程度上决定了一个地区旅游资源的质量评价。要做好选题工作,应当遵循个性原则、创新原则、整体原则、市场原则和时代特色。

所谓个性原则即导游词一定要充分揭示景观本身独有的、不同于其他任何景观的特色。个性越鲜明,则旅游资源的价值越高。

所谓创新原则即选题应有新内容、新见解、新材料、新角度。

所谓整体原则即利用好烘托此景观的外围环境。因为任何一个优秀的景观都有其广阔的社会政治背景、深厚的历史文化内涵,它往往是众多景点中最具有特色的珍品。但是,它之所以优秀,绝不是孤立的,因此,在编写导游词时,不能"就寺论寺"、"就景写景",孤零零地描述单个景点,这不单显得单调浮浅,而且也会失去由此及彼、以重点带一般的整体性。例如苏州寒山寺的导游词,可沿着旅游车前进的线路,由古桥—古镇—古寺—古钟,重点写寒山寺及其撞钟活动;同时也写出古桥、古镇、枫桥夜泊。这里的寒山寺不是孤独的一个寺院,而是由许多相关景点烘托起来的充满节日氛围的旅游区。

所谓市场原则和时代特色即导游词的创作应紧跟时代步伐和市场要求,去开掘景物的本质意义,不能只囿于写作对象的具体范围,不顾社会生活的发展和变化。因为随着社会生活的变化和市场经济的发展,旅游者的旅游需要和旅游动机也不断变化,旅游资源随时面临着入时与过时、扩大或丧失吸引力的可能性。同时,导游词也要根据景观的目标市场不同而进行创作。每一个旅游目的地和景观,都有其不同的消费市场,即不同的旅游群。由于游客年龄、职业、兴趣爱好、文化水平、国籍人种的差异,使得导游员在讲解同一个旅游景点时,在素材的选择、内容的详略、讲解的语言、结构的安排等方面都应有所差异。如周口店猿人遗迹,既是青少年的爱国主义教育阵地,又是考古学家、人类学家的科研场所,对这两种不同的旅游群体就要有不同的导游词。

2) 确立主题

主题是导游词的核心和统帅。它决定一篇导游词的价值,决定材料的取舍提炼,支配导游词的谋篇布局,制约导游词的表达手法和语言运用。确定主题要求正确、集中、深刻。

3) 借题发挥

导游词通常都是依照旅游线路,紧扣景物进行讲解,但在介绍某一事物时,往往需要从内容上加以扩充和增补,帮助旅游者更加深入地理解画面和实物本身难以直接表达的含义。因此,导游词的创作在许多地方需要借题发挥。手法有知识上旁征博引、情理上借

题发挥、史料上借古论今等。

四、写作实训

试结合"任务导入"进行分析,为游览三峡大坝写一篇导游词。

第五节 策划案

一、任务导入

在春暖花开时节,2015级市场营销专业的同学打算开展一次春游活动。老师要求班委会先起草一份春游策划书。假如你是班长,你认为这份策划书应写明哪些内容呢?

二、范例分享

韶山一日游策划书

一、活动班级

××学院电商二班。

二、活动时间

2011年10月5日。

三、活动地点

韶山毛泽东故居。

四、出游方式

包车。

五、景点介绍

毛泽东故居由故居、少年时代读书的私塾旧址、韶山农民夜校旧址、考察湖南农民运动旧址,以及青年时代塑像、铜像和纪念展览设施等组成。故居前面是面积一亩地左右的池塘,此即南岸塘,塘内有荷花。由故居正门进入,可见南墙设神龛。由厨房向东过横屋便到毛泽东父母的卧室。毛泽东的卧室与其父母卧室相邻,有床,床边挂桐油灯,陈设非常朴素。毛泽东卧室顶楼上有开口,顺楼梯可攀上。1925年6月,就在这楼上,毛泽东召开了秘密会议,建立了韶山第一个中共支部。由毛泽东卧室向里,是一个长约7米多的天井,天井西南角是毛泽覃的卧室,毛泽民的卧室则在整栋建筑的最后,开窗可见绿荫苍翠的山林。毛泽东故居展出文物和资料500余件、历史照片近200幅、雕塑6尊、模型5个、场景复原6处、图表37个、油画国画10幅,形象地展示毛泽东寻求救国救民真理、成为马克思主义者、参加创建中国共产党、创立第一个农村革命根据地、开辟中央苏区、长征途中挽救革命、主持制定抗日民族统一战线、指挥全国解放战争、缔造人民共和国、主持社会主义改造、探索社会主义建设的伟大的一生。毛泽东少年时代读书的私塾叫做南岸,距毛泽东故居仅100米左右,面积370平方米,有10多间房屋。

六、活动意义

在旅游的过程中,我们除了游山玩水,更可开拓自己的眼界、增长见识。大学生生活的圈子免不了有些狭小,但是我们不能做井底之蛙,对外面的世界一无所知。旅游,让我们亲身体验我国的壮丽山河及博大精深的文化,也对国外的世界有更深入的了解。诚然,我们在课本上所学到的这些知识并不少,但当你亲身去体会时,别有一番滋味在心头,也使我们对我们所处的国家、所处的地域认识得更加透彻。体会都市繁华,体会异国风情,这一切的一切都是我们在课本上所无法学到的。或许"百闻不如一见"说的便是如此吧。这些人生经历也将大大丰富我们的生活内涵。

同时,旅游也可在很大程度上促进我们的文化交流。我们在旅游的过程中了解当地的人文风情、民族习俗,在和当地居民的沟通了解中,我们可感受到各个区域的文化差异,并与我们所处之地的文化进行比较。如此一来,我们便可以知道哪些文化影响是有价值的、哪些适用、哪些可以妥协、哪些应坚决抵制,可取其精华、去其糟粕。这对于我们将来建设家乡和祖国会有重大影响。同时,一些良好的社会风气,比如那些助人为乐、尊老爱幼、拾金不昧、真诚相待的社会风尚和道德情操必然能得到传播,这些往往会触发人们的良知、改善人际关系、创造和睦的气氛,作为受过高等教育且将作为祖国建设者的大学生,更容易受到影响。无疑,这对我们大学生来说是一笔丰厚的精神财富。

七、活动目的

(1) 通过互动,促进同学之间的交流,增进友谊,增强班级凝聚力。

(2) 缅怀革命先烈,感受革命精神,感受红色精神。

八、活动流程

1. 前期工作

(1) 确保全体同学能够依时参加,并向全体同学说明此次出行的详细的活动安排及意义。

①召开临时班会,讨论活动中的具体节目。

②了解大家的喜好,方便进行食物的采购,确保大家吃得欢喜(具体就餐看具体情况而定)。

③提醒大家外出安全问题,增强大家的自我保护意识。

④说明此次出游的意义,希望游玩结束时能够和大家分享自己的感想。

(2) 解决路线、车费等问题。

①确定前进路线,以及具体时间,做到不过站,不误时。

②了解油费、包车费用、联系方式等,确定实际支出。

③联系好车主,说明具体时间与路线,确保能依时到达。

(3) 召开班委会。

①根据同学的意见进行讨论,确定好当天的活动安排。

②确定小组名单,以宿舍为单位,分成三个小组,选出小组长,以便于人员的管理和秩序的维护;同时各小组组长应记下组员的电话号码,以便于在人员走失时联系,由组织委员负责。

③选出人员,到市场上了解各类食物的价格,做好记录,货比三家,做到价格上便宜又实惠。

④选出主持人,主持好现场的才艺表演,由文娱委员负责。

⑤整理出活动的详细章例,预算好所有支出以及总经费,列出详细的清单,由生活委

员负责。

⑥安排好后勤小组,在大家离开时,将现场残留的食物进行清理,做到文明离开,由卫生委员负责。

⑦最近天气多变,要特别注意当天天气预报,提醒大家准备好衣服和伞。

⑧预备烫伤膏、胃药、消化药、创可贴、皮炎平、风油精等,由生活委员负责。

2. 活动流程

(1) 在活动之前的周五早上8:00,全体班委以及部分男生一同到市场购买食物,并提至女生宿舍,由女生负责看管。

(2) 周六上午8:00全体同学在国旗下集合,由组织委员点名。

(3) 8:20上车出发,全程大约一个小时,途中即兴游戏,调节气氛。

(4) 9:20到达目的地,说明安全问题,全体成员开始活动,具体旅游景点等,会在班会上进行讨论。

(5) 13:30开始午餐,其中会有本班同学的精彩才艺表演以及游戏环节。(具体游戏环节见后面详情)

(6) 整个过程大概在16:00以前结束。

(7) 18:00回学校开始聚餐,所有班委负责聚餐地点等注意事项,直到晚会结束。

(8) 23:00就寝,由各班委负责将同学安全送回学校,确保安全。

3. 后续工作

(1) 各负责人员汇报任务情况,并指出活动中出现的问题,以及存在的不足。

(2) 召开班会,总结各负责人汇报的内容,同时详细说明此次的经费,并列出清单。

(3) 大家说说这次游玩的感触,与大家进行分享,同时对这次负责人的工作进行评价。

(4) 班主任对整个活动进行评价和总结。

九、活动注意事项

本次活动以娱乐放松、促进感情为主,但必须以安全作为首要前提。

(1) 保持秩序,上下车不得推挤,车内人员不得将四肢、头伸出窗外。(部分的男生,总不把这些当回事,所以周围的人要互相监督,以防发生意外)

(2) 注意公共卫生,不得随地扔垃圾,并能主动清理地上的垃圾等。

(3) 活动中,注意安全,不做危险活动,不要一个人活动,以防出现不必要的损失。

(4) 早晚温差大,大家备好长袖衣,以防生病。

(5) 注意个人财物,手机、现金等不要随处搁置。

(6) 回校时,应确保全班人员全部到齐后才上车。

××学院电商二班

(资料来源:http://www.btdcw.com/btd_4b3dq8m6ai7f2vc1ug2w_1.html)

【提示】这是一份旅游活动策划书。全文采用条文式写法,说明活动的对象、时间、地点、方式、意义、目的、活动程序和注意事项等,条理清楚,简洁明了,具有很强的可行性。

三、知识览要

1. 概念和种类

策划案,也称策划书,是对未来某项活动或事件进行策划并以文字形式呈现的应用文。策划案种类很多,可分为营销策划案、广告策划案、活动策划案、项目策划案、公关策划案、婚礼策划案等。

2. 活动策划案的写作格式和基本内容

1) 标题

突出活动内容或活动主题,简单明了,如"××活动策划书"。

2) 正文

(1) 活动背景、目的与意义。要贯穿一致,突出该活动的核心构成或独到之处。活动背景要求紧扣时代背景、社会背景与教育背景,应将其鲜明体现在活动主题上;活动目的即举办该活动要达到的目标,对其语言表述要简洁明了,要具体化;活动意义包括文化意义、教育意义和社会效益及预期在活动中产生怎样的效果或影响等,书写应明确、具体、到位。

(2) 活动时间与地点。该项必须详细写明,列出时间安排表。活动时间与地点要考虑各种客观情况,比如教室申请、场地因素、天气状况等等。

(3) 活动开展形式。须注明所开展活动的形式,比如文艺演出、文体竞赛、影视欣赏、知识宣传、展览、调查、讲座等。

(4) 活动内容。它是活动举办的关键部分。要符合时代主旋律和校园文化建设内涵,健康向上,富有教育意义与启示意义。杜绝涉及非健康文化的消极内容。要详细介绍所开展活动的主要内容,如影片放映要写出影片的性质、名称和大致内容。

(5) 活动开展。作为策划的主体部分,表述方面要力求详尽,不仅仅局限于用文字表述,也可适当加入统计图表、数据等,便于统筹。活动开展应包括活动流程安排、奖项设置、时间设定等。涉及奖项评定标准、活动规则的内容可选择以附录的形式出现。活动流程安排大致分为准备阶段(包括海报宣传、前期报名、赞助经费等),举办阶段(包括人员的组织配置、场地安排情况等),后续阶段(包括结果公示、活动开展情况总结等)。

(6) 活动经费预算。要尽量符合实际花费,写出每一笔经费预算开支,以便于报销处理(报销时附正规发票)。

(7) 活动安全。对于大型活动和户外活动,要成立安全小组,指定第一安全负责人,充分考虑安全隐患,把人身安全放在活动开展的首要位置。在策划书的结尾,除写明策划单位、策划时间以外,单位负责人须亲自签名,并盖上单位印章,以示责任。

(8) 注意事项。

3) 落款

写明策划者名称和日期。

四、写作实训

试结合"任务导入"以班委会名义拟写一份春游策划书。

本章练习

一、知识训练

1. 消息的结构模式主要有哪两种？在写经济消息时应注意什么问题？
2. 海报的写作格式和内容是怎样的？
3. 导游词有哪些特点？其基本结构是怎样的？
4. 活动策划案的写作格式和内容是怎样的？

二、能力训练

1. 用心观察周围的人与事，记录你身边的新闻。写一则消息或一篇通讯。
2. 同学们四人或六人一组，假设你们毕业后要合作开设一家特色酒店或旅行社，请共同完成拟建企业的开业海报。
3. 利用课余时间去一家酒店或旅行社做调研，为该企业如何提高销售业绩写一份切实可行的营销策划书。

第三章 旅游调研分析类应用文

通过本章学习,应当达到以下目标:

知识目标

了解旅游调研分析活动过程中各类应用文的概念、特点、种类、作用及写法,能用其指导调查报告、经济活动分析报告的写作活动,规范其相关技能活动。

能力目标

运用本章文种知识研究相关案例,培养与"旅游调研分析活动"相关的应用文写作情境中分析问题与解决问题的能力;通过写作实训,掌握调查报告、经济活动分析报告的写法。

素质目标

结合本章教学内容,依照行业道德规范或标准,能灵活运用调查报告、经济活动分析报告为开展旅游调研分析活动服务。

第一节 调查报告

一、任务导入

阅读下面的调查报告,指出其中存在的毛病。

大学生课外阅读情况的调查

阳光下、草坪上、教室里、图书馆……到处可以看见书不离开手的大学生,他们脸上洋溢着充满自信的笑容。

"你课外阅读的主要目的是什么?""你最喜欢阅读哪种类型的书籍?""你平时看一本书用多长时间?"……前不久我们对大学生的阅读取向进行了一次访问式调查,目的是了解当代大学生读什么书、读多少书和怎样读书的问题。

通过调查了解到,有部分学生的课外阅读主要是为了休闲。他们认为:"平时专业课程的阅读量已经很大了,课外阅读当然选择内容较轻松的课外书籍,以缓解读书的压力。"这样的学生大约占44.9%。还有部分同学的课外阅读是为了拓展知识面。这样的学生所占比例较少,只有8%。

大学生不青睐具有专业知识的书籍是否合理呢? 不少招聘企业都感慨现在的大学生专业能力很薄弱,学以致用的能力较差。在学校期间不注重专业知识的积累和自身专业技能的训练,不阅读、不关注相关专业课外书籍,是造成这种现象的原因之一。

在回答"你最喜欢阅读哪种类型的书籍"时,大多数学生选择报纸杂志。报纸杂志始终占据大学生阅读排行榜的首位。多数学生选择此类书籍的原因大多是"阅读起来方便"和"信息量大,来源广泛,易获得"。调查中发现,学校为学生免费提供的《文汇报》成为阅读人次最多的报纸,《青年报》、《环球时报》、《参考消息》、《电脑报》、《读者》有一定的市场。在阅读内容上,阅读新闻占61%,领先其他三项,阅读"生活信息及收集资料"占24%,阅读"文学作品"占16%,阅读"评论文章"占18%。

目前大学生的阅读结构对大学生正确世界观、人生观的形成非常不利,急需加以正确引导。

二、范例分享

中国酒店业网络营销的现状及策略分析

根据MerrillLynch的数据,2007年至少三分之一的酒店客房预订通过互联网实现,到2010年底,将有超过45%的酒店预订在线完成。虽然我国酒店在线预订的比例还远达不到国外发达国家的水平,但随着国际旅游业的不断发展以及网民数量的不断增长和出游人次的增加,通过网络查询酒店并进行预订(包括在线预订和电话预订)的人也越来越多。越来越多的大型连锁酒店和单体酒店为选择合适的网络分销渠道以吸引网民群体的购买而做出各种各样的努力。然而,从我国酒店业的网络营销现状来看,还存在许多问题。例如:我国酒店业网络营销发展的总体水平还较低,成本居高不下,酒店服务与网络脱节现象严重,回报效果低,网站设计技术落后,忽视网络营销基础工作,网上支付、安全认证都是制约网络营销的瓶颈。针对上述问题,在国内外相关学者研究的基础上,本文将重点阐述我国酒店业网络营销的现状,分析我国酒店业开展网络营销的必要性以及存在的问题,并提出在新的形势下我国酒店业开展网络营销的相应策略。

1. 酒店业开展网络营销的必要性分析

随着21世纪互联网科技和电子商务的迅猛发展,现代人的工作、生活已离不开网络。随处可见的"网上交易"、"网上购物"已颠覆了人们传统的思维和经营模式。借助网络不仅可以提高人们的工作效率,同时提高了人们的生活质量。网络已成为当今社会不可缺少的信息链,是社会进步的重要标志。作为酒店行业,同样离不开网络,其中又以网络营销最受各方关注。酒店开展网络营销,就是对未来客源市场的战略考虑,是酒店进行市场竞争、实现酒店可持续发展和建立酒店品牌意识的需要。通过网络,客户可以查询到任何目的地酒店经营信息和客房价格,酒店经营设施、客房价格都是透明的。酒店开展网络营销,能使酒店建立诚信经营机制和更高效的沟通平台,扩大知名度、开辟新的市场,促进营销。

2. 酒店业开展网络营销的现状

根据2003—2005年《中国饭店业务统计》,2002年,所有受调查的四星级、五星级的酒店,"顾客直接预订"占51.5%,"旅行社"占23.5%,两项相加高达75.0%;而"酒店自有订房系统"、"独立订房系统"和"酒店网站"分别只占10.2%、2.7%和0.8%。此后,通过第三方中介网站实现的预订显著增长,分别由2002年的0.4%(五星级)、1.2%(四星级)和5.4%(三星级)增长到2003年的5.2%、8.2%、8.2%和2004年的6.7%、10.8%、9.4%。就具体酒店而言,目前有的酒店甚至30%以上的订房来自网络,而完全倚仗传统渠道的酒店数量也较多。

从国际看,根据权威市场调查机构Foresters Research的调查,全球酒店业的网上收入(包括酒店的直接销售和网上中介的间接销售)2003年为14%,2004年为16%,2005年达到24%,其中直接销售比例约占其中的一半,高于国内比例。与国外的酒店相比,网络化程度及技术的发展是中国酒店业存在的主要差距之一,中国有30%的单体酒店连网站和网页也没有,而没有加入预订网络的单体酒店占全国酒店总数的97%。

当前国内酒店比较倚重第三方网站的代理。据有关统计,在《全国酒店大全名录》收录的全国(包括港、澳、台)星级酒店共10865家中,自建网站且能自营网上预订的比例为10.32%。仅统计内地酒店,相应比例为9.72%,其中五星级酒店为72.02%;四星级酒店为48.81%;三星级酒店为14.08%;二星及二星以下酒店为3.34%。一个重要原因是我国三星及三星以下酒店多为单体酒店,如果自建网站,受"孤岛效应"的限制,真正能引来的预订和支付也将非常少。这正为第三方预订网的发展带来了巨大的空间。

3. 酒店业网络营销中存在的问题

作为我国酒店新的营销方式,网络营销具有强大的生命力,许多酒店逐渐重视网络营销在经营活动中的作用,但因为我国酒店网络营销的发展还处于初级阶段,与国际酒店的比较成熟的网络营销相比还存在很多问题,还有一定的差距。

3.1 成本居高不下

有些酒店通过加入GDS(全球分销系统)进行网络营销,虽有客源保证但需支付高昂的系统架设费用,同时 GDS 的收取的预订代理费也比其他渠道的代理费高,成为国内众多酒店望而却步的原因。虽然能带来全球性的客源,但与此同时全年需要支付的维护费和年费也成为酒店的一种负担。

3.2 酒店信息化程度开展力度不够

酒店建立自己的网站,等于在互联网上为酒店打开了一个窗口。相对于网络订房系统而言,酒店自己的网站可以对酒店设备设施、服务及产品进行比较详尽及个性化的介绍,同时可通过网上调查及时了解客户的反馈意见和建议,并接受在线预订。但酒店网站建立和运营存在以下问题:

a. 建设成本及后期维护推广费用高。

b. 回报效率低,投资回收期长。通过对多家酒店的调查,酒店网站的在线网络预订寥寥,而有时客人通过网上预订后,酒店未及时跟进或根本无人关注,经常发生客人到达后没有空房的尴尬状况。

c. 忽视网络营销基础工作。

有许多酒店制作了几个网页,就等着客户上门,很少做网络营销的推广工作。有的网站营销目标不明确,属于纯静态页面制作,主页一般都是几幅图片和千篇一律的文字介绍,几幅图片也不外乎是酒店外观、大堂、客房和餐厅的照片,而且网页更新速度慢,无法实现实时更新。

3.3 网上酒店中介参差不齐

网络订房系统作为酒店一个预订平台,近年来的发展十分迅猛。从百度搜索"订房",用时 0.049 秒搜索出约 6890000 个相关网页,首页显示的订房中心都表示能够提供北京、上海、广州、深圳、南京、杭州等主要商旅城市数千家会员酒店 2~7 折优惠预订,有的还承诺一小时确认,首页下还显示了其他网站的提示。搜索引擎里反映出如下情况:订房网络基本上是中介一统天下,其趋势必然会通过竞争向集中化发展。但对酒店而言它也存在以下缺点:一是增加酒店成本。通过订房系统进行网络预订仍需酒店手工操作的辅助。这与传统电话和传真销售并无本质区别,所以成本并未下降。二是一些订房网站知名度不高,订单寥寥,因而它们无法取得足够的经济回报来改善服务功能,酒店也无法利用订房网站达到预期的目的。三是知名度高及营销效果较好的网站如携程旅游网对加入酒店的条件较为苛刻且门槛较高,酒店无论从价格到客源都没有"话语权",无法提高预订管理自主性。

4. 酒店业开展网络营销的策略

4.1 加强网络营销意识

酒店建立网站或开展网络订房并不意味着酒店网络营销工作的终结,而恰恰才是整个网络营销过程的开始。从我国酒店业看,很多酒店还没有上网或建立自己的网站,个别酒店加入了订房中心的预订系统或制作了几个网页,就等着客户上门,很少去做网络营销的基础工作,这是没有网络营销意识的表现。酒店要在网络上展现自己的风采就必须体现自己有别于他人的特色,需不断变换自己的主页,和传统营销一样,要不断地在网上使出招数来吸引客人。

4.2 进一步优化其网站

在网站建设初期,应以在互联网创建一个宣传"窗口"、重点突出酒店的特色和优势、实现客户和酒店互动目的为主,而不能抱太大的"盈利"希望。所以初期投资不宜太高,以网页设计的特色化和实用性为主。在网络订房初见成效、有一定规模和效益之后,再对酒店网站进行后期维护及推广计划投资。如在国内主要的门户网站和搜索引擎上建立链接,保证点击率和访问人数,实现有效营销。还应加强服务网上、网下的信息集成,实现数据的共享。网站优化的目的在于将更多的网络浏览者转变为预订客,即提高"转化率",同时应关注酒店网站在主要搜索引擎上的搜索排名,尽量提高网站的用户友好程度。

4.3 酒店业网络营销应注重为顾客提供个性化服务

现在很多成功的电子商务网站都采用了个性化的页面设计,酒店产品也是个性化消费品,酒店甚至可以在标准化的基础上更全面地收集、提炼和整合不同消费者的需求特点,然后将这些信息加以细分,并提供相应产品和服务。不同的年龄段、不同的住宿动机、不同的阶层的客户对客房的要求是有所差别的,酒店应该针对不同的目标客户群体设计不同的页面风格。例如:对于价格重视型的顾客可以专门设计一个链接介绍酒店价格折扣以及与其他酒店相比所具有的价格优势,也可以适当运用其他一些优惠措施;对于商务客人可以专门介绍酒店的设施、服务、气氛、地理位置等。当然对于不同语言、国家、宗教信仰的潜在顾客都可以从语言文字、内容、页面色调图案等各个方面进行"个性化的关怀",使顾客未订房之前就先体验到酒店给他们带来的亲切感,也可大大提高客人对酒店整体服务的满意度。

4.4 制定有效的网络营销策略

有效的网络营销策略能使酒店的网络营销事半功倍,互联网没有时间和空间的限制,它每天运行24小时,触角伸向世界任何有网络的地方。因此,如果酒店在网上设立站点,营造一个规范的服务环境,它就能在全国甚至全世界范围内找到客源,达到过去所不能达到的市场。酒店的网站要富有创意,要具有吸引力。在整体上必须充分代表酒店的形象,要与酒店的市场定位相符,体现出自己的特点;在内容上,应该覆盖酒店的大部分业务,使之成为酒店在虚拟空间中的化身,但其中值得注意的问题是要避免过于繁杂,同时要尽可能提高网站的链接速度。

4.5 建立酒店独立的网站,降低对网上预订系统的依赖

建立酒店独立的网站,切实进行网络营销,降低对网上预订系统的依赖,这是我国酒店业特别是单体酒店不断开拓营销渠道、提高销售和市场营销的管理水平、建立品牌意识、加强客户资源管理和竞争观念的需要,同时也能加强酒店的自主定价权和控制权,符合酒店定位和长期发展战略。

目前,我国酒店应采用订房系统+酒店网站的二元营销模式。网络订房系统作为现阶段低投入、见效快的方式,应与酒店网站营销相结合,作为传统营销的有效补充。同时随着酒店网络预订的规模化,酒店独立网站可逐步实现功能升级和更强大的广告推广,逐步降低对网络订房系统的依赖性,最终实现网络直接营销,为酒店提供长期竞争优势。

4.6 注重网络安全的保障

网络安全对于电子商务网站来说具有十分重要的意义,网络安全可归纳为信息安全平台与信息内容及商业数据的安全两个层面。网络营销需要储备大量的客户资料及供应商资料,其个性化服务、差异性定价策略等都将成为竞争对手有价值的重要信息,一旦泄露将直接导致酒店经竞争力的丧失及巨大的经济损失。另外,内部数据的保密与监控也

要求网站具有一套完整而严密的安全体系,因此,网络安全保障将直接影响酒店应用互联网的信心并最终成为网络营销能否顺利开展的决定因素。同时,从消费者一方来看,要健康地开展网络营销,最突出的问题还是要解决好网上交易、结算中的安全问题,包括网上购买产品及服务、交易、结算个体之间建立的信任问题。网络营销及其支付的安全问题,是酒店网上交易时所必须面对而且是首先要考虑的问题。

4.7 建立现代企业制度,扩大酒店集团化规模

集团化酒店是建立在较大规模经济基础上的一体化酒店服务、经营管理体系。我国酒店业应在建立现代企业制度的体制改革中,有计划、有选择地扶持具备条件的大型骨干企业组建集团化酒店,将各相关酒店按核心层、紧密层、半紧密层和协作层联合起来,在集团中实行内部调控、协调运转、自我保护,以便节约成本,一致对外。毫无疑问,酒店集团化,能够在市场上树立自己特定而鲜明的形象,进而建立牢固的市场信誉,容易创出品牌,有利于抵御市场风险。尤其是可以运用先进的网络数据库系统,以及在市场营销、客房预定、财务管理、服务跟进等方面的巨大优势,创造出网络营销的规模和效益。我国酒店要在网络营销领域有所作为,首先必须走集团化的道路,利用集团化的优势来开展网络营销活动。

5. 结束语

随着世界经济的快速增长与人类交往的日益频繁,酒店业已成为我国最具活力和潜力的新兴产业之一。我国只有从经营战略的高度去审视我国酒店业开展网络营销对其未来发展的重要性和必要性,深刻认识我国酒店业网络营销中存在的一些问题,并采取诸如加强网络营销意识、为顾客提供个性化服务、进一步优化酒店营销网站以及确保网络安全这一类的相应措施,我国酒店业才可能尽快与国际酒店业接轨,实现健康而又可持续的发展。

【提示】这是一篇问题调查报告,标题点明调查的对象和内容。前言说明调查的根据,概述我国酒店业的网络营销存在的问题,给人以整体印象。主体采用小标题明确段旨,对酒店业开展网络营销的必要性进行分析,介绍酒店业开展网络营销的现状,指出其中存在的问题并提出应对策略,具有现实针对性和可操作性。结尾总括全文,提出相应建议。

三、知识览要

1. 概念

调查报告是对某项工作、某个事件、某个问题或经验,经过深入细致的调查,将收集到的材料加以系统整理、分析研究后,以书面形式呈现的一种应用文书。

2. 种类

调查报告主要有以下几种。

1)情况调查报告

情况调查报告是比较系统地反映本地区、本单位基本情况的一种调查报告。这种调查报告是为了弄清情况,供决策者参考。

2）典型经验调查报告

典型经验调查报告是通过分析典型事例，总结工作中出现的新经验，从而指导和推动某方面工作的一种调查报告。

3）问题调查报告

问题调查报告是针对某一方面的问题，进行专项调查，澄清事实真相，判明问题的原因和性质，确定造成的危害，并提出解决问题的途径和建议，为问题的最后处理提供依据，也为其他有关方面提供参考和借鉴的一种调查报告。

3. 写作格式

调查报告一般由标题、正文、落款三部分组成。

1）标题

常见有两种写法。一种是公文式标题，即"发文主题"加"文种"。例如："关于××××的调查报告"、"××××调查"等。另一种是自由式标题。例如：《迎接西部大开发　建设生态旅游城——利川市旅游资源评价及综合开发调研报告》、《"我的青春谁做主"　调查报告》等。

2）正文

正文一般分前言、主体、结尾三部分。

（1）前言。要求精炼概括、直切主题，大致有三种写法：第一种是说明调研的起因或目的、时间和地点、对象或范围、经过与方法，以及人员组成等调查的基本情况，并从中引出中心问题或基本结论；第二种是介绍调研对象的历史背景、发展经历、现实状况、主要成绩、突出问题等基本情况，进而提出中心问题或主要观点；第三种是开门见山，直接概括出调研的结果，如肯定做法、指出问题、提示影响、说明中心内容等。

（2）主体。要求详述调查情况，如统计数字、相关图表及文献资料等，并用纲目、项或篇、章、节的形式把主体内容有条理地揭示出来。此部分写法主要有三种：一是横式，即把调查的基本情况按种类分成并列的几个部分或几个方面来写；二是纵式，即将调查的基本情况按照事物发展的逻辑顺序、演变过程加以排列，分成互相衔接的几个部分，层层深入地来写；三是综合式，即把上述两种结构形式交叉结合使用。

（3）结尾。结尾的写法也比较多，可提出解决问题的方法、对策或下一步改进工作的建议；或总结全文的主要观点，进一步深化主题；或提出问题，引发思考；或展望前景，发出鼓舞和号召等。

3）落款

写于报告正文的右下方，署上姓名，写上写作时间。作者署名也可在标题与正文之间。

四、写作实训

试结合"任务导入"对这篇调查报告进行修改。

知识链接

调查报告写作注意事项

1. 真实性。没有调查就没有发言权。调查报告必须是在大量占有现实和历史资料、直接和间接资料的基础上完成的。当今互联网时代可足不出户就获得大量信息,调查报告写作者注意不要闭门造车。要脚踏实地地到实践中认真调查,掌握大量的符合实际的第一手资料,这是写好调查报告的前提,必须下大功夫。

2. 逻辑性。调查报告离不开确凿的事实,但又不是材料简单机械的堆砌,而是对核实无误的数据和事实进行严密的逻辑论证,探明事物发展变化的原因,预测事物发展变化的趋势,揭示其本质性和规律性的东西,得出科学的结论。

第二节 经济活动分析报告

一、任务导入

阅读下文,分析《20××年浙江省春节黄金周旅游经济运行分析报告》第二部分"20××年春节黄金周的特点"的内容层次并添加小标题

20××年浙江省春节黄金周旅游经济运行分析报告

20××年春节黄金周,在全国假日办、省委省政府的高度重视和有力部署下,在各级政府、假日旅游协调机构的大力配合下,在全省旅游从业人员的共同努力下,全省的春节黄金周旅游节庆活动丰富多彩、旅游市场运行良好、接待工作有条不紊、服务质量显著提高,切实做到了"安全有序、应对有利、保障有方",圆满完成了"安全、秩序、质量、效益"四统一的目标,实现了20××年旅游"开门红"。

一、春节黄金周总体情况

20××年春节黄金周期间,由于我省天气晴好,假日旅游处处火爆,旅游市场呈现高开高走态势,总体来看,各项指标同比大幅增长。

(一)总体接待情况

据省假日办统计,20××年春节黄金周期间,我省共接待旅游者987.94万人次,同比增长34.45%,其中过夜旅游者359.98万人次,一日游游客627.96万人次;旅游总收入766950万元,同比增长37.99%。

(二)各市接待情况

全省共有8个市(杭州、宁波、台州、温州、绍兴、嘉兴、金华、丽水)旅游接待人数超过百万人次,其中杭州、宁波超过两百万人次。5个市(杭州、宁波、台州、绍兴、丽水)旅游接待人数同比增幅超过30%。8个市(杭州、宁波、台州、温州、金华、嘉兴、绍兴、湖州)旅游

总收入超过5亿元。8个市(杭州、宁波、台州、温州、湖州、绍兴、丽水、衢州)旅游总收入同比增幅超过30%。其中,旅游接待人数和旅游总收入前三名均是杭州、宁波和台州,杭州旅游接待人数和旅游总收入均排名全省第一,分别为226.51万人次和235488.27万元。

(三)旅游咨询投诉情况

春节期间,全省旅游质监所共收到各类旅游咨询投诉电话417起,其中各类咨询电话361起,属于受理投诉范围的56起。和去年春节期间37起相比,上升幅度较大,特别是景区投诉上升幅度最大。其中投诉旅行社16起,占28.6%,同比上升14.2%;饭店6起,占10.7%,同比下降33.3%;景点33起,占58.9%,同比上升135.7%;餐饮1起,占1.8%。

二、20××年春节黄金周的特点

春节黄金周期间,我省各地结合春节特点推出丰富多彩的旅游产品,庙会游、赏春游、温泉游、民俗游、滑雪游、乡村游、度假游、自驾游等旅游产品很受游客欢迎。丰富的旅游产品供给一定程度上刺激了我省旅游市场,假日期间,我省旅游接待数量增长强劲,旅游接待人数和旅游总收入两项指标同比大幅增长。除去旅游产品因素之外,旅游接待数量增长强劲的原因还有以下五点:一是春节黄金周期间我省天气晴好,假日出游气氛热烈;二是我省国民经济发展持续向好;三是新春佳节举家出门探亲访友、休闲观光逐渐成为一种消费习惯;四是优越的旅游市场区位优势以及各地有力的营销,使得我省成为上海、苏南、福建等地居民假日旅游的首选;五是沪杭高铁的通车,福建等地到浙江的铁路提速,引起人们出游、体验的兴趣。

春节黄金周期间,国内中长线主要是以海南、云南等地"反季节游"和黑龙江、吉林等地的冰雪游为主,而出境旅游除了较为成熟的我国台湾、我国港澳、日本、韩国和东南亚等线路,澳大利亚旅游越发受到浙江游客的喜爱,据初步统计,从年三十到初六这7天期间,浙江人出境游玩的比往年至少增长20%。

相比往年,今年的出行游客更为理性,据对旅行社的预订情况调研来看,有近半数游客采用了错峰出行,学生、退休人员和其他节假日休假对其影响不大的人,多选择了节后出游的方式,以致我省游客国内去南方各中长线旅游和出境旅游在节尾依旧火爆,一些家庭抓住假日尾巴,举家出游,有些企业和单位也在节尾组织员工集体出行旅游,以最佳的旅游性价比出游。

春节黄金周期间,全省各地酒店加班加点,房源供给较为充盈,从业绩来看,由于团队游客的减少,各酒店年前预订率普遍不高,据杭州和宁波两地五星级酒店统计,七天的平均预订量仅为20%~25%,但受益于自助自驾游客的不断增加和错峰出行的影响,实际入住率较为理想,特别是初三至初六期间,各大旅游星级酒店客房出租率出现井喷现象,部分酒店客房出租率达到100%。从结构来看,高星级酒店入住率普遍低于经济型酒店,一批度假型酒店和私人旅馆异常火爆,而一些三四线城市出租率好于中心城市,如宁波市星级酒店平均出租率60%,而周边的宁海县和象山县星级酒店客房平均出租率分别达到85.2%和80%。

春节黄金周期间,我省各主要景区游客数量比往年大幅攀升。杭州全市各景区景点共接待游客661.44万人次,同比增长37.9%;宁波收费景区接待游客量超过5万人次的景区达到16家,其中奉化溪口景区接待游客23.67万人次,同比增长32.23%;温州雁荡山风景区的客流量日均保持在15000人次以上,累计人数较去年同期增长了42%,楠溪江风景区累计客流为64000多人次,较去年同期增加了一倍。从游客结构来看,区域化、散客化趋势更加明显,短线一日游成为主流,自驾"家庭团"成为一大亮点,团队接待量有所下降。

春节庙会仍然保持了去年的旺盛人气,灵隐寺、天童寺等处"进香祈福"兴旺,求财、祈福、保平安成为庙会主旋律。由于组织有序、内容精彩丰富、商品充盈、卫生良好,游客摩肩接踵,热闹非凡,节日气氛浓郁。

春节期间,旅游备受年轻人青睐,年轻人旅游群体比重明显增大,市郊乡村游时尚依旧。全省推出的100条短途自驾游旅游线路火爆。游古镇、品美食、看鼓亭,体验民俗文化成了春节旅游的一大亮点,生态农业观光园、民俗文化村等推出的瓜果采摘、垂钓、捣年糕等体验活动吸引了众多家庭群体、城市白领等游客。参加露营、徒步、登山、攀岩、峡谷穿越、野外生存大挑战等成为新的旅游时尚。

节日期间,全省旅游消费大幅上扬。商贸、餐饮企业生意红火,杭州、宁波的主要餐饮企业增幅均在15%以上。家庭宴、团圆宴、聚会宴等主题饮食促成了兔年餐饮市场的火爆场面,大年三十,许多老字号餐馆、中高档酒店更是一桌难求。"千元起步、万元不怪"的年夜饭、年午饭成为新消费概念;"文化餐厅"、"网络定购年夜饭"、"打包年夜饭"、"年午饭"与"年夜饭"外卖业务,满足消费者的个性化需求已成为新的服务理念。

旺盛的旅游人气不仅带动了商业消费的持续增长,也极大地带动了其他服务和文化娱乐业的火爆,追求生活质量与精神享受使得读书、游园、农家乐、泡温泉等休闲过年活动趋热,走出户门过大年成为大中城市百姓过年新方式,节日期间上万元的包厢,二三十人的消费团也在杭城茶楼常见。

春节黄金周期间,全省铁路、民航、交通港口等部门积极备足运能,科学安排运力,努力提升服务质量,确保了广大市民游客出行安全、放心、满意。节日期间,来浙江游客数量保持持续增长的态势。七天长假,全省接待过夜旅游者359.98万人次,同比增长10.4%。

高铁催热春节短途游,特别是沪杭高铁,余杭、嘉善等站往来杭州、上海等地的高铁票销售异常火爆,沪杭高铁发送旅客较节前15天日均增幅16.7%。

从2月1日到7日,全省铁路运送旅客126.4万人次;民航方面:萧山国际机场航班起降量2608架次,旅客吞吐量308636人次,比去年春节黄金周分别同比增长2.03%和2.65%。

国际地区加班包机航班较往年量大、点多、面广、班次多、机型大、大多集中在晚间,成为黄金周期间机场业务量的热点和亮点。7天共计执行加班包机120架次,载客21472人次。

春节黄金周期间,省假日办各成员单位认真履行职责,积极落实春节黄金周各项工作任务,有效保障了节日市场的有序、平稳。交通、卫生、公安和商贸等各执法部门加大对交通枢纽、旅游用车和各类餐饮单位的检查力度;对主要商业街、旅游景区(点)、观灯区进行现场执勤、备勤。省及各级旅游局、旅游质监部门、旅游热线坚持24小时值班,妥善处理节日期间市民、游客的咨询及投诉。正是这些相关部门尽心尽职,通力协作,最终确保了春节黄金周旅游安全有序。

二、范例分享

2015年上半年旅游经济运行情况分析报告

今年上半年,在市委、市政府的正确领导下,我局认真落实市政府《关于推动经济平稳健康发展若干意见》和《关于加大投资力度稳定经济增长的若干意见》要求,旅游经济运行总体平稳,保持了较好的发展势头。1—6月份,共接待海内外游客近5903.5万人次,同比增长13.2%,旅游业总收入498.3亿元,同比增长13.6%,为完成全年目标任务打下了坚实基础。

一、上半年旅游经济运行基本情况

一是国内旅游增长明显。习近平总书记半年内两次视察西安,进一步提高了西安城市及旅游知名度和影响力。通过加强网络营销,开通官方微信、手机APP和天猫旗舰店,在央视一套、新闻频道黄金时段投放西安旅游宣传广告,在国内重点客源城市开展"美丽西安——丝绸之路起点、华夏文明之源、中华文明标识之旅"实地宣传促销,举办踏青、赏花、采摘、登山、龙舟赛和暑期游等活动,进一步拓宽了营销渠道,丰富了旅游线路产品,激活了周边和本地旅游市场。传统景区接待量持续增长,上半年,秦始皇帝陵博物院接待207.76万人次,同比增长14.85%;华清池接待102.43万人次,同比增长13.24%;城墙景区接待146.58万人次,同比增长68.55%。同时,通过多措并举、持续发力,我市旅游客源结构进一步优化。上半年,在周边的河南、山西等客源市场保持平稳增长的同时,北京、江苏进入了国内客源地前五位,标志着西安旅游对京津冀和长三角地区旅游客源吸引力大幅提升。

二是入境旅游下行压力进一步加大。受世界经济复苏缓慢、韩国等地"中东呼吸综合征"(MERS)蔓延等影响,上半年,亚洲入境旅游市场普遍萎缩。加上周边旅游目的地国家竞争加剧、我市旅游产品价格比较优势持续减弱,我市入境旅游下行压力进一步加大,尤其是欧美主要客源同比呈现下降趋势。

三是出境旅游高速增长。近年来,各国陆续出台简化签证手续等激励政策,加上人民币持续升值等因素,刺激了市民出国旅游消费的欲望。从2015年一季度监测情况看,旅行社组织出境16.80万人次,同比增长73.52%。其中,出境到新加坡6.90万人次,同比增长73.39%;马来西亚5.42万人次,同比增长111.17%;泰国4.80万人次,同比增长122.79%。预计上半年出境旅游依然会保持高速增长态势。

四是假日旅游拉动明显。春节"黄金周",我市接待游客559.29万人次,同比增长17.3%,旅游业总收入26.30亿元,同比增长19.4%。"五一"小长假,我市接待游客396.21万人次,同比增长3.51%,旅游业总收入11.84亿元,同比增长1.42%。端午小长假,我市接待游客290.89万人次,同比增长14.37%,旅游业总收入10.01亿元,同比增长13.7%。假日旅游经济运行平稳上升,对国内旅游市场拉动作用较为明显。

二、存在的问题及分析

上半年,和全国大多数城市一样,我市入境旅游的下行压力进一步加大。除了世界经济虽在复苏但仍不乐观之外,有两个不利因素,一是我国周边旅游目的地竞争加剧,我市旅游产品价格比较优势持续减弱。二是旅游市场比较敏感,一些突发事件和自然灾害对

入境旅游影响较大。

下半年,随着"一带一路"战略的持续推进,西安旅游的吸引力将不断提高。暑期、国庆旅游接待旺季的如期而至,将进一步拉动旅游消费。外国人72小时过境免签政策的实施,国际航线的不断增加,新景区的建成开放,以及宣传营销力度的加大,都将有力推动旅游经济平稳增长。

三、下半年的主要措施和建议

(一)稳步推进旅游深化改革

在市委、市政府的正确领导下,持续推进旅游体制机制创新改革,在全市推动建立旅游综合协调机制、联合执法监管机制和旅游投诉统一受理机制。进一步简政放权,规范简化旅行社门市部设立初审A级景区、星级饭店评定,以及旅游投诉受理等办事流程,方便企业和群众。加快旅游企业改革创新,认真落实加快发展旅游业的各项政策,扶持旅游企业做大做强、创新发展。

(二)加大旅游宣传营销力度

进一步强化媒体和网络营销,在《中国日报》《纽约时报》等媒体进行西安旅游宣传推广。完善升级西安旅游官方网站、微博、微信、手机APP等,打造网络营销综合平台。在新加坡、韩国、美国、英国设立"西安之窗"旅游推广中心,进一步拓宽营销渠道。提前筹备暑期和"十一"小长假西安旅游产品宣传营销工作,赴南京、杭州、武汉、长沙、成都、重庆等重点客源城市进行"美丽西安——中华文明标识之旅"专题实地宣传促销。组团参加中国西安国际丝绸之路博览会。举办首届西安大学生龙舟赛、第二届西安城墙徒步大会以及西安滑雪温泉旅游季等活动,进一步吸引本地客源。

(三)促进休闲度假旅游发展

按照《西安市国民旅游休闲计划》及行动方案,创新文化旅游产品,大力发展红色旅游,加强竞赛表演、健身休闲等与旅游活动的融合发展。针对高端旅游市场,推动会展和商务旅游的发展。加大《支持乡村旅游发展实施意见》落实力度,推进乡村旅游与新型城镇化建设有机结合,继续开展西安"最美乡村"评选活动。发布旅游商品推荐名单,引导游客自主购物,进一步扩大旅游购物消费。

(四)整治优化旅游市场环境

强化旅游市场整治工作的目标任务考核,进一步发挥区县、开发区在旅游市场监管工作中的主体作用,以整治"黑车、黑导、黑托、黑社"为抓手,重点规范火车站广场、大雁塔南北广场、兵马俑景区、华清池等重点区域的旅游市场秩序。持续开展旅游行业专项整治,对旅游行业重点、热点问题进行明察暗访,加大处罚力度,遏制非法旅游行为及活动蔓延势头。加强联合执法监管,联合公安、工商、通讯等部门,查处无资质经营旅游业务的"黑网站"。继续向全社会发布旅游企业"红黑榜",加强对出境文明旅游工作的检查。

(五)强化旅游安全生产工作

加强旅游安全宣传教育和标准化工作,进一步强化安全工作属地管理和企业安全生产主体责任,增强游客的自我防范意识。开展行业应急管理培训,加大安全维稳防范力度,强化重点区域和环节的监管,推进旅游保险保障体系建设。进一步抓好旅行社租用车辆、星级宾馆消防、农家乐食品安全,以及景区突发事件、高峰期大客流应对处置和防汛安全管控等,严格防范涉旅安全事故的发生。

（资料来源：西安市旅游局，http://www.sxta.gov.cn/proscenium/content/2015-07-21/11429.html）

【提示】这是一篇地区性旅游经济运行情况分析报告。文章开头概括介绍了旅游经济运行总体情况，主体采用小标题明确段旨，介绍上半年旅游经济运行基本情况，指出问题并进行分析，在此基础上提出下半年的主要措施和建议。文章有数据、有分析、有措施，条理清楚，可资借鉴。

三、知识览要

1. 概念和特点

经济活动分析报告是经济管理部门或企业遵循国家的有关方针、政策和法规，以计划资料、核算数据和调查研究的情况为依据，对本部门或本企业生产经营活动的过程及其结果进行研究分析的一种经济管理应用文。经济活动分析的任务是从分析研究各项经济指标（如资产负债率、流动比率、速动比率、应收账款周转率、存货周转率、资本金利润率、销售利税率、成本费用利润率等）以及影响经济指标各因素之间的数量关系中，找出其规律性，给予正确评价，并从中发现问题，提出改进措施，不断提高管理水平和生产经营效益。

经济活动分析报告的特点是：数据性、政策性、专业性。

2. 内容和格式

1）标题

标题一般由分析对象、时间和文种组成，例如《远航旅行社××年经济活动分析报告》。

2）正文

（1）前言。此部分概括交代分析对象的基本情况，揭示分析意图。

（2）主体。主体部分依据资料与数据，运用综合、归纳、对比和相关因素分析法，对前言所提问题或经济指标完成情况进行具体分析。

（3）结尾。此部分可提出看法，做出评价；可提出改进意见和措施。所提意见或措施一定要注意实事求是，有的放矢，切实可行。

3）落款

标明作者或单位及日期。

四、写作实训

试结合"任务导入"中的分析报告，添加小标题。

本章练习

一、知识训练

1. 调查报告有哪些特点？
2. 调查的原则和方法有哪些？
3. 在经济活动分析报告的写作中，主要应当遵循哪些要求？

二、能力训练
1. 以大学生消费情况为例,编制一份问卷调查表。
2. 利用课余时间去一家酒店或旅行社做调研,写出一份调查研究报告。

第四章　旅游营销活动类应用文

通过本章学习，应当达到以下目标：

知识目标

了解旅游营销活动过程中各类应用文的概念、特点、种类、作用及写法，能用其指导旅游广告、旅游商品说明书、招标书、投标书和旅游合同的写作活动，规范其相关技能活动。

能力目标

运用本章文种知识研究相关案例，培养与旅游营销活动相关的应用文写作情境中分析问题与解决问题的能力；通过写作实训，掌握旅游广告、旅游商品说明书、招标书、投标书和旅游合同的写法。

素质目标

结合本章教学内容，依照行业道德规范或标准，能灵活运用旅游广告、旅游商品说明书、招标书、投标书和旅游合同为开展旅游营销活动服务。

第一节 旅游广告

一、任务导入

关于征集旅游形象宣传广告词的启事

××风景区有着丰富的自然旅游资源和人文历史景观，为了进一步提高旅游知名度，特向社会公开征集旅游形象宣传广告词。具体事项公告如下：

一、征集要求

1. 作品要主题鲜明，突出特色旅游，具有强烈的冲击力、震撼力、号召力和吸引力；
2. 文字精练、寓意深刻、富有美感、易读易记，适合在网络、电视、报刊等媒体及公众场合宣传推介。

二、征集时间

2015年9月8日——2015年10月8日

三、报送要求

发送邮箱至 ymxlyj123@sina.cn

（注明个人信息，如姓名、联系方式）

四、奖励措施

征集活动结束后，符合要求的宣传广告词一经采用，获得相应的奖金。

一等奖5000元，二等奖4000元，三等奖3000元。

××风景区旅游形象宣传广告词征集办公室
2015年8月29日

看了这则启事，如果你有心应征，你打算怎样写广告词呢？

二、范例分享

"宾"家必争之地——荆州

古之荆州，地势险要，易守难攻，为兵家必争之地；

今之荆州，风景秀美，水香鱼肥，乃宾家必争之地。

今日荆州，有厚重的历史底蕴；

今日荆州，有香飘万里的新气象。

荆州古城墙

闻听三国事，每欲到荆州。荆州古城墙，屹立在荆州大地上，见证着荆州的发展和走过的岁月。宾阳楼、城上三山、雄楚楼、仲宣楼、明月楼，看着古代城下人们匆匆而过，也目睹着今人的来来去去。打马走过的岁月，匆匆而过的时光。荆州古城墙，等着你的抚摸，等着你的触及。

城北九女塚

三国蜀将关云长镇守荆州，忽遇九位仙女下凡。传王母娘娘旨意，荆州刀兵动得太多,要收回至于圣地,不准凡人争夺。关公忠于其兄,不让荆州,于是想了一个计策,说:"你们在西北,我在东南,各筑一城,天黑始,鸡鸣止,谁先筑好,谁就管理这个地方。"

九仙女用衣裙兜土,关公伐芦苇筑城。关公城就,九仙女城差一隅,鸡尚未鸣,关公震动鸡笼芦席,公鸡啼鸣,九仙女羞愧上天。九仙女所在之地,名为"城北九女塚"。

张飞一担土

在关云长筑城之际,张飞也来为二哥帮忙,可惜来晚了,便将土倒在东门外,于是人们把东门外的两座小山似的土,名为"张飞一担土"。

荆州关公庙

关公庙遍天下,九州无处不焚香,农人祈求风调雨顺,商贾祈求财运亨通,百工祈求从业兴旺,官员祈求升迁发达,军人祈求旗开得胜,帝王祈求江山永固。历经一千七百多年,时光荏苒,改朝换代,关羽最终被人们塑造成至神至圣、万世人极的神祇。一座荆州土地上筑起的关帝庙,仪门、正殿、陈列馆前呼后应,浑然一体。灰瓦红墙、飞檐翘角气势恢宏,独具魅力,是荆州文化的象征,也是伫立不倒的关公精神。

荆州三国公园

碧水波光映古城风采,画廊庭桥浮三国云烟。荆州三国公园,厚重地载着历史云烟,轻盈地浮起古之逸事。古朴典雅的风格,秀丽明媚的景色。流连于荆州三国公园的凝重,抑或忘返于其独特的秀美。

荆州华容古道

"曹瞒兵败走华容,正与关公狭路逢,只为当初恩义重,放开金锁走蛟龙。"这是曹操赤壁之战败,败走华容(今荆州监利,监利古称华容)后,"关云长义释曹操"的故事。现华容道旁,阡陌纵横,公路交错,城镇与水乡连成一片,一改昔日崎岖荒凉面貌,而华容古道也在荆州监利静静安睡,等待着今人的踏足。

口号:

游一趟荆州,梦一回三国

附文:

荆州,地处湖北中南部,江汉平原腹地。自古就有文化之邦、鱼米之乡的美誉,为国务院首批公布的国家历史名城。荆州旅游局电话:××××××××

【提示】这是一篇宣传古城荆州的广告文案。标题运用谐音,活用古语,简洁新颖,具有诱导性。正文通过故事介绍荆州古城墙、城北九女塚、张飞一担土、关公庙、三国公园和华容古道等景点,以厚重的历史文化感染旅游消费者,别有一番韵味。广告口号强化印象,响亮有力。附文顺势宣传荆州享有的美誉,注明联系电话。全文内容真实,语言朴实,易引起受众的好感和信赖。

三、知识览要

1. 广告的作用

广告作为一种独具特质的信息传播活动,传递信息是其基本功能。同时,广告的营销功能,也是其与生俱来的本质功能。广告,这门错综复杂的视听艺术,在传播经济信息、发挥经济宣传功能的同时,也以其艺术魅力对社会产生潜移默化的熏陶作用。具体说来,广告有如下功能：

第一，广告在社会经济宏观面上沟通产供销，加速流通，促进了国民经济的和谐发展。

第二，对消费者而言，广告引导或刺激需求，满足消费者对商品信息的需要。广告向消费者介绍商品的厂牌、商标、规格、性能、价格、用途特点，以及如何使用、保养和各项商业服务措施等，实际上是在帮助消费者提高对商品的认识程度，指导消费者如何购买商品。

第三，对广告主而言，广告是企业营销的重要手段，是推动企业运行发展的重要力量。广告在企业生存和发展中起着举足轻重的作用。广告为企业提供市场信息，通过广告可以了解同行业生产与发展状况、价格情况、市场情况和竞争对手的多种信息以及市场资源情况等，为企业决策和计划提供依据。同时，广告有助于企业形象的建立和维护。

第四，广告在社会文化建设方面也有美化社会环境、丰富人们文化生活等作用。

作为旅游广告，它的作用首先表现在：传播旅游信息，广招客户，这是经济作用；其次表现在它的社会作用——传播社会文化，感受自然美。

2. 广告媒体分类

成功的广告媒体选择就是要充分发挥各种媒体的最大功效和作用，综合运用各种媒体并发挥其整合作用。对于广告主来说，在多种媒体中选择在哪一种上做广告，基本的判断依据是看哪一种媒体最能有效地影响目标市场。这就要求广告主了解各种媒体的主要性质，以更好地确定对广告媒体的选择。

1）大众传媒

大众传媒主要包括报纸、广播、电视、杂志、互联网等。

报纸可以依据三个标准分类：出版频率（每天、每周等）、规格（对开大报和四开小报两种）和发行量。报纸具有区域性强、传播面广等特点，缺点是广告寿命显著低于其他媒体，特别是日报。

广播是利用电波传播信息的，它通过语言和音响效果诉诸人的听觉，充分发挥声音抑扬顿挫、轻重快慢以及节奏感、感情色彩等方面的特点，使听众听懂、爱听，唤起人们的联想和想象。广播广告的优点包括受众明确、及时迅速、价格便宜、使听众有想象空间等。缺点是缺乏视觉、缺乏控制、易被忽视等。

电视这种用声音和图像引起目标市场注意的现代化传播媒体，作为广告媒体拥有其他媒体难以比拟的优势：直观真实、冲击力强、深入家庭、覆盖率高、影响面大。缺点是成本昂贵、转瞬即逝。为了取得明显的效果，电视广告必须重播数次。

杂志特别是月刊或者是周期更长的刊物上的广告比报纸上的广告有更长的"货架寿命"。它的特点是宣传针对性强、广告有效期长、广告对象理解度高、制作精美。缺点是缺乏及时性、成本高、递送较困难。

国际互联网是指通过一系列互相连接的计算机在全世界范围内实现信息交换和传播的一种全球性工具，作为一种新兴的广告发布媒体，它具有巨大潜力。优点：目标营销，由于互联网可以针对非常特定的群体做广告，所以它的浪费很小；信息修整，在精确的目标选择结果下，信息可以完全针对目标受众的特定需要和愿望来设计；交互能力，网络的双向互动性大大提高了消费者的参与度；信息传递，一旦用户访问网站，他们可以获得大量有关产品说明设计、购买信息之类的信息资源,而新的信息的提供速度几乎是即时的;销售潜力,因为这是一种直接的反映媒介,它促成销售的能力得到了很大的加强。缺点:由于这种媒介是一种全新的事物,能被人广泛采纳的有效的受众和效果衡量方法目前还没有建立,而且网络并不适合于所有人。同时,网络拥挤、诈骗的潜在可能也让一些受众排斥。

2)小众传媒

小众传媒主要包括户外广告、户内广告、馈赠广告等。

户外广告主要有交通类和建筑类两种。户外广告的使用十分广泛:在高速公路、公共汽车、出租车、郊区火车、电车、飞机、地铁、体育馆、购物商城等建筑物上都可以见到户外广告的踪影。

户内广告主要运用在各种设施内部,如饭店、宾馆、游乐场、超市、书店和食堂内等。

馈赠广告把广告图文印在馈赠物品上赠予消费者,如打火机、手提袋、日历等。

3. 旅游广告创意

旅游广告是广告在旅游业中的运用,它通过特定媒体把旅游商品和旅游服务信息传递给潜在的消费者,使之产生旅游的愿望,实现旅游,以促进旅游产品的销售。旅游广告包括调研、策划、营销、公关、创意、表现等环节,在这诸多环节中创意是整个广告的核心部分。什么是创意?广告大师奥格威说:"除非你的广告有好的点子,否则你的广告就像被黑夜吞噬的船只。"旅游广告的创意可从如下几方面着手。

1)基于事实

旅游广告文案的写作创意之根就是旅游信息的真实。写作创意就是用语言文字把广告的创意物化和深化,说服和诱导人们产生旅游动机,发生旅游行为,具有写作行为形诸文字所产生的社会效应,且有更广泛的号召力。在广告文案写作创意中坚持真实性的原则,就是坚持科学的、真正的为社会服务的原则。《广告法》第一章第三条与第四条中规定:"广告应当真实、合法,以健康的表现形式表达广告内容,符合社会主义精神文明建设和弘扬中华民族优秀传统文化的要求","广告不得含有虚假或者引人误解的内容,不得欺骗、误导消费者。"美国著名的《欧吉沛广告准则》第一条提出:"绝不要制作不愿让自己家人看的广告。"因为广告创作者大多不会有欺骗自己家人的念头,当然也不能欺骗别人的家人。

2)明确诉诸重点

美国广告大师罗素·瑞夫斯创建的 USP 理论在营销和广告实践中建立了耀眼功绩。USP(unique selling proposition)即:"独特的销售主张"。罗素·瑞夫斯认为,只有当广告能指出产品的独特之处时才能行之有效,即应在传达内容时发现和发展自己独特的销售主题,并通过足量的重复将其传递给受众。瑞夫斯描述 USP 具有三个特点:

(1)必须包含特定的商品效用。即每一个广告都要对消费者提出一个说辞,给予消费者一个明确的利益承诺。

(2)必须是独特的,唯一的,是其他同类竞争产品不具有或没有宣传过的说辞。

(3)必须有利于促进销售,即这一说辞一定要能招来数以百万计的大众。

3）说服消费者

所谓说服，就是使某种刺激给予消费者一个动机，使之改变态度或意见，并依照说服者预定意图采取行动。广告的说服，是通过诉求来达到的。诉求是指外界事物促使人们从认识到行动的全部心理活动过程。广告诉求就是要告诉消费者，有些什么需要，如何去满足需要，并敦促他们去为满足需要而购买商品。一般方法有：

（1）知觉诉求。知觉诉求是用直接或间接的事物来说服受众，使人有身临其境之感。亲身体验即直接诉求，容易增强人们的信心，广告效果一般比间接的知觉诉求好。但间接诉求可以广泛使用，不受时空限制，因而在实践中大多数广告采用间接诉求，而把直接诉求作为一种辅助手段。

（2）理性诉求。理性诉求偏重于运用说理的方式，直接陈述商品的好处。运用理性诉求的广告，多是技术型的商品，或与人身安全有关的商品。

（3）情感诉求。情感诉求是运用富有人情味的方式，着重调动人们的情感，诱发其购买动机。

（4）观念诉求。观念诉求通过广告宣传，树立一种新的消费观念，或改变旧的消费观念，从而使消费者的消费观念发生对企业有利的转变。

在商业广告中，巧妙地运用这几种类型的诉求，可以收到相当好的说服效果。

4. 广告文本的基本组成部分

广告文本因广告媒介和宣传需要而不同，即没有固定的结构形式，也没有固定的写作方法。一般来说，广告文本包括标题、正文、标语以及随文四部分。

1）标题

标题分为直接标题、间接标题和复合标题。

直接标题是体现广告中心或一语点明广告主题的标题形式，如"佳肴饷嘉宾　沪上不夜城！沪上酒店"、"唯一缺少的就是您！香格里拉大酒店"。

间接标题不直接揭示广告主题，采用间接的方式宣传商品或劳务，如"中国人旅行，找中国旅行社"（中国旅行总社精品线路广告标题）。

复合标题结合以上两种标题形式，如："汇山海之灵气　集文化之精粹——三亚南山文化旅游区"。

2）正文

正文是广告的主体，广告的绝大部分信息靠正文传达。正文说明或描述广告的信息内涵，树立商品形象。

3）广告标语

广告标语是为加强公众印象，在广告中长期、反复使用的一种简明扼要的口号性语句。它凝练、概括，具有较强的号召力。广告标语的切入点可从如下几个方面考虑。

（1）产品的独特卖点：根据产品与其他竞争品的不同之处，抓住产品特征，以吸引消费者。如：消除细菌，爱心妈妈的选择（舒肤佳）。

（2）消费者认同的社会信条：广告词不仅推销产品，同时也说明了一个生活道理，容易让消费者在认同广告语的同时，接受该品牌，如：Just do it（耐克）。

(3) 好的感受：抓住产品给人带来的感受，如：挡不住的感觉（可口可乐）。

(4) 消费者定位：直接告诉消费者自己的定位，引起目标人群的关注，如：新一代的选择（百事可乐）、儿童的圣地（伦敦旅游）。

(5) 体现个性：通过传达一些个性化的理念，引起消费者共鸣，如：我能（中国移动全球通）。

(6) 体现公司对消费者的关心：一般用于公司广告语，或用于树立形象，如：一"贯"好奶粉（飞鹤）。

(7) 体现企业形象/品牌形象：多通过一些宏观的说法，为企业或品牌做形象宣传。如：沟通从心开始（中国移动）。

4) 随文

随文是对正文的必要补充，如补充内容，注意事项，广告单位的名称、电话、地址、网址、电传、银行账号等。

四、写作实训

结合"任务导入"选取你熟悉的风景区，拟写一篇宣传旅游形象的广告词。

知识链接

中国部分省市旅游标语

北京市：新北京，新奥运	上海市：上海，精彩每一天
银川市：塞上明珠，中国银川	大连市：浪漫之都，中国大连
海口市：椰风海韵，南海明珠	曲阜市：孔子故里，东方圣城
泰山市：登泰山，保平安	烟台市：人间仙境，梦幻烟台
武汉市：高山流水，白云黄鹤	湖南省：人文湘楚，山水湖南
湘潭市：伟人故里，山水湘潭	承德市：游承德，皇帝的选择
邯郸市：游名城邯郸，品古赵文化	洛阳市：国花牡丹城
登封市：中国少林武术之乡	南通市：追江赶海到南通
苏州市：人间天堂，苏州之旅	嘉兴市：水都绿城，休闲嘉兴
山西省：华夏古文明，山西好风光	富阳市：富春山水，孙权故里
福建省：福天福地福建游	厦门市：海上花园，温馨厦门
广州市：一日读懂两千年	中山市：伟人故里，锦绣中山
梅州市：千色客都，中国梅州	桂林市：桂林山水甲天下
贵州省：中国旅游宝库，世界天然公园	台湾省：台湾能触动你的心
云南省：彩云之南，万绿之宗	西藏：千山之宗，万水之源
昆明市：昆明天天是春天	新疆：中国新疆，掀起你的盖头来

知识链接

世界部分国家及城市旅游标语

法国：浪漫之都，魅力国度　　　　加拿大：四季皆宜的旅游胜地
澳大利亚：新世纪，新澳大利亚　　曼谷：天使之城
意大利：一座露天博物馆　　　　　瑞士：世界的公园
埃及：历史的金库　　　　　　　　纽约：I LOVE NEW YORK
夏威夷：夏威夷是微笑的群岛，这里阳光灿烂　　西班牙：阳光下的一切！

第二节　旅游商品说明书

一、任务导入

历史文化名城敦煌是我国古代丝绸之路上的一颗璀璨的明珠，不仅环境优美，而且物产丰饶。这里有李广杏、鸣山大枣、阳关葡萄、敦煌瓜、香水梨等许多特产。为了促进敦煌旅游经济发展，你能针对国内外游客为这些特产拟写旅游商品说明书吗？

二、范例分享

即墨老酒

即墨老酒又名即墨黄酒，其酿造历史可追溯到2000多年前，古称"醪酒"，曾作为一种祭祀品和助兴饮料，酿造极为盛行。历史上还有过"仙酒"、"牛酒"、"寿酒"、"珍浆"、"轱辘酒"等称谓，宋代才改名为即墨老酒，旨在与其他地区黄酒区别开来。

即墨老酒选用优质大黄米为原料，以崂山矿泉水为酿造用水，沿用"黍米必齐、曲蘖必时、水泉必香、陶器必良、湛炽必洁、火剂必得"的"古遗六法"，并结合现代工艺酿造而成。其色泽纯正、醇厚爽口、性质温和，具有微苦焦香、后味深长的独特风格。古人称即墨老酒"其色黑褐透明，其液盈盅不溢，其味醇和郁馨，其功舒筋活血"。据检测，即墨老酒含有17种氨基酸，16种人体所需的微量元素和酶类维生素。定量长期饮用能增强体质，加快人体新陈代谢，防止疾病，延年益寿，所以即墨老酒有"滋补健身之佳酿"的美称，并被中医选为"药酒"。

【提示】这篇商品说明书介绍了即墨老酒酿造的历史、选用的原料，突出其佳酿的品质和药用价值。语言简洁，让消费者一目了然。

三、知识览要

1. 概念和作用

旅游商品在概念上有广义和狭义之分。广义上是指旅游者因旅游购买的相关有形商品和无形商品的总称,它包括旅游者在旅游之前和旅游活动中购买的一切商品,如旅游日用消费品、旅游纪念品、旅游线路、各种旅游服务等。狭义上是指旅游者在旅游过程中购买的具有纪念意义或收藏价值,能反映旅游地特色的商品,如旅游工艺品、旅游纪念品、土特产、文物古玩和仿制品等。此处讨论的旅游商品是狭义上的旅游商品。

商品说明书是一种以说明为主要表达方式,用平易、朴实的语言客观真实地向消费者介绍商品的性能、特征、用途、使用和保养方法等知识的应用文体。旅游商品说明书是指在旅游经营、策划活动过程中制作和使用的介绍各种旅游产品的说明书。它具有宣传旅游、推销产品、传授知识和促进消费的作用。

2. 类型

从表达方式分,有说明式、叙述式、描写式等。

从载体形式分,有单页的,有成册的;有以文为主的,有以图为主的。

从表现内容分,有单项的,有综合的。

从宣传对象分,为适应不同特点的游客,有不同的说明书,如有针对国内游客的,有针对外国游客的,有针对特殊旅游者的如老年人、新婚者、暑假旅游大学生。

3. 写作格式

1) 标题

旅游商品说明书一般以商品名称作标题,不加文种,如"敦煌瓜"。

2) 正文

一般要具体介绍商品的有关知识,如产地、特点、功能、用途等。说明的事物不同,内容的侧重点也不同。

(1) 家电类。要说明商品的构成、规格型号、使用方法和注意事项等。

(2) 日用类。要说明商品的构成、规格型号、适用对象、使用方法和注意事项等。

(3) 食品药物类。要说明商品的构成成分、特点、作用、适用范围、使用与保存方法、有效期限、注意事项等。

3) 附文

要在正文之后写明厂名、地址、电话、传真、联系人和生产日期等。

旅游商品具有与一般商品不同之处,其突出特点有民族性、地域性、艺术性、纪念性、易带性等。所以旅游商品说明书应着重突出旅游商品的历史源流、文化内涵、民族特色、地域风情、名人赞誉等,让游客了解其特点和价值,并深切感受其文化底蕴。

四、写作实训

结合"任务导入"选取敦煌特产,拟写旅游商品说明书。

第三节 招 标 书

一、任务导入

毕业旅游是人生的一个分水岭,是告别过去给自己大学生活的一个完美谢幕,同时也是增进同学感情、缓解就业压力的一种方式。为了让毕业生享受大学最后的幸福时光,保留最美好的回忆,××学院决定开展毕业旅游活动,并面向校外各大旅游公司或校内旅游代理进行招标。你能代拟一份招标书吗?

二、范例分享

厦门高崎国际机场三号候机楼商业场所招标书

招标公告

1. 20××年1月投入使用的厦门高崎国际机场三号候机楼,是目前中国大陆最具现代化的候机楼之一。鉴于楼内部分商业场所的租赁合同即将到期及新增场地和项目,现公开向社会重新招标。

2. 此次候机楼内商业场所招标经营面积约2800平方米,按商品/服务品类分布在客流量相对集中的出发层、到达层、商业夹层,以及东、西走廊等场所。

3. 厦门机场发展股份有限公司邀请合格投标人以密封标书投标,提供有关资信状况与经济实力、经营能力与管理表现的文件和合理租金报价。

4. 潜在投标人可以向招标人进一步了解有关情况,并查阅招标书。符合投标要求的感兴趣的投标人可以购买招标书(投标人购买招标书视为其同意参加本次投标),招标书一经售出不复退回。

5. 所有投标人必须支付投标保证金。投标人应通过银行将投标保证金存入招标人账户,金额为每100平方米5万元人民币,不足100平方米的均按100平方米计收。

6. 20××年3月16日、4月16日将在厦门高崎国际机场内厦门机场股份发展有限公司会议室开标,所有合格投标人均可派代表参加开标会议。

招标指南

一、招标人简介

1. 公司基本情况

中文名称:厦门机场发展股份有限公司

英文名称:XIAMEN AIRPORT DEVELOPMENT CO.LTD.

法定地址:中国福建省厦门市高崎

法定代表人:王明

2. 公司业务

本公司为厦门国际航空港集团有限公司控股的上市公司。主要经营范围是为国内外航空运输企业提供候机楼设施的使用保障和服务,经营、出租候机楼内的航空营业场地、商业场所和办公场所,为过港旅客提供地面服务;兼营广告业务,对外承接机电设备安装、代理和维修业务,综合开发,经营国家政策许可的其他投资项目。

二、招标范围

厦门高崎国际机场三号候机楼部分商业场所。详见附件1《三号候机楼部分商业场所平面分布图》。

三、投标人须知

1. 投标要求

(1)除美容美发厅外,其余场所的投标者应是注册资本(资金)在50万元以上的公司或其他形式的经济组织。

（2）投标者必须购买招标书，投标人购买招标书视为其同意参加本次投标。

（3）厦门机场三号候机楼现有商业场所承租商参与本次招标的，只有在本次招标通告发布之日前未有拖欠租金的情况下方有投标资格，否则其投标将被拒绝。

（4）本次招标的商业场所由两部分组成：一是原租赁合同到期的商业场所，一是新增的商业场所。

（5）投标人应认真阅读本招标文件及附件，并分别于3月11日、4月9日上午9:30—11:30派代表到厦门机场踏勘现场，参加标前咨询。不参加现场踏勘和咨询的，视为对本次招标的商业场所和相关情况已有充分了解，投标人不得以此作为其不履行承诺的理由。

（6）投标人应充分分析把握厦门机场存在和潜在的商业环境和机会及投资风险，确定投标范围和投资规模。

（7）投标人应编制营销计划书，包括经营策划、市场分析、价格控制、商场投资等。（请附另页）

（8）投标人如为联合体投标，应提交联合体共同授权的投标代表的有效委托书，联合体成员相互承担连带责任。

（9）投标人可选择投标一个或多个商业场所。如投标人在选定的商业场所中只求部分中标即可，须在投标文件中加以说明。

（10）投标人在投标过程中所发生的费用，一律由投标人自行承担。

（11）商业场所内的广告不属本次招标范围。如有涉及广告事宜，须与厦门国际航空港集团广告有限公司另行洽谈。

（12）商业场所的具体经营范围根据附件2、附件6及本招标书相关规定在合同中具体约定。

2. 投标文件

（1）投标文件应按标准格式，用墨水笔填写或打印机打印，一式两份，正本、副本各一份。格式要求详见附表。

（2）投标文件内容包括：投标书；租金报价表；有效的营业执照、税务登记证复印件等；商业信誉（包括银行资信、以往履约、租金缴交、行业获奖情况等）；企业规模及近两年经营业绩（经会计事务所审计的财务报表、纳税凭证）；营销计划（包括经营策划、市场分析、价格控制、商场投资等）；营销网络（跨国、跨地区、本地区）；员工培训与管理（素质、培训、岗位要求等）。

（3）每份投标文件应加盖公司章，投标标函应进行密封，封口同时加盖公章和法定代表人（或负责人）章。

3. 投标币种

投标人须使用人民币标价。

4. 投标文字

投标人只可用中文投标。

5. 投标方式

（1）投标人应将投标文件在投标时间内送达指定地点。

（2）投标人只可直接送达，不可邮寄投标文件。

（3）投标人应在投标文件中注明公司、地址、电话、传真、邮编以及联系人，便于联系。如地址变更应书面（用邮件或传真）通知招标人，尔后则按变更的地址递交来往书信。

6．投标地址

厦门机场发展股份有限公司物业管理部。

7．投标时间

第一批：20××年3月15日 9：30—17：00。

第二批：20××年4月15日 9：30—17：00。

超过上述投标时间的投标将被拒绝。

8．开标时间

第一批：20××年3月16日 10：00。

第二批：20××年4月16日 10：00。

9．开标地址

厦门机场发展股份有限公司会议室。

10．投标代表

各投标人可委托投标代表参加开标会议，并向招标人提交授权委托书，每一投标人参加开标会议的人员最多不超过两名。

四、招标投标双方权利、义务

根据法律法规及招、投标相关制度规定，遵循公正、合法原则明确招、投标双方的权利与义务。

五、投标保证金

投标人应当按照招标文件要求的方式和金额，将投标保证金随投标文件提交给招标人。投标保证金一般不得超过投标总价的2%，最高不得超过80万元人民币。投标保证金有效期应当与投标有效期一致。

六、废标

（1）标函未密封或密封没有同时加盖单位公章和法定代表人（负责人）印章者；

（2）投标书未按规定要求填写或填写不清，或未加盖单位公章和法定代表人（负责人）印章者；

（3）企业营业执照（原件或复印件，复印件须加盖登记机关印章）、授权委托书不全、无效者；

（4）标函送达时间逾期者；

（5）未足额缴纳投标保证金者；

（6）租金报价低于底价或租金报价高于上限的；

（7）有隐瞒事实、虚假陈述行为的；

（8）串通投标的。

七、合同主要内容（详见租赁合同）

1．租赁场地及期限

（1）租赁场地详见附件1《三号候机楼部分商业场所平面分布图》。

（2）租赁期限为四年。

2. 租金

（略）

3. 综合管理费

（略）

4. 结算

租户应于每月 10 日前将该月租金和综合管理费划入出租人指定的银行账户。租户未能如期交缴的为逾期交缴，逾期交缴的租户，除应交缴未付租金和综合管理费外，每逾期一天，还应支付未付租金或综合管理费之 1‰ 的违约金，逾期 15 天仍未支付将终止租赁。

5. 租赁保证金

（1）中标后 10 天内承租人向出租人交付租赁保证金，金额为两个月租金。

（2）租赁保证金违约责任具体条款在租赁合同里体现。

6. 对承租人的要求

（1）经营管理要求。（略）

（2）商品管理要求。（略）

（3）人员管理要求。（略）

八、释义

（略）

九、不可抗力

（1）如果发生战争、动乱、罢工、地震、火灾、风暴、水灾及其他双方都不能控制的天灾，合同条款应按实情予以修改。

（2）遭受不可抗力的一方尽快以电报、电传或其他书面方式将发生不可抗力事故通知另一方，并在通知后 10 天内以航空挂号信将有关当局出具的证明文件提交另一方确认。

十、注意事项

（略）

二○××年三月五日

有关附件清单（略）

【提示】这份标书分招标公告和招标指南两大部分。招标公告简要说明招标的项目和要求，体现了公开、合法的原则和广告宣传的效用。招标指南具体说明了招标人简介、招标范围、投标人须知、双方权利和义务、投标保证金、废标、合同主要内容、注意事项等十项内容。要素齐全，条理清楚，语言简洁，使人一目了然。

三、知识览要

1. 概念和作用

招标书是招标单位为了征招承包者或合作者而公布标的和条件，利用投标者之间的竞争优选投标人而先期公告社会或发出邀请的一种专门文书。

招标与投标是当今社会兴建工程、引进新技术或进行大宗商品交易时广泛采用的一种公开竞争方式,是国际市场通用的现代贸易活动,有利于打破垄断,进行正当的市场竞争,促进企业的改革与管理。

招标程序:发出招标书→接受投标→公开开标→确定中标者→签订合同。

2. 种类和格式

招标书按时间划分有长期招标书和短期招标书。按内容及性质划分有企业承包招标书、工程招标书、大宗商品交易招标书。按招标的范围分,有国际招标书和国内招标书。

其写作格式如下:

1) 标题

标题通常由招标单位名称、招标项目和文种三个要素组成,例如《××酒店消防系统设备采购招标书》;有时也可省略招标项目,例如《中国技术进出口总公司国际招标公告》;甚至也可只写文种,例如《招标书》。

2) 正文

正文一般用条文式,有的也可用表格式。

(1) 引言。应写明招标目的、依据以及招标项目的名称。

(2) 主体。要详细写明招标的内容、要求及有关事项。一般采用横式并列结构,将有关要求逐项说明,有的还需列表。具体有如下几个方面。

①招标内容,如标明工程名称、建筑面积、设计要求、承包方式、交工日期等。

②招标范围,说明是国际范围还是国内、省内、市内或其他范围。

③招标程序,写明招标、议标、开标、定标的方法和步骤、时间和地点等。

④合同要求,说明签订合同的原则及双方的权利与义务。

3) 附件

指列于文后的有关项目内容的数量、表格及说明书等。

4) 落款

在招标书的结尾,写明招标单位的全称、地址、网址、传真、电话号码、邮政编码等。

四、写作实训

试结合"任务导入"代校方拟写一份招标书

知识链接

要编制集针对性、合理性和保护性为一体的招标书必须注意以下两个方面。

1. 编制招标书的原则:全面反映采购人需求的原则、科学合理的原则、公平竞争的原则、维护国家利益和供应商商业秘密的原则。

2. 编制招标书的文字表达:对招标内容和招标具体事宜的表达必须做到严谨周密,诸如项目名称、规格、数量、质量以及进度要求等,必须完备无遗,不能粗疏。否则就会有损招标书的质量,给招标单位的经济利益带来损失。语言要言简意明,要力避诸如"尽可能"、"力争"等模糊性词语的出现。

第四节 投标书

一、任务导入

职工旅游招标通告

我院于11月下旬组织在职职工外出旅游活动,请贵公司按以下行程安排、要求核价,装订密封后交到我院工会进行招标。报名截止时间:2009年11月11日中午。

线路一:山西双飞五日游
景点安排:太原、平遥古城、乔家大院、晋祠、五台山、悬空寺、云冈石窟
交通:飞机、当地旅游车、芜湖到南京机场接送、景区交通
住宿:准三星宾馆双人标准间(平遥住特色客栈)
门票:以上景点门票
用餐:正餐20元/人,早餐8元/人
保险:旅游意外险、旅行社责任险、航空保险
导游:当地导游、全程导游

线路二:桂林双飞四日游
景点安排:漓江、象鼻山、伏波山、叠彩山、七星公园等
交通:飞机、当地旅游车、芜湖到南京机场接送、景区交通
住宿:准三星宾馆双人标准间
门票:以上景点门票
保险:旅游意外险、旅行社责任险、航空保险
导游:当地导游、全程导游

注:此次旅游途中不许增加任何景点,如需增加景点,请提前安排到行程中。

××职业技术学院
×年×月×日

看了这则通告,如果你是旅行社的秘书,你打算按照怎样的程序去投标呢?

二、范例分享

浙江田园宾馆经营承包权投标书

致:浙江田园宾馆有限公司

1. 根据已收到贵方的浙江田园宾馆经营承包权的招标文件,遵照《中华人民共和国招标投标法》等有关规定,我单位经考察现场和研究上述招标文件的所有文件后:

(1)我方前四年愿以人民币(大写)贰佰陆拾捌万元(RMB:¥268万元),第五年开始愿以人民币(大写)贰佰捌拾壹万元(RMB:¥281万元)(前四年的基础上上浮5%)的投标报价并按招标文件的要求承包浙江田园宾馆,承包期为8年。

(2)我方愿缴纳履约保证金人民币(大写)贰佰万元(RMB:¥200万元)(不计利息)。

(3)承包期我方将投入人民币(大写)肆佰万元(RMB:¥400万元),对原有设施设备进行更新改造。

2. 我方已详细审核全部招标文件及有关附件,我方完全知道必须放弃提出含糊不清或误解的权利。

3. 一旦我方中标,我方保证在8年的经营承包期中照章纳税、守法经营,保证招标人原有的资产完整性,并维护浙江田园宾馆的形象,按照招标文件的要求缴纳履约保证金并与招标人签订经营承包合同。

4. 我方同意所递交的投标文件在"投标须知"规定的投标有效期内,在此期间我方的投标有可能中标,我方将受此约束。如果在投标有效期内撤回其投标,其投标保证金全部被没收。

5. 除非另外达成协议并生效,贵方的中标通知书和本投标文件将构成约束我们双方的合同。

6. 我方的金额为人民币(大写)贰拾万元(RMB:¥200000元)的投标保证金与本投标书同时递交。

投标人:深圳万事达酒店管理有限公司
单位地址:广东省深圳市罗湖区宝岗路时尚新居×室
法定代表人或其委托代理人:韩龙
邮政编码:518003
电话:0755—25178000
传真:0755—25178430
开户银行名称:建行××支行
开户银行账号:××××××××××××××××
开户银行地址:深圳市福田区车公庙工业区×栋首层
开户银行电话:0755—×××××××××

法定代表人资格证明书

单位名称:深圳市万事达酒店管理有限公司
地址:广东省深圳市罗湖区宝岗路时尚新居×室
姓名:×××
性别:女
年龄:41
职务:总经理,系深圳市万事达酒店管理有限公司的法定代表人。为浙江田园宾馆经营承包权招标,签署上述投标文件、进行合同谈判、签署合同和处理有关的一切事务。

特此证明。

投标人:深圳市万事达酒店管理有限公司(公章)
2015年3月25日

(资料来源:http://3y.uu456.com/bp_3zz5u940oa3cwgi88ztp_1.html)

【提示】这是一份承包投标书。全文根据浙江田园宾馆经营承包权的招标文件和有关法律规定,紧紧围绕招标文件的具体要求进行表述,具体说明投标愿望、投标报价、承包期限和签订经营承包合同等事宜。内容完整,语言简明。文后附有法定代表人资格证明书,以便招标单位树立信心,从而取得竞标成功。

三、知识览要

1. 概念和作用

投标书与招标书相对应,是投标人见到招标书后按招标人的要求具体向招标人提出订立合同的建议,是提供给招标人的备选方案。

在商业谈判、竞标等商业活动的进行中,投标书具有非常关键的作用,是一个企业开始从事某一项商业活动及计划实施的必要文本。当今社会,已经开始出现专业的标书制作企业、投标招标策划团体,例如标师、造价师等。

2. 种类和特点

投标书分为生产经营性投标书和技术投标书。生产经营性投标书有工程投标书、承包投标书、产品销售投标书、劳务投标书;技术投标书包括科研课题投标书、技术引进或技术转让投标书。

其特点主要有如下几个。

1) 竞争的公开性

目前,随着我国的市场经济发展的日趋成熟,为促进正当、合法的竞争,经济活动中的招投标竞争逐步规范,大都实行公开竞标,以体现公开、公平、公正的原则。

2) 制作的规范性

投标书的制作既要遵守国家对招投标工作的有关规定,又要执行国家颁布的技术规范和质量标准,不能随心所欲,任意制作。

3) 承诺的可行性

对投标书承诺的各项条件(包括项目标价、规格、数量、质量及进度要求等等),承诺单位务必保证其可行性,一旦中标,必须严格履行承诺,绝不能反悔。

4) 时间的限定性

招投标活动一般都有严格的时间限定,必须在限期内将投标书递交招标单位,过期将视同自动放弃。同时,对投标项目的进度要求也有严格的时间限定。

3. 写作格式和内容

1) 标题

标题可直接写明"投标书",表明文种的性质;也可由投标项目和文种两部分内容构成,例如《承包奥运工程绿地建设工程投标书》;或者是由投标单位名称和文种构成,例如《××公司投标书》。

2) 正文

由开头和主体组成。

开头,写明投标的依据和主导思想。

主体,应把投标的经营思想和经营方针、经营目标、经营措施、要求、外部条件等内容具体、完整、全面地表述出来,力求论证严密、层次清晰、文字简练。

3) 附件

包括为保证招标工作顺利进行,投标人在投标书中出具的资格证明、担保书及有关图纸、表格等。

4）落款

写明投标单位（或个人）的名称和投标日期。

四、写作实训

试结合"任务导入"中的内容，拟写一份投标书。

第五节 旅游合同

一、任务导入

税务干部王某每年都有15天的公休假。一天，王某接到峡州旅行社黄某的短信："王先生今年的公休假有旅游安排吗？最近我们旅行社推出一条新的旅游线路，价格比较优惠，如您有意，请于×日移尊前来我社面谈为盼！"王某十分高兴，按邀约日期来到峡州旅行社，对黄某呈上的旅游线路安排表也很满意。在磋商价格后当即交了旅游费，然后与黄某握手告别。

假如你是王某，你认为这样做妥当吗？王某和旅行社需要订立旅游合同吗？如果签订合同，那么需要写明哪些内容呢？

二、范例分享

某市国内旅游组团合同

合同编号：_____

甲方：_____（旅游者）　　　　乙方：_____（旅行社）

住所或单位地址：_____　　　　单位地址：_____

电话：_____　　　　　　　　　电话：_____

甲方自愿购买乙方所销售的旅游产品。为保证旅游服务质量，明确双方的权利、义务，本着平等协商的原则，现就有关事宜达成如下协议：

第一条　[旅游内容]

旅游线路为：_____

旅游团出发时间为_____年_____月_____日，结束时间为_____年_____月_____日，共计_____天_____夜。

前款所列旅游线路、行程安排详见《旅游行程表》。《旅游行程表》经甲、乙双方签字作为本合同的组成部分。

第二条[服务标准]　本旅游团服务质量执行国家旅游局颁布实施的《旅行社国内旅游服务质量标准》。

第三条[旅游费用]　本旅游团费用总额共计_____元人民币。签定本合同之日，甲方应预付_____元人民币，余款应于出发前_____日付讫。

第四条［项目费用］ 甲方依照本合同第三条约定支付的旅游费用,包含以下项目。

1. 代办证件的手续费:乙方代甲方办理所需旅行证件的手续费。
2. 交通客票费:乙方代甲方向民航、铁路、长途客运公司、水运等公共交通部门购买交通客票的费用。
3. 餐饮住宿费:《旅游行程表》内所列应由乙方安排的餐饮、住宿费用。
4. 游览费:《旅游行程表》内所列应由乙方安排的游览费用,包括住宿地至游览地交通费、非旅游者另行付费的旅游项目第一道门票费。
5. 接送费:旅游期间从机场、港口、车站等至住宿旅馆的接送费用。
6. 旅游服务费:乙方提供各项旅游服务收取的费用(含导游服务费)。
7. 甲、乙双方约定的其他费用:_____

前款第2项的交通客票费,如遇政府调整票价,该费用的退、补依照《合同法》第63条办理。第3项的餐饮住宿费,如甲方要求提高标准,经乙方同意安排的,甲方应补交所需差额。

第五条［非项目费用］ 甲方依照本合同第三条约定支付的旅游费用,不包含以下项目:

1. 各地机场建设费。
2. 旅途中发生的甲方个人费用:如交通工具上的个人餐饮费;个人伤病医疗费;行李超重费;旅途住宿期间的洗衣、电话、电报、饮料及酒类费;自由活动费用;寻回个人遗失物品的费用与报酬及在旅程中因个人行为造成的赔偿费用等。
3. 甲方自行投保的保险费:航空人身意外保险费及甲方自行投保的其他保险的费用。
4. 双方约定的由甲方自行选择的由其另行付费的游览项目费用。
5. 其他非第四条所列项目的费用。

第六条［出发时间地点］ 甲方应于_____年_____月_____日_____时_____分于_____(地点)准时集合出发。甲方未准时到约定地点集合出发,也未能中途加入旅行团的,视为甲方解除合同,乙方可以按照本合同第八条的约定要求赔偿。

第七条［人数约定］ 本旅游团须有_____人以上签约方能成团。人数未达到,乙方可以于约定出发日前_____日(不低于5日)通知到甲方,解除合同。

乙方解除合同后,按下列方式之一处理:

1. 退还甲方所交纳的全部费用,乙方对甲方不负违约责任。
2. 订立另一旅游合同,费用如有增减,由乙方退回或由甲方补足。

乙方未在约定的时间通知到甲方的,应按照合同第九条约定赔偿甲方。

甲方提供的电话或传真须是经常使用或能够及时联系到的,否则乙方在本条款中需要通知但通知不到甲方的,不承担由此产生的赔偿责任。

第八条［甲方退团］ 甲方可以在旅游活动开始前通知乙方解除本合同,但须承担乙方已经为办理本次旅游支出的必要费用,并按照如下标准支付违约金:

1. 在旅游开始前5日以前通知到的,支付全部旅游费用扣除乙方已支出的必要费用后余额的10%。
2. 在旅游开始前第5日至第3日通知到的,支付全部旅游费用扣除乙方已支出的必要费用后余额的20%。

3. 在旅游开始前第3日至第1日通知到的,支付全部旅游费用扣除乙方已支出的必要费用后余额的30%。

4. 在旅游开始前1日通知到的,支付全部旅游费用扣除乙方已支出的必要费用后余额的50%。

5. 在旅游开始日或开始后通知到或未通知不参团的,支付全部旅游费用扣除乙方已支出的必要费用后余额的100%。

第九条[乙方取消]　除本合同第七条约定的情形外,因乙方原因,致使甲方的旅游活动不能成行而取消的,乙方应当立即通知到甲方并按照如下标准支付违约金:

1. 在旅游开始前5日以前通知到的,支付全部旅游费用的10%。

2. 在旅游开始前第5日至第3日通知到的,支付全部旅游费用的20%。

3. 在旅游开始前第3日至第1日通知到的,支付全部旅游费用的30%。

4. 在旅游开始前1日通知到的,支付全部旅游费用的50%。

5. 在旅游开始日或开始后通知到的,支付全部旅游费用的100%。

第十条[合同转让]　经乙方同意,甲方可以将其在本旅游合同上的权利、义务转让给具有参加本次旅游条件的第三人,但应当在约定的出发日前_____日通知乙方。如有费用增加,由甲方负担。

第十一条[甲方义务]　甲方应当履行下列义务:

1. 甲方所提供的证件及相关资料必须真实有效。

2. 甲方应确保自身身体条件适合参加旅游团旅游,并有义务在签定本合同时将自身健康状况告知乙方。

3. 甲方应妥善保管随身携带的行李物品,未委托乙方代管而损坏或丢失的,责任自负。

4. 甲方在旅游活动中应遵守团队纪律,配合导游完成本次旅游行程。

5. 甲方应尊重目的地的宗教信仰、民族习惯和风土人情。

第十二条[乙方义务]　乙方应当履行下列义务:

1. 乙方应当提醒甲方注意免除或限制其责任的条款,按照甲方的要求,对有关条款予以说明。

2. 乙方应当按照有关规定购买保险,并在接受甲方报名时提示甲方自愿购买旅游期间的个人保险。

3. 乙方代理甲方办理旅游所需的手续,应妥善保管甲方的各项证件,如有遗失或毁损,应立即主动补办,并承担补办手续费,因此导致甲方的直接损失,乙方应承担赔偿责任。

4. 乙方应为甲方提供导游服务;无全陪的导游团体,乙方告知甲方旅游目的地的具体接洽办法和应急措施。

5. 甲方在旅游中发生人身伤害或财产损失事故时,乙方应当做出必要的协助和处理。如因乙方原因导致甲方人身伤害或财产损失,乙方应承担赔偿责任。

6. 乙方应当按照《旅游行程表》安排甲方购物,不得强制甲方购物,不得擅自增加购物次数。当甲方发现所购物品系假冒伪劣商品,如购物为甲方要求的,乙方不承担任何责任;如购物为行程内安排的,乙方应当协助甲方退还或索赔;如购物为乙方在行程外擅自增加的,乙方应赔偿甲方全部损失。

7. 非因乙方原因,导致甲方在旅游期间搭乘飞机、轮船、火车、长途汽车、地铁、索道、缆车等交通运输工具时受到人身伤害或财产损失的,乙方应协助甲方向提供上列服务的经营者索赔。

第十三条[合同变更]　经甲、乙双方协商一致,可以以书面形式变更本合同旅游内容。由此增加的旅游费用应由提出变更的一方承担,由此减少的旅游费用,乙方应退还甲方。如给对方造成损失的,由提出变更的一方承担损失。

第十四条[擅自变更合同]　乙方擅自变更合同违反约定的,应当退还甲方直接损失或承担增加的旅游费用,并支付直接损失额或增加的旅游费用额一倍的违约金。甲方擅自变更合同违反约定的,不得要求退还旅游费用。因此增加的旅游费用,由甲方承担。给乙方造成损失的,应当承担赔偿责任。

第十五条[旅游行程延误]　因乙方原因,导致旅游开始后行程延误的,乙方应当征得甲方的书面同意,继续履行本合同并支付旅游费用5%的违约金;甲方要求解除合同终止旅游的,乙方应当安排甲方返回并退还未完成的旅程费用,支付旅游费用5%的违约金。甲方因延误旅游行程支出的食宿和其他必要费用,由乙方承担。

第十六条[弃团]　乙方在旅程中弃置甲方的,应当承担弃置期间甲方支出的食宿和其他必要费用,退还未完成的行程费用并支付旅游费用一倍的违约金。

第十七条[中途离团]　甲方在旅程中未经乙方同意自行离团不归的,视为单方解除合同,不得要求乙方退还旅游费用。如给乙方造成损失,甲方应承担赔偿责任。

第十八条[不可抗力]　甲、乙双方因不可抗力不能履行合同的,部分或全部免除责任,但法律另有规定的除外。

乙方延迟履行本合同后发生不可抗力的,不能免除责任。

第十九条[扩大损失]　甲、乙一方违约后,对方应当采取适当措施防止损失的扩大;没有采取适当措施致使损失扩大的,不得就扩大的损失要求赔偿。

甲、乙一方因防止损失扩大而支出的合理费用,由违约方承担。

第二十条[委托招徕]　乙方委托其他旅行社代为招徕时,不得以未直接收取甲方费用为由免责。

第二十一条[其他]　本合同其他事项_____。

第二十二条[争议解决]　本合同在履行中如发生争执,双方应协商解决;协商不成,甲方可以向有管辖权的旅游质量监督管理所投诉,甲乙双方均可向法院起诉。

第二十三条[合同效力]　本合同一式二份,各方各执一份,具有同等效力。

第二十四条[合同生效]　本合同从签订之日起生效,至本次旅行结束甲方离开乙方安排的交通工具时为止。

附:旅游行程表(略)

甲方:	乙方:
身份证号码:	负责人:
电话或传真:	电话或传真:
通讯地址:	通讯地址:
_____年_____月_____日	_____年_____月_____日

【提示】这是一份条款式合同。开头说明签订合同的目的,简单明了。主体包括第一条至第二十四条,明确了双方的权利和义务。标的是旅游产品,从内容、标准、费用,以及履行时间、方式及责任等方面做出了明确的规定。此外还注明了合同份数和生效时间。结尾双方签名并注明电话或传真及通讯地址。条款齐全,格式规范。

三、知识览要

1. 合同的概念

为了保护合同当事人的合法权益,维护社会经济秩序,促进社会主义现代化建设,1999年我国制定了《中华人民共和国合同法》。《合同法》规定:"合同是平等主体的自然人、法人、其他组织之间设立、变更、终止民事权利义务关系的协议。"自然人,法律上是指在民事上能享受权利和承担义务的公民。法人,是指具有一定的组织机构,有独立的财产和独立的预算,能以自己的名义进行民事活动、享受权利和承担义务,依照法定程序成立的社会组织。

2. 合同的形式

《合同法》第10条规定:"当事人订立合同,有书面形式、口头形式和其他形式。"所谓书面形式,《合同法》第11条规定:"书面形式是指合同书、信件和数据电文(包括电报、电传、传真、电子数据交换和电子邮件)等可以有形地表现所载内容的形式。"

3. 合同的内容

合同的内容由当事人约定,一般包括以下条款:

1) 标题

标题是合同的名称,用以表明合同的业务性质。写在合同书第一行居中的位置。

2) 当事人

为了行文的简洁,以甲方、乙方或丙方指代合同当事人。要求写明当事人单位的全称和当事人的姓名,也可写上单位地址或家庭住址、联系电话等。

3) 正文

正文即合同的主体部分,是当事人经过一致协商而确定的有关条款。一般先用简练的语言写明签订合同的目的和方式,然后分条款写明以下内容:

(1) 标的,是合同法律关系的客体,是指合同当事人之间权利、义务所指向的对象。

(2) 数量,是指以数字方式和计量单位方式对合同标的进行具体的确定,亦是衡量标的的大小、多少、轻重的尺度。旅游合同中游览景点的数目,即为旅游合同中的数量。

(3) 质量,是指以成分、含量、纯度、尺寸、精密度、性能等来表示的合同标的的内在素质和外观形象的优劣状况,是合同标的具体化的反映。旅游合同中以国家制定的旅行社服务标准、导游服务标准来检验旅游服务质量。

(4) 价款或酬金,是有偿合同的主要条款,是指一方当事人履行义务时另一方当事人以货币的形式支付的代价。在合同标的是物品时,取得标的物所应当支付的代价为价款;在合同标的为行为时,获得行为服务所应当支付的代价为报酬。

凡国家统一规定的价格,合同各方不得擅自更改,若国家未规定价格,允许议价的,由当事人共同协商议定。旅游部门的接待、劳务等合同所涉及的情况比较复杂,如有旺季与淡季之分,有热线与温线、冷线之别,因而其价格、费用变化较大,必须在合同上一一写明,以便共同执行。

(5) 履行期限、地点和方式。

履行期限,是指当事人履行合同义务的起止时间。这一项在旅游接待合同中具有特殊意义,尤其是在旅游旺季,履行期限稍有延误就会延误整个接待合同的履行。

履行地点,是指当事人在什么地方履行合同义务和接受履行合同义务。在旅游接待合同中指游客进出口岸、游览地区、下榻宾馆等。

履行方式,是指当事人采取什么样的方法履行自己在合同中的义务。

(6) 违约责任,是指合同当事人不履行或不完全履行合同所约定的义务所引起的法律后果,即应当承担的法律责任。违约责任是促使当事人履行义务,使非违约方免受或减少损失的法律措施,对当事人的利益关系重大,因此应在合同中予以明确规定。违约责任的承担方法有三种:继续履行;采取补救措施;赔偿损失。

(7) 解决争议的方法,是指当事人之间在履行合同过程中发生了争议之后,通过什么样的办法来处理这一争议。争议的解决办法有两种。一是诉讼解决,即通过向人民法院起诉,由人民法院依法裁判解决争议;二是非诉讼解决,其包括三种方式:一是由双方当事人通过友好协商的方式解决,二是由双方当事人共同邀请一个第三人主持调解解决争议,三是由双方当事人事先或事后约定由仲裁机构仲裁解决争议。

4) 结尾

(1) 写明合同的有效期,双方加盖公章。

(2) 双方签字,加盖印章。

(3) 双方的地址、开户银行和账号、单位或住址的邮编、电话号码。

(4) 有鉴证单位的应在合同上出具审批意见并加盖公章或鉴证人的姓名及印章。

(5) 签订合同的日期。若为表格式,应写在标题右下方;若为条款式,应写在文尾的最后一行。

四、写作实训

试结合"任务导入"代王某同旅行社签订一份旅游合同。

知识链接

合同主体的资格

《合同法》第9条规定:"当事人订立合同,应当具有相应的民事权利能力和民事行为能力。当事人依法可以委托代理人订立合同。"关于公民的民事权利能力,《民法通则》第9条规定:"公民从出生时起到死亡时止,具有民事权利能力,依法享有民事权利,承担民事义务。"

《民法通则》根据公民的年龄和智力状况的不同,将公民的民事行为能力分为三种:(1)完全民事行为能力。《民法通则》第11条规定:"十八周岁以上的公民是成年人,具有完全民事行为能力,可以独立进行民事活动,是完全民事行为能力人。十六周岁以上不满十八周岁的公民,以自己的劳动收入为主要生活来源的,视为完全民事行为能力人。"(2)限制民事行为能力。《民法通则》第12条规定:"十周岁以上的未成年人是限制民事行为能力人。"《民法通则》第13条规定:"不能完全辨认自己行为的精神病人是限制民事行为能力人。"(3)无民事行为能力。《民法通则》第12条规定:"不满十周岁的未成年人是无民事行为能力人。"《民法通则》第13条规定:"不能辨认自己行为的精神病人是无民事行为能力人。"

关于法人的民事权利能力和民事行为能力,《民法通则》第36条规定:"法人的民事权利能力和民事行为能力,从法人成立时产生,到法人终止时消灭。"

合同的文体意识

1. 目的感

实现预期利益是经济合同订立的唯一目的,为此要求作者始终带着目的感去立意,并建立底线意识和双赢意识。

2. 法理感

依法写作、规范行为、内容合法、形式合法,这是合同生效的重要法律前提。

3. 对等感

对等有两个方面的含义,它既是指合同当事人各自享有的权利与其相应履行的义务之间在量上相等或大致相等的关系,也是指此方当事人与彼方当事人的权利义务在量上相等或大致相等的关系。这种对一方给付和对方给付之间等值性的追求是公平原则在合同中最为实质性的、最终的落实,如果显失公平,合同就将遭遇法律风险,可能成为无效合同。

4. 风险感

订合同人心理上应具备避免或弱化风险的强烈意识。合同通常易遭受的风险有:因合同违法导致的法律风险;因对方当事人违约带来的信用风险;因市场因素造成的市场风险。这就要求作者精明地设计违约责任内容,掌握避免风险的知识和技能。

5. 程式感

除口头合同外,无论条文式或表格式的书面合同都在内容和结构上有一定的要求。这就要求作者熟悉合同示范文本,尽量按示范文本写作。示范文本是有关部门根据不同合同的性质和特点而制作的较为标准、完备的合同范本。

6. 完备感

合同作为当事人之间的法律性文件,非常忌讳内容残缺、笼统或抽象。因为这些情况容易导致理解分歧,操作困难,引发纠纷。因此,合同力求周密细致,应有尽有。

7. 清晰感

具体完备的内容有赖于清晰明白的表达,否则也将给合同的履行带来困难。因此要求条款内容单一,不用含含糊糊、模棱两可的语句,表示时间、地点、数量的词尤其要确指,要使用规范语言,尽量使用法言法语,区分词义、词性,措词注意分寸,正确使用标点符号,不用方言土语。书写必须工整,不可随意涂改。

定金与订金

定金是一个规范的法律概念,是合同当事人为确保合同的履行而自愿约定的一种担保形式。《合同法》第115条规定:"当事人可以依照《中华人民共和国担保法》约定一方向对方给付定金作为债权的担保。债务人履行债务后,定金应当抵作价款或者收回。给付定金的一方不履行约定的债务的,无权要求返还定金;收受定金的一方不履行约定的债务的,应当双倍返还定金。"

订金并非一个规范的法律概念,实际上具有预付款的性质,是当事人的一种支付手段,并不具备担保性质。

本章练习

一、知识训练

1. 在广告的写作中,主要应当依循哪些要求?
2. 旅游商品说明书有哪些类型?
3. 招标书的写作格式是怎样的?
4. 投标书有哪些特点?
5. 经济合同的作用主要体现在哪些方面?有哪些写作要求?

二、能力训练

1. 以下是路易·威登(LV)电视广告的文本部分,谈谈你对其广告创意的看法。

What is a journey?

A journey is not a trip. It's not a vacation.

It's a process. A discovery.

It's a process of self-discovery.

A journey brings us face to face with ourselves.

A journey shows us not only the world, but how we fit in it.

Does the person create the journey, or does the journey create the person?

The journey is life itself.

Where will life take you?

Louis Vuitton!

2. 同学们四人或六人一组,假设你们毕业后要合作开设一家特色酒店或旅行社,请共同完成拟建企业的广告文案以及与某果蔬市场的采购合同。

第五章 旅游日常管理类应用文

通过本章学习，应当达到以下目标：

知识目标

了解旅游日常管理活动过程中各类应用文的概念、特点、种类、作用及写法，能用其指导计划、总结、简报、制度、守则、细则和办法的写作活动，规范其相关技能活动。

能力目标

运用本章文种知识研究相关案例，培养与"旅游日常管理活动"相关的应用文写作情境中分析问题与解决问题的能力；通过写作实训，掌握计划、总结、简报、制度、守则、细则和办法的写法。

素质目标

结合本章教学内容，依照行业道德规范或标准，能灵活运用计划、总结、简报、制度、守则、细则和办法为开展旅游日常管理活动服务。

第一节 计 划

一、任务导入

美国有位富家子弟,继承了他父亲几个大型企业的遗产。虽然他一年从早忙到晚,企业却逐年亏损。不到几年,濒临破产。后来,他不惜重金聘请了一位企业顾问。这位先生劝他说:"你每天一早起来,就先把当天要干的事情按重要程度、急缓程度列出来。排在前面的20%的事情,无论如何要做完。至于剩下80%的事,就看你的心情和精力如何,决定是否要做。"他照办了。很快企业便重新焕发了活力,并扭亏为盈。而他也较以前轻松多了。

(资料来源:http://www.jobcn.com/hr/detail.xhtml? id=29377)

看了这个故事后你受到什么启发?

二、范例分享

××市旅游局2014年工作计划

一、总体思路、目标

围绕打造中国旅游目的地建设,大力推进在建项目建设,力争启动一批签约项目,实现全年旅游经济保十二争十五目标:实现旅游收入比上年增长12%,达到亿元。

二、主要工作措施

1. 抓项目建设,强发展后劲

完善项目推进机制,完善旅游项目储备,大力开展招商引资。全力推进项目建设,大力推进檀木林国宾府项目建设,力争年内建成投入试营运;积极推进沙湾片区改造建设和张家沱酒店建设;加快世界地质公园建设,完成××世界地质公园总规修编,实施恐龙园区遗产地保护项目;实施荣县大佛改造二期工程建设,力争荣县大佛建成4A级旅游景区;推进飞龙峡景区、大公井旅游景区开发,飞龙峡景区建成3A级旅游景区。加快发展农家乐乡村旅游,完成贡井元坝及南北环路一带的乡村旅游规划。

2. 抓节庆活动,强旅游人气

围绕建国六十周年、建市七十周年庆典,全力组织好"中铁瑞城"××旅游形象大使评选活动,积极筹办好明年××灯会,抓好以国庆"黄金周"为重点的旅游套餐活动,丰富旅游文化生活,提高××城市的知名度。

3. 抓宣传营销,强市场能力

加强旅游宣传营销,推进区域旅游合作,强化旅游广告宣传,做好旅游宣传资料发放,实施旅游价格洼地政策,推出主要景点联票,促进××旅游整体营销。

4. 抓行业管理,强诚信形象

以"标准化"为抓手,提高行业管理和服务水平;加强旅游人才开发,提高从业人员素质;狠抓企业改制,维护社会稳定;狠抓行业管理,促进行业健康发展;加强旅游安全监管,规范旅游市场秩序。

5. 坚持"两手抓,两促进",深入开展学习实践活动

坚持"两手抓,两促进",深入开展学习实践活动,认真抓好各阶段工作,全面完成深入学习实践科学发展观活动各项任务,通过学习实践活动,促进旅游产业的持续、快速发展。

(资料来源:http://u.sanwen.net/subject/245311.html)

【提示】这是一篇条文式计划。正文部分由工作的总体思路、工作目标和工作措施组成。重点突出工作措施,思路明晰,目标明确,措施具体,具有较强的指导性和可操作性。

三、知识览要

1. 计划的概念和种类

计划是某一个单位、部门或个人,对今后一段时间的工作或所要完成的其他任务提出预想的目标,并加以书面化、条理化和具体化的一种文书。

计划可以从不同的角度分为许多类别,归纳起来主要分为以下几类:

(1) 按照内容分,有工作计划、生产计划、购销计划、教学计划、科研计划、学习计划等;

(2) 按照时间分,有长期计划、中期计划、短期计划等;

(3) 按照范围分,有国家计划、部门计划、单位计划、个人计划等。

2. 计划的特点

1) 预见性

制定计划一定要有科学的预见,依据对客观实际情况的精确分析,对未来一定时期的工作做出预想性安排。

2) 可行性

计划是为了实现而制定的。计划的各项内容必须在必要和可能的前提之下,达不到目标的计划是一纸空文。

3) 明确性

计划的目的是要人行有所依,所以计划中的目标、任务、步骤、措施、方法要明确。

3. 计划的结构与写作

计划的结构通常由标题、正文、落款三部分构成。

1) 标题

计划的标题应包括制发单位、适用时间、计划内容和文种类别(计划)四部分,一般四者要齐全。

2) 正文

正文包括开头、主体、结尾三部分。

(1) 开头。开头是计划的前言部分,主要阐明制定计划的依据、背景、目的、意义等,要精练概括。

(2) 主体。计划的主体一般由目标、措施、步骤三部分构成,分别回答"做什么"、"怎么做"、"什么时间完成"的问题。

目标,是计划要达到的标准和要求。它是对前言提出的总目标、总任务的分解和具

体化。

措施,是达到目标、完成任务的具体方法,如采取什么手段,运用什么方法,做哪些分工等。

步骤,主要指时间分配,人力、物力、财力的调配。

(3) 结尾。结尾可以用来提出希望、发出号召、展望前景、明确执行要求等,也可以在条款之后就结束全文,不写专门的结尾部分。

3) 落款

计划的结尾,还要署明单位名称和制定计划的具体时间,如果以文件的形式下发,还要加盖公章。

四、写作实训

请指出下列计划书中的问题,并改正。

旅行社经营计划书

我社决定把公司做强做大,为此制定了以下计划:

一、为了节约成本,让资源最大限度地利于起来,以使我社选择在这些细分市场上占有绝对的市场份额。经过分析,在商务会议旅游及奖励旅游这一细分市场上,我社有很大的资源优势。所以我们可以通过这个内部优势来做一个市场定位,正如美国学者肯罗曼珍曼丝所言:定位的精义在于牺牲,只有舍弃若干要点才能重点突出,从而使自己区别于众多的竞争对手,避开市场竞争形成的经营压力。利用总公司所能带给我们的优势条件,迅速占领市场,成为这一市场的主导型的旅行社。为了达成我社发展的目的,可采取以下营销计划:

1. 在旅行社设专门的公务旅游业务组。可以提供如代订饭店客房、代办交通票据和文娱票据,代客联系参观游览项目,代办旅游保险、导游服务和交通集散地的接送服务等,为会议主办方排忧解难,做好后勤保障工作,为与会代表提供丰富而周到的服务。

2. 拟订一句旅游业务的宣传口号,可以通过一句朗朗上口的宣传口号反映出我社的市场定位。

3. 通过一切渠道获取有关政府机关、各企事业单位的商务会议信息。

4. 主动出击,承办其商务会议及旅游业务。

5. 提供周到而丰富的系列服务。

6. 加强与主办方的联系,形成稳定的回头客。

二、除了做好公务旅游这一市场外,旅行社传统的休闲旅游这一块业务要继续做,并且要稳步发展:

1. 在旅行社成立休闲旅游业务组。

2. 根据不同的业务特点,开展不同的营销活动。力争做一个客户便留住一个客户,建立完整的客户档案,因为维系一个老客户比去发展一个新客户容易得多,可以更容易形成客户对我们品牌的忠诚。

3. 加强与外地组团社的联系与沟通,主动向他们提供我们最新的地接价格以及线路的变化,并根据他们的要求提供所需的线路和服务,并有针对性地实行优惠和奖励。

4. 主动地走访同行,以及各机关单位、团体、学校、医院、企业等,甚至是深入大街小巷,上门推销我们的旅游产品,这样不仅仅是推销产品,也是在做最廉价的广告宣传。

三、开发新的旅游产品。

目前的旅游市场,各旅行社提供给市民选择的都是近几年来一成不变的几条固定线路,我社可根据这一状况,适时地开发出一条或几条新的旅游线路,只有不断地创新,才能保持竞争优势。当然新的旅游线路的开辟也要有顾客消费群体,符合未来市场的需求,这也是我社明年可尝试的一项工作计划。

四、旅行社营销工作应始终处在科学合理的状态中,各业务组的业务各有其侧重点,但同时其他业务也可兼做,并不矛盾。

五、加强售后服务,这对旅行社保持已有客源和开拓新客源都至关重要,形式有打问候电话、意见征询单、书信往来、问候性明信片等。

2014年×月×日

第二节 总 结

一、任务导入

请指出下列总结中出现的问题,并改正。

2014年旅游系统工作总结

××年,我局紧紧围绕完成区委、区政府年初确定的工作目标,以市场为导向,以发展为动力,大力优化产业结构,不断配套完善基础设施,强力开展宣传促销,持续推进区域合作,较好推动了全区旅游工作开展。

一、××年旅游接待情况

××年1—10月,××区共接待旅游者282.25万人次,占全年计划的85%,比去年同期增长12%;实现旅游收入8.07亿元,占全年计划的74%,同比减少4%。……主要旅游经济指标波动的主要原因是受国际金融危机和甲型流感的影响,海外旅游者减少,导致旅游外汇收入随之减少,旅游业总收入下降。但接待国内旅游者人次比上年同期有较大增加,说明国内旅游市场受国际金融危机冲击不大,特别是我区近几年来加大旅游基础设施投入,提质增效工作已初见成效,休闲度假旅游产品、乡村旅游产品、城市生态旅游产品受到国内、省内游客的欢迎。

二、完成的主要工作

(一)认真开展学习实践科学发展观活动

根据中共××区委关于深入学习实践科学发展观的要求和部署,我局学习实践活动自××年4月1日正式开展,到××年8月21日结束,经过了学习调研阶段、分析检查阶段和落实整改阶段。在整个学习实践活动中,我们积极行动,突出主题,结合实际,务求实效,确保学习实践科学发展观活动扎实深入开展。一是领导重视,统筹安排,制定了《××区旅游局开展深入学习实践科学发展观活动实施方案》。二是机构健全,责任明确,成立了以局长陈瑞锡任组长,马旭副局长任副组长的学习实践科学发展观活动领导小组,具体负责落实学习实践活动的各项工作任务。三是按质按量完成各阶段的各项工作任务。学习调研阶段,共组织集中学习6次,学习人数48人次,并按要求以读书笔记和撰写心得体会的方式加强学习效果……

（二）开展"阳光政府"建设

阳光政府四项制度是我局面对新形势、新任务,顺应经济社会发展变化,完善政府自身建设体系的重要组成部分,是加强政府自身建设的又一项重要举措。在政府重大决策前召开听证会,及时听取群众意见,通过问政于民、问需于民、问计于民,有助于形成了解民情、反映民意、集中民智、珍惜民力的政府决策机制,使政府决策更具科学性并获得广泛的社会认同和理解,促使决策达到预期目的和实现最大社会效益。我局按照区政府办关于贯彻落实阳光政府四项制度监督检查实施意见的要求,认真落实,积极推进,促进旅游业健康、快速发展……

（三）调整旅游文化产业发展思路,引导企业发展

1. 按照市委、市政府提出的把××生态园林、10平方公里生态文化区和东风水库路坝合一的建成三大旅游品牌,用三年的时间,把中心城区建成全市旅游产业的龙头的要求,结合××实际,完成了全区旅游文化产业发展思路调整……

（四）积极推进中国优秀旅游城市创建工作

1. 配合社会主义新农村建设,积极推进乡村生态旅游发展,培育乡村旅游新的亮点。进一步优化农业产业结构,提高土地综合利用率,推进旅游小镇建设,使人民群众的收入不断递增,享受到更好的居住环境和发展条件,极大地带动了当地经济的发展。坚持按照"政府扶持引导、市场运作、群众参与、群众受益"的方针,做好乡村旅游建设……

2. 积极引进项目,推进旅游休闲度假地建设……

近年来,会务旅游、商务旅游带来的经济效益,已经越来越显现。而以昆明为中心的周边城市会务和商务旅游市场无疑给××区的会务经济发展带来……

（五）稳步推进行业管理工作,形成安全有序的旅游市场环境

……

在行业内开展"文明旅游"宣传活动,在景区建立"志愿者服务站"和"志愿者服务队伍",开展志愿者服务行动;在旅行社开展"文明安全出游"宣传培训活动,倡导游客文明旅游;在酒店开展"文明餐桌"行动,做出食品安全服务承诺,普及餐桌文明知识,倡导消费者节俭用餐。

二、范例分享

×县旅游局安全生产大检查活动工作总结

根据《×市人民政府办公室关于进一步做好当前安全生产工作的紧急通知》（保政办电〔2009〕91号）及《×市旅游局关于认真做好当前旅游安全工作的紧急通知》（保旅电〔2009〕号）文件精神,×县旅游局认真贯彻落实安全生产文件及县相关安全生产会议精神,狠抓安全生产各项工作的落实,并于2009年6月4日—6日,对全县旅游行业安全生产工作进行了全面检查,现将我县旅游安全生产大检查工作总结如下:

一、认清形势，提高认识，切实增强旅游安全工作的责任感和紧迫感

为确保全县旅游行业安全生产工作的顺利进行，根据县安全生产会议精神和市旅游局有关安全生产文件的具体要求，我局及时召开了安全生产大检查工作会议，制定了相关方案，成立了以局长为组长的"安全生产月"领导小组，负责领导组织"安全生产月"期间的安全生产工作，组织全县旅游系统有计划地开展安全生产检查行动。同时，进一步落实目标管理责任制。从思想认识到工作部署上把安全工作放在突出位置，狠抓安全责任制的落实，高度重视和加强旅游安全规章制度的建设。从行业管理部门的主要职能出发，将旅游安全工作的要求与日常各项具体工作深入结合起来，突出旅游安全生产的标准化。在全行业中牢固树立"安全第一、预防为主"的思想和"旅游安全重于经济效益"的观念，强化安全生产责任制，进一步加大督促检查力度，强化措施，严格执法，确保了我县旅游行业安全生产工作的顺利进行。

二、认真贯彻《安全生产法》，落实安全生产责任制

一是按照×县有关安全生产的具体要求，在全行业中深入学习贯彻《安全生产法》、《消防法》，强化安全法律意识，规范安全生产行为。借"安全生产月"活动之机，对全县相关旅游企业进行了全面安全生产大检查活动，推动了我县旅游企业安全生产责任制的落实，促进安全生产基础建设，建立安全生产长效机制。二是组织重点旅游企业负责人认真学习《安全生产条例》及市、县相关文件精神，并研究做好安全生产管理工作的新思路、新方法、新举措，进一步增强了安全管理人员的责任心，加强了安全生产监督管理的力度。三是组织我局干部职工认真学习党和国家关于安全生产的一系列方针政策、法律法规和省、市、县有关安全生产工作的一系列指示精神，认真普及安全生产知识，通过学习进一步提高了领导和干部职工对安全生产的认识和重视程度，强化"安全第一"和"安全责任重于泰山"的观念，推行企业安全生产职责告知承诺制，强化了企业安全生产责任主体意识。四是"安全生产月"期间，在全县旅游行业中进行旅游安全生产大检查活动，有效排查消除安全生产隐患。

三、周密部署，认真开展安全生产检查工作，消除各类事故隐患

为认真落实安全生产目标管理责任制，确保各项工作落到实处，保证"安全生产月"期间安全工作的顺利开展，2009年6月4日—6日，我局对全县5家旅游星级宾馆、1家旅游咨询中心、2家旅游餐馆、2个旅游景区及滨河公园等公众游乐场所安全生产工作进行了安全生产大检查，此次检查的重点为各星级宾馆后堂餐饮卫生，客房防盗、消防通道等安全设施，旅游企业特别是旅游宾馆、电路、电梯的安全状况，消防设施的安全状况及设施的配置状况；景区内饮食卫生等安全内容；旅游景点景区的安全状况；各类易发生安全事故路段、地点（如可能发生溺水、泥石流、坍塌等）的警告标牌的设立和完善情况；饭店、餐馆、农家乐旅游项目的食品卫生状况；旅行咨询中心按照安全程序进行团队操作情况；租用经交通运管部门批准的拥有旅游资质的车辆情况；采取有效措施约束司机的违章驾驶、疲劳驾驶及对陪同人员的安全防范、急救教育情况；旅行社投保旅行社责任险及告知游客自愿购买意外险情况；各企业签订安全责任书及安全责任制的落实情况；公众游乐场所设施安全情况。

通过为期3天的安全生产大检查，未发现较大安全事故隐患，但个别旅游企业负责人安全生产责任制落实力度不够，领导责任不清，任务不明，重生产、轻安全的思想还不同程

度地存在。部分旅游宾馆消防器材简陋、配备不足。个别旅游宾馆洗衣房消毒措施不健全,卫生较差。在"安全生产月"期间,旅游局还搜集了相关安全生产方面的材料下发到各旅游相关企业,加强了对安全生产工作的宣传,我局还组织全局干部职工进行了一次安全生产考试,进一步提高了我局干部职工的安全生产意识。

对于在"安全生产月"期间检查发现的问题,我局已通知有关企业进行了限期整改,目前已整改完毕。

四、今后工作重点

一是进一步完善安全生产责任体系,落实安全生产责任制,加大安全生产督查力度。二是不断加大安全生产责任事故的查处力度。严格执行事故报告和事故调查制度,坚决杜绝延期缓报、隐瞒不报现象。三是继续深化安全生产专项整治工作,抓好安全事故隐患的整改工作,重点加强重大节假日、重要时期的安全生产大检查。四是认真贯彻实施《安全生产法》、《消防法》,以及省、市、县有关安全生产文件、会议精神,不断加大工作力度,在全行业中树立"人人关心旅游安全"的观念,为我县旅游业持续健康发展创造良好的环境。

(资料来源:http://fanwen.chazidian.com/fanwen40829/)

【提示】这是一篇专题性工作总结。正文开头概括说明活动的根据和基本情况。主体从三个方面具体介绍安全大检查活动的情况。结尾说明今后的工作重点。写法上以小标题明确段旨,观点与材料有机统一。全文层次清楚,语言明白晓畅,能给人留下深刻的印象。

三、知识览要

1. 总结的概念和种类

总结是我国党政机关、企事业单位、社会团体及个人对某一特定时间段内发生的工作或具体社会实践活动进行系统回顾、分析和评价,并从中得出规律性认识以指导今后工作的一种常用事务性文书。

该文种不仅是对具体工作的回顾,又是使思想认识从感性层次向理性层次不断提高的过程。

从不同角度分,总结可以分成各种类型。如:根据内容多少,可分出综合总结(或全面总结)、专题总结两种;根据总结的对象,可分为工作总结、学习总结、会议总结、思想总结、生产总结等多种;根据范围分,可分为个人总结、集体总结等;根据时间分,又可分为年度总结、季度总结、月份总结等。

2. 总结的特点

1) 针对性

对本单位、本部门、本地区的工作实际进行检查、回顾和评价,并提出适合本单位或本部门特色的未来工作努力方向。

2) 客观性

注重工作发生发展的实际,运用大量的具体数据和事实进行阐述。

3) 指导性

依据科学的分析方法,提炼归纳出可靠而有效的经验,用以指导今后的实际工作。

3. 总结的写作格式与要求

总结一般由标题、正文、落款三部分组成。

1)标题

最常见的是由单位名称、时间、主要内容和文种组成,如《××旅游局2009年度工作总结》;有的标题由主要工作内容或主要观点概括而成,此种标题不标明"总结"二字,如《大旅游,大发展》。这种标题简明扼要,突出重点。

还有的采用正副标题,正标题用来概括总结主旨和重心,副标题具体说明撰写单位、时间和文种,如《提倡绿色生态旅游,拉动地方经济发展——××旅行社2009年度工作总结》。

2)正文

正文是总结的主要部分,包括基本情况概述、工作的具体做法、成绩与不足、改进意见与设想等几方面的内容。

(1)基本情况概述。就是简要介绍本部门或本单位工作的时间、背景、过程及出现的新局面或总体上的收获等,为下一步的分析研究提供基本情况,给读者或听众以总体认识。如:"××旅行社创办于2009年,经过近两年的正常运转,在全社员工们的共同努力下,经济效益的增长连创新高。现在,对近两年来的总体工作总结如下:"

(2)工作的具体做法、成绩与不足。这是总结的主要部分。首先指出在工作中采用的措施和方法是什么;其次是肯定成绩,叙述成绩表现在哪些方面,列出确切的数据(最好用表格形式)与典型事例;最后,客观地指出工作中存在的不足,并深入分析原因及其可能产生的危害及后果,推断出今后应吸取的教训,并对日常工作模式及过程进行深度挖掘,将具体问题上升到一定的理论高度,总结规律,用以指导今后的工作。

(3)改进意见与设想。在总结经验教训的基础上,明确工作方向,尽可能提出具体化的改进措施与建议。切忌空喊口号或脱离工作实际谈设想。

3)落款

总结的落款一般包括单位名称和日期。单位名称在标题中已出现的,正文后可不必再署。标题中没有单位名称的,要在正文右下方署明并写明年月日。凡单位向上呈报的文件式总结,署名之前可写上"以上总结,如有不当请指正"之类的谦语,落款处还应加盖公章。凡上级下发的总结,一般都要签印,以示负责。

四、写作实训

试结合"任务导入"中的病文,指出其中存在的问题并改正。

知识链接

计划与总结的区别和联系

计划是确定目标、制定实施方案,要明确时限、方法、步骤。总结是对计划完成情况的检查、回顾和反思,归纳经验、不足,以便于下一步工作的实施。

两者的区别:计划是事前的安排,总结是事后的回顾。

两者的联系:计划是总结的前提,总结是计划的结论。

第三节 简 报

一、任务导入

指出下列会议简报需要改进的地方。

政协××市六届×次会议简报

（第24期）

大会秘书处　　　　　　　　　　　　　　　　　　　　××××年3月18日

今年政府应办几件实事

　　××委员说：建议市长要有相应的任期目标，要像××那样一年办几件实事，年终总结，有哪些完成，有哪些没完成，为什么。

改"三公开一监督"为好

　　×××、××××委员说：报告在谈到廉政建设时，提出实行"两公开一监督"，我们认为应改为"三公开一监督"，即再增加公开市、县两级主要领导的经济收入，以便接受人民群众的监督。

不能再走大投入低效益之路

　　×××委员认为：××××年我市社会总产值为180亿元，国民收入为74亿元，而全市的财政收入只有9.15亿元，很明显，经济效益是很低的。而××××年的计划数字，基本上是按比例同步增长，经济效益无明显提高。这是我市多年来生产发展的一个关键性的问题，即大投入，低效益，致使财政拮据，入不敷出。市领导应着眼长远，从当前入手，立足于大力提高经济效益和增强生产后劲（包括政策、体制、发展规划、产业结构、环境整顿、提高管理水平、提高劳动力的素质、提高劳动生产率、大力发展科技、教育等多方面综合治理）。只有这样，才能使我市的经济进入高一层次的发展，形成良性循环。这才是提高经济效益的真正出路。

二、范例分享

武汉提升公民旅游文明素质系列简报（三）

　　武汉市被国家旅游局授予"全国智慧旅游试点城市"以来，市旅游局联合市科技局、市信产办、市园林局等单位及相关景区，开展了系列研究与示范，将大量的电子科技产品引入文明旅游实践中，在为游客提供便捷的同时，翻开了文明旅游顺应时代发展的新篇章，如今已取得初步成效。

　　一是电子信息查询提升文明旅游质量。为从源头抓好文明旅游公共服务和提醒、方便来汉游客了解旅游目的地相关信息，引导游客合理安排行程和旅游项目，市旅游局投入70万元补贴有关企业开发手机导览的APP软件，只要下载到手机就能快速查询适合自己的游玩线路。同时，市旅游局还投入近300万元开发了集吃、住、行、游、购、娱、文等信

息于一体的"智慧旅游信息咨询服务系统",并将30台多点触摸信息咨询屏设置在机场、武汉火车站、武昌火车站、汉口火车站、武汉市民之家六个窗口地段,以及东湖、黄鹤楼、省博物馆等十二个重点景区、特色街区,较好地满足了游客对信息的方便查询以及自助游和自驾游游客对旅游信息的个性化需求。

二是"电子涂鸦"引导游客文明涂鸦。"到此一游"等随意涂鸦现象和行为作为文明旅游的一大顽疾,一直让许多景区的管理者头疼。"十一"黄金周期间,武汉黄鹤楼推出创新举措,在景区5块电子导览屏信息系统的基础上,新增"电子涂鸦"功能,满足游客留名、题词的需要。游客所写所画可以保存下来,也可以即时传送到自己的邮箱内。黄金周期间,有近万名游客挥毫,并与自己的墨宝合影留念。电子涂鸦墙设立以后,黄鹤楼主楼乱涂乱刻的现象基本消失,既减轻了景区劝导游客的工作量,也使游客在文明涂鸦中找到快乐,得到广大媒体的竞相宣传报告,并再次引发了旅游文明行为的大讨论。下一步,黄鹤楼景区还将利用游客的书法、题诗等爱好,开发打印等功能,开展系列评比活动。

三是多种电子系统为文明旅游护航。电子门票系统、电子导游系统、全域性的视频监控系统和智能停车诱导系统等科技产品的应用,使景区旅游变得更加便捷、可控、有序,极大减少了游客因聚集、插队引发的推搡、口角等不文明现象,营造文明、和谐的旅游环境。通过电子门票系统,可实现自动识别验票和放行,从而提高效率,杜绝假票,并且可以快速准确地统计每时段进入景区的游客量,有助于实现景区的客流量控制,更好地保护景区生态环境,实现合理有效引导游客快速出入景区。通过电子导游系统,游客在手机上下载一个基于景区数字地图的定位导航导览软件,每到一处会通过自动触发系统实现语音讲解,自助游客的身边就多出了一个电子导游,不用请导游,就能够自助游览磨山景区。对于团队游,在东湖风景区内可以通过环保车上的车载导览系统进行讲解,在黄鹤楼公园内则可以使用团队无打扰系统进行讲解。通过智能停车诱导系统,游客进入黄鹤楼景区前,就可以通过专门的手机APP软件搜索到周边的停车场信息,包括停车场位置、总泊位数、空泊位数等,停好车后还可以通过二维码扫描存放技术在游玩结束后迅速找到自己的车辆;在东湖风景区,路边大型电子显示屏显示着景区周边的即时交通通行状况,帮助游客选择最佳线路和最近的停车场,使来景区的自驾游游客不再盲目停车、找车,有效减少景区周边拥堵现象的发生。

(资料来源:http://hbwh.wenming.cn/gzyd/wjzl/201311/t20131104_883005.html)

【提示】这是一篇工作简报。标题概括简报的内容,一目了然。正文从"电子信息查询提升文明旅游质量"、"'电子涂鸦'引导游客文明涂鸦"和"多种电子系统为文明旅游护航"三个方面介绍了武汉市旅游局在提升公民旅游文明素质方面所取得的成效,内容具体,层次清楚,语言简明。

三、知识览要

1. 简报的概念和种类

简报又称为"简讯"、"动态"、"信息"、"情况反映"、"内部参考"等,也有人称简报为"简明情况报道"、"简要报道"或"工作简报"。它是机关、团体及企事业单位编发的反映情况、汇报工作、交流经验、沟通信息的一种内部文件。机关、团体等单位编发简报,能迅速向上级反映日常工作和业务活动,便于上情下达;于同级和下级之间,简报能起到沟通情况、交流经验的作用,利于开展和推动工作。

简报可以分为以下一些种类:

(1)工作简报。也称情况简报,即反映本部门、本系统各方面工作情况的简报。

(2)动态简报。反映各部门、各领域的新情况、新动态的简报,如《旅游信息》等。

(3)会议简报。即举行会议期间编发的简报,是报道会议进程和讲座内容的简报,主要用于一些大、中型会议,利于组织和引导会议的进行。

简报的种类,也可分为专题式、综合式、信息报送式、经验总结式、转发式五类。

2.简报的特点

1)时效性

简报的时效性要求很强,尤其是那些突发性的动态简报,类似新闻报道中的"快讯"。简报能否发生作用或所发生作用之大小,关键是看它能否及时报送,没有了时效,简报的作用就会大大减小。

2)简明性

简报,顾名思义就是简要报道,是指用少量的文字概括出事实的精髓和意义,做到简短而无疏。

3)新颖性

简报反映的应是新情况、新动向、新问题和新经验,简报只有做到内容新鲜,再加上观点新颖,才能引起领导人的关注,发挥其作用。

4)机密性

简报只在机关、单位内部传阅,不公开发行。一般说来,简报发行范围越广,其机密程度越低;发行范围越窄,其机密程度就越高。机关的级别越高,其编写的简报的机密程度也越高。

3.简报的写作格式与要求

简报的结构由报头、报核、报尾三部分组成。

1)报头部分

报头部分,又称版头。一般占首页三分之一的上方版面,用间隔红线与正文部分隔开。报头的内容包括以下几个方面。

(1)简报名称:如《旅游外事简报》,名称放在居中位置,用套红大号字体,要求醒目大方。

(2)期数:排在简报名称的正下方,按期号序编排,有的还注明总期数。

(3)编发单位:排在横隔线的左上方位置。

(4)印发日期:排在横隔线的右上方位置。

(5)密级:排在报头左侧上方位置,标志密级并加标识★,如"机密★"、"秘密★"或"内部刊物";保密时限在标识后写上,如"1年"或"3个月"之类。

(6)份号:印在报头右侧上方位置,便于查找、核对每一份简报。

2)报核部分

简报文稿部分,是简报的核心。一般由按语、标题、正文、作者四项组成。

(1)按语:又叫编者按,对简报所报道内容的意义进行简要评价。编者按的作用在于引导与启发,或者提示文章的要点,或者强调其重要性,或者借机传达上级或领导人的指示和要求。按语应简洁扼要,画龙点睛。

(2) 标题:放在按语下方居中位置,概括简报主要内容。标题多采用新闻式,直言其事,鲜明醒目,含义明确。也可采用主副式双标题,正题概括全文的思想意义,副题说明单位、事项,对正题予以补充。

(3) 正文:正文是简报的主体,常用的写法有以下几种。

第一,报道式。类似于新闻报道的写法,其结构包括导语、主体、结尾三部分。导语概括说明基本内容,或说明事情结果,以便引起读者的注意。主体则把导语内容具体化,回答清楚时间、地点、事件、原因、结果等。结尾是对全文内容的总结或深化。在具体写作中,导语、主体一般不可少,结尾可灵活处理。

第二,总分式。先总后分,先写一个前言,再分列若干个小标题。这种形式多用于内容较多或较复杂的简报。前言是总述部分,统领全篇。其重点在于讲明总体情况,提出主题,然后再围绕这一中心把有关的材料组织起来,分成几个部分去写。

第三,集锦式。集锦式与总分式不同,它是在一条线索下,贯穿若干材料,各部分不必有内在联系,可以相对独立。一些动态简报常采用这种方式。如围绕某一事项或某一中心,选取几则典型事例,反映某些倾向。

第四,摘要式。摘要多用于重要会议的发言摘要,每期一个重点,将不同人的发言要点汇编在一起。

第五,转发式。转发式是将其他单位的有关材料,根据本单位的需要,经过适当加工,并加上相应的按语而形成的简报。

3) 报尾部分

报尾在简报的最后一页的末尾,用横线将报尾隔开,写上发送单位名称和印制份数。

四、写作实训

根据以下会议记录编写一份会议简报。

××××矿区行政办公会议记录

时间:××年××月×日
地点:矿区办公楼会议室
主持人:程光全主任
参加人:矿区副主任刘克先、劳资科科长赵列、财务科科长刘洪军、安全科科长熊彬、人事科科长范树森、办公室主任张平均
会议议题:
1. 二季度奖金发放办法;
2. 自然减员招工方案;
3. 有关人员的调动问题;
4. 对违反劳动纪律人员的处理。
会议决定事项:
1. 矿区二季度奖金按照××总公司××年×月制定的《奖金发放办法》(试行草案)第六条、第七条办。

2. 这次自然减员招工,招收××年以前参加工作的职工子女,并采取文化统考,择优录取的办法(详细规定由劳资科负责制定)。

3. 同意刘详同志因父母身边无人照顾调往××容器厂工作。

4. 同意陈新同志与硫铁矿吴才明对调,解决陈新同志夫妻长期两地分居问题。

5. 对矿工盛乔无故旷工三天的行为,责成劳资科在全矿区给予通报批评,并扣发旷工日工资及当月奖金。

×××矿区办公室(盖章)
××年×月×日

知识链接

简报写作中应注意的问题

简报写作中易犯的毛病有三:一是不真实;二是不简洁;三是不明白。有鉴于此,简报写作力求避免以上毛病。

1. 简报的性质和作用决定了简报的内容必须绝对真实,所反映的问题,所用的事例、数字都要准确无误,运用的语言必须十分贴切。要坚持实事求是的作风,不能夸大,不能缩小,不能报喜不报忧,不能以偏概全,不能移花接木,不能添枝加叶,不能哗众取宠。实事求是是简报写作最基本的原则。为此,除了端正思想作风之外,对简报的内容还要认真核对,对某些内容还应进行调查研究。

2. 简报姓"简",不简就不能称之为简报。造成简报不简的原因既有思想认识问题,也有写作技巧问题。其主要表现在三方面:一是求全思想。担心出现片面性,怕影响领导人之间和部门之间的关系,尽量照顾方方面面。二是内容太多,不会突出重点。简报的容量有限,如果内容较多较复杂,可分作不同方面写成简报,不要都写在一份简报之中,否则,内容又多又复杂,又必须把问题讲清楚,势必篇幅过长。三是概括提炼不足。简报应抓住重点,以点带面,选取可以反映事物本质的典型事例,对于一般情况要进行概括,去粗取精,删繁就简。

3. 简报之所以写得不明白,主要是有关背景交代不清楚。对涉及的事件、人物或是问题,应有必要的说明,其内在的意义要明显,要直陈其事,直述其理。语言表达应通俗易懂,要用规范化的现代汉语,不要用文白夹杂的语言、生僻艰涩的词语,以及佶屈聱牙的词语和方言土语,要符合中国人的思维规律和汉语表达的习惯。

第四节 制 度

一、任务导入

请认真阅读下文,指出其存在的毛病,并写出修改稿。

用电管理制度

第一条 制定本制度,是为了合理利用国家电力资源,充分发挥用电设备潜力,达到安全、经济、合理、节约用电的目的。

第二条 加强用电管理、严格用电制度。实行内部经济合同制,每月根据生产、工作任务把用电指标下达到车间、部门,做到日清、旬结、月考核,实行节奖超罚,充分调动各用电部门的积极性。

第三条 所有用电部门应切实做到"五有":

1. 用电有计划。

各用电部门不得随意更换生产设备、照明设备,以搞好计划用电;特殊情况需要更换时,需经动力科批准,否则动力科有权停止供电。

2. 消耗有定额。

工艺科根据产品数量、加工性质、工艺流程,制定当日用电定额,下达到车间和所有用电部门,同时交能源办公室一份备考。

3. 考核有计量。(用电有核查)

所有用电部门的电度表不许任意更动,以免损坏,影响考核;不属于同一电度表的线路不准自行接线使用,违者罚款10～15元。

4. 使用有制度。

各用电部门要认真执行动力部门许可的用电时间,否则动力部门有权停止供电。如劝阻不改者,每千瓦容电罚款8元。

5. 节约有措施。

所有用电部门的生产、照明设备均应有专人负责,做到人走灯灭、机床停。

第四条 变电所(室)人员要严格按规定做好用电记录,发现问题立即报管电人员,并按规定时间将用电记录呈报有关部门,登记考核。

第五条 所有办公室、集体宿舍、家属点的照明设施不得超过60W(有特殊需要者须经厂长批准),违者罚款10元。如不经批准擅自接线使用电熨斗、电炉者,根据不同情节,处以20～100元罚款。由此造成损失者,要负经济责任。

第六条 对常年坚持节约用电有贡献的集体或(和)个人,根据贡献大小,分别在不同范围内予以表扬,或(并)作为评先条件之一;对提出用电合理化建议和改革措施,并且有节电经济效果的集体或(和)个人,要给予物质奖励。

第七条 各部门要经常开展用电安全和合理节约用电教育,普及用电常识,使有限的电力资源在我厂发挥应有的作用。

二、范例分享

××公司考勤制度

第一条 为了加强劳动纪律和工作秩序,特制定本制度。

第二条 公司上班时间为8:00—12:00,13:00—17:00(可分为夏季、冬季作息时间)。

第三条 公司(总部)一般实行每天8小时标准工作日制度。实行每周5天标准工作周制度,周工作小时为40小时。

第四条 其他工作时间制度:

1. 缩短工作时间。主要针对特别繁重和过度紧张劳动,夜班工作,哺乳期的女职工。

2. 计件工作时间。按计件定额工作。

3. 不定时工作时间。主要针对公司领导、外勤、部分值班人员、推销员、司机、装卸工等,因工作性质需机动作业的工作岗位。

4. 综合计算工作时间。工作性质为连续作业和受季节影响的岗位,按标准工作日换算为以周、月、季、年等周期计算工作时间。

第五条 遵照国家双休日及法定节假日制度。

1. 每周公休日2天。

2. 法定节假日:

(1) 元旦,放假1日;

(2) 春节,放假3日;

(3) 国际劳动节,放假1日;

(4) 国庆节,放假3日;

(5) 法律、法规规定的其他节假日,如妇女节、青年节、建军节、少数民族节日等。

第六条 公司除高级职员(总经理、副总经理)外,均在考勤之列。

第七条 特殊员工不考勤须经总经理批准。

第八条 在有条件的情况下,采用考勤机打卡制度。未采用考勤机的,可填写员工考勤表。

第九条 任何员工不得委托或代理他人打卡或签到。

第十条 员工忘记打卡或签到时,须说明情况,并留存说明记录。

第十一条 考勤设置种类:

1. 迟到,比预定上班时间晚到。

2. 早退,比预定下班时间早走。

3. 旷工,无故缺勤。

4. 请假,可细分为几种假。

5. 出差。

6. 外勤,全天在外办事。

7. 调休。

第十二条 员工须出示各类与考勤有关的证明材料。

第十三条 行政主管负责每月填写月度考勤统计表。

第十四条 公司通过打分法综合评价每个员工的出勤情况。

第十五条 考勤计分办法。

1. 迟到。迟到10分钟扣2分,迟到10~30分钟扣5分,迟到30~60分钟扣10分,迟到60分钟以上扣20分。

2. 早退。早退10分钟扣2分,早退10~30分钟扣5分,早退30~60分钟扣10分,早退60分钟以上扣20分。

3. 旷工。旷工一次扣20分。

4. 请假超期。一天扣 20 分。

以 100 分为基数扣除,考勤成绩分为五级。

优:90 分以上;良:80～90 分;中:70～79 分;及格:60～69 分;差:60 分以下。

第十六条　公司依据员工考勤成绩决定员工的考勤奖励、处罚。

第十七条　公司行政部会同人事部执行本制度,经公司总经理批准颁行。

(资料来源:http://wenku.baidu.com/view/345f0c7431b765ce0508145e.html)

【提示】本制度采用了典型的条文并列模式,全文层次分明,条理清晰,涵盖了日常工作考勤的方方面面,既有指导思想,也有具体办法,实用性强。全文语言规范、用词精准、内容鲜明,逻辑缜密,符合制度类应用文的特点。

三、知识览要

1. 制度的概念

制度是党政机关、社会团体、企事业单位为加强对某项工作的管理而制定的要求有关人员共同遵守的规范性文书,要求大家共同遵守的办事规程或行动准则。

制度的发布方式比较多样,除作为文件存在之外,还可以张贴和悬挂在某一岗位和某项工作的现场,以便随时提醒人们遵守,同时便于大家互相监督。

2. 制度的特点

1) 实践性

制度是针对实际存在的问题,适时做出的规定。其制定有特定的目的,着眼于当前或是一个时期的实际效用。

2) 强制性

制度是以某些法律、法令为依据做出的规定,一旦正式公布,必须依照执行。

3) 条款性

表达上采用条款结构,内容鲜明具体,条文准确规范。

4) 严肃性

制定制度必须依照相关的法令、政策,不能与国家的法令、政策相抵触。

5) 具体性

制度要具体、全面、周到。

3. 制度的写作格式与要求

1) 标题

制度的标题一般为"单位名称＋适用对象＋文种"。

2) 正文

制度的正文写法没有固定的模式,但是多见的是条款式、分项式、条文并列式等。

(1) 条款式的写法,在格式上与规定、章程大同小异。制度除了和规定、章程一样要条理清楚、层次分明之外,尤其要注意保障制度实行的相关规定,如定期检查、集体考核、奖优惩劣等规定。

(2) 分项式写法,即通过几个项目的系统讲述,说明相关的行为规则,这种模式用于条款较少,但是每个条款都需要系统讲述,不适宜分割的制度文书。

（3）条文并列式写法，即将条款式和分项式综合在一起的写法。主要用于内容繁多而且比较复杂的制度的撰写。

不论采用哪种写法，正文的开头都要交代清楚制度订立的缘起、依据、目的、原则等总揽性的问题。在具体条款的部分要注意可操作性，安排好细节，使整个制度周密、严谨，其他一般的写作思路和规定一样。

3) 制发单位和日期

如有必要，可在标题下方正中加括号注明制发单位名称和日期，格式也与"规定"完全相同。其位置也可以在正文之下，相当于公文落款的地方。

四、写作实训

试结合"任务导入"中病文的分析，写出修改稿。

第五节　守　则

一、任务导入

2014年12月11日，从泰国曼谷飞往南京的亚航航班上，两名中国游客因提供热水及找零问题与空姐发生冲突，男游客把垃圾倒在过道上乱踩并辱骂空姐，女游客把一整杯热水泼在空姐身上。该事件造成了恶劣影响，也让国家形象受到负面冲击。

文明旅游关乎国家和民族形象，体现公民素质。作为一名旅游工作者，你能拟写一篇文明旅游守则吗？

二、范例分享

酒店员工工作守则

一、工作态度

1. 按酒店操作规程，准确及时地完成各项工作。

2. 员工对上司的安排有不同意见但不能说服上司，一般情况下应先服从执行。

3. 员工对直属上司答复不满意时，可以越级向上一级领导反映。

4. 工作认真，待客热情，说话和气，谦虚谨慎，举止稳重。

5. 对待顾客的投诉和批评应冷静倾听，耐心解释，任何情况下都不得与客人争论，解决不了的问题应及时报告直属上司。

6. 员工应在规定的上班时间适当提前到达岗位做好准备工作。工作时间不得擅离职守或早退。在下一班员工尚未接班前当班员工不得离岗。员工下班后，无公事，应在30分钟内离开酒店。

7. 员工不得在店内任何场所接待亲友来访。未经部门负责人同意，员工不得使用客用电话。外线打入私人电话不予接通，紧急事情可打电话到各部门办公室。

8. 上班时严禁串岗、闲聊、吃零食。禁止在餐厅、厨房、更衣室等公共场所吸烟，不做与本职工作无关的事。

　　9. 热情待客,站立服务,使用礼貌语言。

　　10. 未经部门经理批准,员工一律不准在餐厅做客,各级管理人员不准利用职权给亲友以各种特殊优惠。

二、制服及名牌

　　1. 员工制服由酒店发放。员工有责任保管好自己的制服,员工除工作需要外,穿着或携带工作衣离店,将受到失职处分。

　　2. 所有员工应佩戴作为工作服一部分的名牌。不戴名牌扣人民币10元,员工遗失或损坏名牌需要补发者应付人民币20元。

　　3. 员工离职时须把工作服和名牌交回到人事部,如不交回或工作服破损,须交付服装成本费。

三、仪表、仪容、仪态及个人卫生

　　1. 员工应表情自然,面带微笑,端庄稳重。

　　2. 员工的工作服应随时保持干净、整洁。

　　3. 男员工应修面,头发不能过耳和衣领。

　　4. 女员工应梳理好头发,使用发夹网罩。

　　5. 男员工应穿黑色皮鞋、深色袜,禁穿拖鞋或凉鞋。女员工应穿皮鞋,肉色筒袜其末端不得露于裙外。

　　6. 手指应无烟熏色,女员工只能使用无色指甲油。

　　7. 只允许戴手表、婚戒以及无坠耳环。厨房员工上班时不得戴戒指。

　　8. 工作时间内,不剪指甲、抠鼻、剔牙、打哈欠、打喷嚏应用手遮掩。

　　9. 工作时间内保持安静,禁止大声喧哗。做到说话轻、走路轻、操作轻。

四、拾遗

　　1. 在酒店任何场所拾到钱或遗留物品应立即上缴保安部做好详细的记录。

　　2. 如物品保管三个月无人认领,则由酒店最高管理当局决定处理方法。

　　3. 拾遗不报将被视同偷窃处理。

五、酒店财产

　　酒店物品(包括发给员工使用的物品)均为酒店财产,无论疏忽或有意损坏,当事人都必须酌情赔偿。员工如有盗窃行为,酒店将立即予以开除,并视情节轻重交由公安部门处理。

六、出勤

　　1. 员工必须依照部门主管安排的班次上班,需要变更班次,须先征得部门主管允许。

　　2. 除4级以上管理人员外,所有员工上、下班都要打工卡。

　　3. 员工上、下班忘记打卡,但确实能证明上班的,将视情节,每次扣除不超过当月5%的效益工资。

　　4. 严禁替他人打卡,如有违反,代打卡者及持卡者本人将受到纪律处分。

　　5. 员工如有急事不能按时上班,应征得部门主管认可,补请假手续,否则,按旷工处理。

　　6. 如因工作需要加班,则应由部门主管报总经理批准。

7. 工卡遗失，立即报告人事部，经部门主管批准后补发新卡。

8. 员工在工作时间未经批准不得离店。

七、员工衣柜

1. 员工衣柜的配给由人事部负责，必要时，可两个或两个以上的员工合用一个衣柜。员工衣柜不能私自转让，如有违反，将受纪律处分。

2. 员工须经常保持衣柜的清洁与整齐，柜内不准存放食物、饮料或危险品。

3. 人事部配给衣柜时免费发给一把钥匙。如遗失钥匙须赔人民币10元。

4. 如有紧急情况或员工忘带钥匙，可向人事部借用备用钥匙，但须部门主管同意，故意损坏衣柜，则须赔偿，并予以纪律处分。

5. 不准在衣柜上擅自装锁或配钥匙，人事部和保安部可随时检查衣柜，检查时应有两个以上人员在场。

6. 不准在更衣室内睡觉或无事逗留，不准在更衣室吐痰、抽烟、扔垃圾。

7. 员工离店时，必须清理衣柜，并把钥匙交回人事部，不及时交还衣柜，酒店有权清理。

八、员工通道

1. 员工上、下班从指定的员工通道入店，不负重情况下不得使用服务电梯，禁止使用客用电梯。

2. 后台员工非工作关系不得任意进入店内客用公共场所、餐厅、客房，不得使用酒店内客用设施。

3. 员工在工作时间要离开酒店时，应填写出门单，经部门主管签字后方能离店。

九、酒店安全

1. 员工进出酒店，保安人员保留随时检查随带物品的权利。

2. 员工不得携带行李、包裹离店，特殊情况必须部门主管签发出门许可单，离店时主动将出门许可单呈交门卫，由保安部存案。

十、电梯故障

当电梯出故障，客人关在梯内时，一般来说，里面的客人会按警铃。当前厅主管/行李员听到铃声时，应采取下列措施：

1. 通知工程部，立即采取应急措施设法解救电梯内客人。

2. 和关在里面的客人谈话，问清楚以下事项：

(1) 电梯里关多少人；

(2) 如可能，问一下姓名；

(3) 有无消息要带给（领队/队里的成员）同伴。

如值班人员无法解救客人，立即通知总工程师。

（资料来源：http://wenku.baidu.com/view/eaa1724d767f5acfa1c7cdbe.html）

【提示】本守则根据酒店单位具体情况，有针对性地提出了具体操作规范，条目清晰，逻辑严谨，是一篇比较规范的工作守则。

三、知识览要

1. 守则的概念

守则是国家机关、社会团体、企事业单位为维护公共利益和工作秩序,向所属成员发布的行为准则和道德规范。守则是根据本单位具体情况制定的,有的还是工作中的具体操作规范,有特定的使用范围和较强的针对性。

守则的制定有三个依据:一是党和国家的方针、政策;二是有关法律、法规;三是全社会共同遵守的道德规范。因此,遵守守则,实际上也就是遵纪守法,就是讲文明、讲道德。

2. 守则的特点

1) 原则性

守则的原则阐述多于具体要求,它在指导思想、道德规范、工作和学习态度等方面,提出基本原则,但不过多涉及具体事项和方法、措施。如《全国职工守则》的主要条文:

一、热爱祖国,热爱共产党,热爱社会主义。

二、热爱集体,勤俭节约,爱护公物,积极参与管理。

三、热爱本职,学赶先进,提高质量,讲究效率。

四、努力学习,提高政治、文化、科技、业务水平。

五、遵守纪律,廉洁奉公,严格执行规章制度。

六、关心同志,尊师爱徒,和睦家庭,团结邻里。

七、文明礼貌,整洁卫生,讲究社会公德。

八、扶植正气,抵制歪风,拒腐蚀,永不沾。

这些条文是一些基本的思想原则和道德规范,内容涉及思想、工作、学习、生活等方面。

2) 约束性

守则是用来规范人的道德、约束人的行为的,通常在一个系统内部人人都要熟悉守则,人人都要遵守守则。它虽然不具有法律效力,也没有明显的强制性,但对有关人员的教育作用和约束作用还是很明显的。

3) 完整性

守则一般篇幅都比较短小,但内容涉及成员应该遵循的所有基本原则和规范,系统而完整。为此守则的撰写要注意条目清晰,逻辑严谨。

3. 守则的写作格式与要求

守则一般由标题、正文和签署三部分构成。

1) 标题

守则的标题由发文机关、事由和文种类别(守则)组成,有时可省去发文机关和事由,只写"××人员守则"或"守则"。

2) 正文

守则的篇幅一般比较短小,多采用分条式写法。如果内容复杂,为了更有条理性也可采用章条式写法,由总则、分则、附则三部分组成,下面再分章,章下再分条。

在正文的写作中,条与条之间的划分是否符合逻辑规律,能不能做到条理清楚,层次是否分明,是写作成败的关键。另外还要注意语言表达的简练、质朴、准确。

3）签署发文机关和日期

如标题中已标明发文机关,或在题下标明了发布日期,这部分的内容可以省略。

四、写作实训

试结合"任务导入"中的材料,拟写一篇文明旅游守则。

知识链接

守则写作的注意事项

1. 守则因为需要有关人员遵守,涉及的人比较多,因此必须简短、精练、易记。
2. 写法多半是把内容概括为几条,甚至是朗朗上口的若干短句或词组,以便于群众掌握。
3. 分析情况要认真细致。
4. 确定目标要实事求是。
5. 措施步骤要切实可行。
6. 条目要分明,语言要简洁。

第六节　细　　则

一、任务导入

请指出下列细则中存在的问题,并给予改正。

某公司班组考核细则

一、生产考核

1. 因班组未努力又无特殊原因影响月度生产任务的完成,若公司扣奖,则由责任班组承担。

（1）完成率欠10%,扣班组奖金总额的10%。

（2）完成时间每延超1天,扣班组奖金总额的5%。

（3）因人为责任消除不及时,而影响机组带负荷或多烧油,公司所扣各种款项由责任班组和责任人承担。

（4）设备缺陷、设备渗漏率按公司文件考核。

2. 日常维护工作不及时,每延误1天扣40元(以接到通知之日算起,分公司同意延迟的除外)。情节严重加重扣罚。

3. 检修班长、副班长或技术员每天上午8—9时之间负责分配、督促所属设备的巡查工作并做好记录,发现未巡查者每次扣款40元。

4. 检修人员发现重大设备缺陷及其他对安全、经济多发电有贡献的项目,分公司及时上报公司建议嘉奖。

5. 起重、电焊工作结束后,应切断行车、吊车、焊机等电源,按定置管理规定放置,如未进行,扣责任班组50元/次;造成不良后果的由责任人负责。

6. 氧气、乙炔瓶未按安规要求放置或运输,扣罚50元/次;造成不良后果的由责任人负责。

二、管理方面

1. 班组台账应齐全,每月检查一次。如缺做扣责任班组40元/次,公司查出,扣款由责任班组承担。

2. 政治学习按思政部下达的月度学习计划进行,未完成扣责任班组40元/次,公司查出,扣款由责任班组承担。

3. 各班报表应于每月3日前交分公司办公室汇总,每迟报一天扣40元,如影响全局公司扣罚由责任班组承担。

4. 检修班组应配合分公司、公司搞好设备评级及贯标工作,如无故不配合,每次扣100元。

5. 各检修班组应按分公司划分的卫生包干区范围,每周彻底打扫一次,并保持班容班貌的整洁,未进行卫生工作每次扣罚80~100元,卫生死角20~50元/处次。

6. 检修现场应做到"三无"(无油迹、无积水、无灰尘)、"三齐"(拆下零部件摆放整齐、检修器具摆放整齐、材料备品堆放整齐)、"三不乱"(电线不乱拉、管路不乱放、杂物不乱丢)和工完料尽场地清,否则扣责任班组100~200元。

7. 检修值班人员应按分公司规定时间签到,正常在16:00—16:30,节假日应在7:45—8:00签到,不按时签到扣罚30元/次。如不签到或值班时找不到人则扣款100元,影响生产按旷工处理。

8. 对产妇的有关奖金规定。

①产假期间享受全部奖金。

②延产假每日扣奖金10%。

9. 员工病假、事假应由分公司领导批准,并按公司规定每天扣奖金10%,婚、丧、探亲假按日均奖扣除。

10. 各班应保质保量地完成分公司新闻稿件,每月至少一篇,当月无稿件扣班组50元。被分公司录用一篇稿件奖励2元,被市级以上报刊录用一篇奖励10元。

11. 加强班组建设,实行民主管理,各班争创文明班组,积极开展"创做"活动和社会主义劳动竞赛及合理化建议,如缺一项则扣奖金50元,并纳入年终考核评比之中。

12. 应及时完成分公司下达的技术问答和培训任务,以及班组园地中有关内容定期更新,否则扣责任班组50元/次。

13. 大、小修各种原始记录齐全,并应按贯标执行,竣工总结及开工前安排的其他专项小结应及时上交分公司,否则扣班组奖金50~100元/次。

14. 检修班长(副班长)、技术员奖金由分公司考核,班内其他成员由以班长为首的班委会考核,按劳分配,安全奖按责任书中规定条款奖扣。

15. 检修用料应遵守分公司材料领用制度,并按制度考核。

16. 遵守分公司关于工具房工（器）具借还制度，检修工作专用工（器）具做到有借有还，并确保及时、完好归还。如发生损坏（包括工具保管员保管不善）、遗失，按工具借还制度执行扣罚。长期占有工具，拒不归还者，工具保管员每月统计一次，在月奖中按50～200元/件扣罚。

17. 分公司管理人员应尽心尽力做好本职工作，如发生分工所辖范围的工作差错，本人承担公司考核扣罚。

二、范例分享

赴台旅游手续办理细则

目前开通大陆居民赴台自助游的城市有北京、上海和厦门三个城市，福建地区居民可以前往台湾离岛"小三通"进行观光游览。

办理赴台自助游时，需要持有效期六个月内个人护照及《大陆居民往来台湾通行证》。个人护照需要到户籍所在地的出入境管理局申请办理，您需要准备：

1. 两寸彩色近期正面免冠光面照片（背景为淡蓝色或白色）；

2. 居民身份证、户口簿或集体户口卡片的原件和复印件（需复印户口簿首页和本人资料页，以及有变更项目的变更页）；

3. 您可到各地公安部出入境管理处办理，如北京可到 http://www.bjgaj.gov.cn/web/bgpdAction.do? method＝download 下载《北京市居民往来台湾地区申请表》。

办理《大陆居民往来台湾通行证》所需手续如下：

1. 提交一张填写完整、贴有两寸彩色近期正面免冠光面照片（背景为淡蓝色或白色）的《北京市居民往来台湾地区申请表》；

2. 居民身份证、户口簿或集体户口卡片的原件和复印件（需复印户口簿首页和本人资料页，以及有变更项目的变更页）；

3. 银行开具的个人有效资产证明，要求以下三项满足其中一项：（注：最近3年内曾附财力证明申请赴台自由行，且停留期间无违规或不法情事者，再次申请自由行时，免再附相关财力证明，亦免附入出境证明）

银行存款5万以上；

年收入12.5万以上；

信用卡（金卡）。

4. 将所有手续提供给本次活动指定的旅行社为您办理《大陆居民往来台湾通行证》。

（资料来源：http://travel.sina.com.cn/news/2012-02-29/1139169863.shtml）

【提示】这篇细则采用条文式对赴台旅游相关手续的办理方法进行具体说明，语言明晰，可操作性强。

三、知识览要

1. 细则的概念

是国家党政机关和大型企、事业团体为已颁布的法令、条例、规定等文种做出具体说明和阐释的规范性公文。

2. 细则的特点

1）针对性

细则的内容应针对已颁布的法令、条例或规定中的某项内容进行说明和阐释，不得与已颁布文种的内容脱离。

2）具体性

细则所阐述的内容应当比原法令、条例或规定中的内容更加具体，更加细致。

3. 细则的写作格式与要求

细则由标题和正文构成。

1）标题

一般由发文机关、事由和文种构成，如《中华人民共和国公民出境入境管理法实施细则》。也可不写发文机关，直接由事由和文种构成标题，如《旅行社管理条例实施细则》。如果是经过会议批准或通过的，要用括号在标题下另加注说明"×年×月×日×会议批准（通过或修订）"。

2）正文

细则的正文有两种写法：条款式和章条式。

（1）条款式。是一种不分章，直接列条的写法。把制定细则的根据、目的、基本原则、指导思想等内容，写入前几条；解释、补充和规定的内容写在中间，该部分条款最多；执行要求写在最后。该写法适用于内容较简单、篇幅较短的细则。

（2）章条式。章条式写法适合于内容较多的细则。分为总则、分则、附则三大部分。

总则是开头部分，用来说明制定细则的根据、目的、指导思想、基本原则、实施机关等。总则一般排为第一章，分若干条。

分则是细则的主体部分，分若干章，每章再分若干条。分则用来对原法律、法规进行解释、补充，进行细致周密、切实可行的阐述。

附则是细则的结尾部分，应写明实施时间及负责解释的单位或部门等内容。

四、写作实训

试结合"任务导入"中的病文，指出其中存在的问题并改正。

第七节 办 法

一、任务导入

随着旅游热的兴起，员工外出旅游渐成时尚。为了加强对外出旅游的管理，你能代公司拟写一个"办法"吗？

二、范例分享

出境旅游领队人员管理办法

(2014年9月20日公布)

第一条 为了加强对出境旅游领队人员的管理,规范其从业行为,维护出境旅游者的合法权益,促进出境旅游的健康发展,根据《中国公民出国旅游管理办法》和有关规定,制定本办法。

第二条 本办法所称出境旅游领队人员(以下简称"领队人员"),是指依照本办法规定取得出境旅游领队证(以下简称"领队证"),接受具有出境旅游业务经营权的国际旅行社(以下简称"组团社")的委派,从事出境旅游领队业务的人员。

本办法所称领队业务,是指为出境旅游团提供旅途全程陪同和有关服务;作为组团社的代表,协同境外接待旅行社(以下简称"接待社")完成旅游计划安排;以及协调处理旅游过程中相关事务等活动。

第三条 申请领队证的人员,应当符合下列条件:

(一)有完全民事行为能力的中华人民共和国公民;
(二)热爱祖国,遵纪守法;
(三)可切实负起领队责任的旅行社人员;
(四)掌握旅游目的地国家或地区的有关情况。

第四条 组团社要负责做好申请领队证人员的资格审查和业务培训。

业务培训的内容包括:思想道德教育,涉外纪律教育,旅游政策法规,旅游目的地国家的基本情况,领队人员的义务与职责。

对已经领取领队证的人员,组团社要继续加强思想教育和业务培训,建立严格的工作制度和管理制度,并认真贯彻执行。

第五条 领队证由组团社向所在地的省级或经授权的地市级以上旅游行政管理部门申领,并提交下列材料:申请领队证人员登记表,组团社出具的胜任领队工作的证明,申请领队证人员业务培训证明。

旅游行政管理部门应当自收到申请材料之日起15个工作日内,对符合条件的申请领队证人员颁发领队证,并予以登记备案。

旅游行政管理部门要根据组团社的正当业务需求合理发放领队证。

第六条 领队证由国家旅游局统一样式并制作,由组团社所在地的省级或经授权的地市级以上旅游行政管理部门发放。

领队证不得伪造、涂改、出借或转让。

领队证的有效期为三年。凡需要在领队证有效期届满后继续从事领队业务的,应当在有效期届满前半年由组团社向旅游行政管理部门申请登记换发领队证。

领队人员遗失领队证的,应当及时报告旅游行政管理部门,并声明作废,然后申请补发;领队证损坏的,应及时申请换发。

被取消领队人员资格的人员,不得再次申请领队登记。

第七条 领队人员从事领队业务,必须经组团社正式委派。

领队人员从事领队业务时,必须佩戴领队证。

未取得领队证的人员,不得从事出境旅游领队业务。

第八条　领队人员应当履行下列职责:

(一)遵守《中国公民出国旅游管理办法》中的有关规定,维护旅游者的合法权益;

(二)协同接待社实施旅游行程计划,协助处理旅游行程中的突发事件、纠纷及其他问题;

(三)为旅游者提供旅游行程服务;

(四)自觉维护国家利益和民族尊严,并提醒旅游者抵制任何有损国家利益和民族尊严的言行。

第九条　违反本办法第四条,对申请领队证人员不进行资格审查或业务培训,或审查不严,或对领队人员、领队业务疏于管理,造成领队人员或领队业务发生问题的,由旅游行政管理部门视情节轻重,分别给予组团社警告、取消申领领队证资格、取消组团社资格等处罚。

第十条　违反本办法第七条第三款规定,未取得领队证从事领队业务的,由旅游行政管理部门责令改正,有违法所得的,没收违法所得,并可处违法所得3倍以下不超过人民币3万元的罚款;没有违法所得的,可处人民币1万元以下罚款。

第十一条　违反本办法第六条第二款和第七条第二款规定,领队人员伪造、涂改、出借或转让领队证,或者在从事领队业务时未佩戴领队证的,由旅游行政管理部门责令改正,处人民币1万元以下的罚款;情节严重的,由旅游行政管理部门暂扣领队证3个月至1年,并不得重新换发领队证。

第十二条　违反本办法第八条第一项规定的,按《中国公民出国旅游管理办法》的有关规定处罚。

第十三条　违反本办法第八条第二、三、四项规定的,由旅游行政管理部门责令改正,并可暂扣领队证3个月至1年;造成重大影响或产生严重后果的,由旅游行政管理部门撤销其领队登记,并不得再次申请领队登记,同时要追究组团社责任。

第十四条　旅游行政管理部门工作人员玩忽职守、滥用职权、徇私舞弊,构成犯罪的,依法追究刑事责任;未构成犯罪的,依法给予行政处分。

第十五条　本办法由国家旅游局负责解释。

(资料来源:中华人民共和国中央政府网,http://www.gov.cn/gongbao/content/2003/content_62269.htm)

【提示】这篇办法采用条款式安排正文的内容层次,首先说明制定办法的目的,接着写具体的实施方法和措施,最后补充说明本办法的解释权限,具有非常强的法规性、针对性和操作性。

三、知识览要

1. 办法的概念

办法是国家行政机关、企事业单位、社会团体等为贯彻某一法令、条例或者做好某项工作而制定的法规性文书。

该文种的应用范围广泛,使用率高。随着我国经济发展水平的不断提高,各行业对该文种的使用越来越频繁,目前,旅游事务管理中也越发体现出该文种在执行工作事务过程中的效力。

2. 办法的特点

1) 法规性

办法为某项工作在特定的时间内,做出法规性的解释和说明。

2) 针对性

可以根据相关法律、条例,制定具体工作实施办法;也可以针对某项工作做出具体的规定。

3) 可操作性

办法的制定和实施应具备可操作性,能够指导实际工作。

3. 办法的写作格式与要求

办法的结构一般由标题、正文两部分构成。

1) 标题

由发文机关、事由和文种三部分组成,如《国家旅游局行政许可实施暂行办法》。也有省略发文机关的,如《旅行社质量保证金存取管理办法》。办法属"试行"、"暂行"的,要在标题中标明。属会议通过或需标明发布日期的,可在标题下加括号注明。也有的在题下同时标明发文机关,但这时不能再在标题或落款中有发文机关字样出现。

2) 正文。正文的写法有两种,即条款式和章条式。

(1) 条款式。该种写法适用于内容简单的办法。先把制定办法的目的、依据、宗旨等,写在总条目靠前的位置;中间较多的条款写具体的实施方法、步骤、措施等;最后一两条写需要补充的内容和实施要求。

(2) 章条式。内容复杂的办法,可采用章条式写法。具体地说,就是把正文分成总则、分则、附则来写。

总则写明制定办法的目的、依据、意义、适用范围、实施部门等。

分则列出具体的方法、步骤、措施、要求等,可分若干章展开。

附则写须特别指出的事项及生效时间等。

四、写作实训

试结合"任务导入"中的材料,拟写一个"办法"。

 本章练习

一、知识训练

1. 简述计划的种类。
2. 总结的写作格式是怎样的?
3. 简报的特点是什么?
4. 制度的特点有哪些?
5. 简述细则的结构。

6. 办法有什么特点？

二、能力训练

1. 结合本章课程的学习，写一篇学习总结。
2. 以下为某乡所出简报，请找出其中的逻辑、语法错误及错别字。

×××乡召开 2015 年终工作总结暨表彰大会简报

元月 15 日，我乡在乡报告厅召开 2012 年终工作总结暨表彰大会，参加会议的有乡全体工作人员。

乡党委书记占胜作了 2015 年工作报告。他指出：2015 年我乡在各方面取得了出人意料的成绩，特别是农业突破历史；牧业上，虽然今年全乡受灾严重，但乡党委、政府的带领下，干部职工奋不顾身，把损失降到最低。"3·14"事件发生后，我乡快速召开乡党政联席会议，传达上级有关精神，结合我乡实际、安排部署维稳工作，确保我乡经济社会安定有序。

会议充分回顾总结了 2015 年各项工作，并给予颁发先进集体和个人奖项。在农牧民群众欢快的舞姿和优美的歌声中，我乡年终工作总结暨表彰大会圆满结束。

第六章　旅游公务活动类应用文

通过本章学习，应当达到以下目标：

知识目标

了解旅游公务活动过程中各类应用文的概念、特点、种类、作用及写法，能用其指导报告、请示、批复等公文的写作活动，规范其相关技能活动。

能力目标

运用本章文种知识研究相关案例，培养与"旅游公务活动"相关的应用文写作情境中分析问题与解决问题的能力；通过写作实训，掌握报告、请示、批复等公文的写法。

素质目标

通过学习本章内容，培养学生良好的思想政治素质，提高马列主义修养和政策水平，懂法律，讲规矩。以规范的公文写作解决工作中遇到的实际问题，运用法律维护合法权益。

公文是公务文书的简称，其概念有广义和狭义两种理解。广义的公文是指国家党政机关、企事业单位及社会团体在处理公务时所使用的各种书面材料。狭义的公文专指行政公文。

国务院办公厅 2000 年 8 月 24 日修订发布的《党政机关公文处理工作条例》（以下简称《条例》）中规定："党政机关的公文是党政机关实施领导、履行职能、处理公务的具有特定效力和规范体式的文书，是传达贯彻党和国家的方针政策，公布法规和规章，指导、布置和商洽工作,请示和答复问题,报告、通报和交流情况等的重要工具。"行政机关公文与其他应用文种相比较,有着作者的法定性、效用的权威性、制发的程序性、格式的规定性等特点。

《条例》还规定了行政公文的种类为命令(令)、决定、公告、通告、通知、通报、议案、报告、请示、批复、意见、函、纪要等15种。本章选择旅游公务活动中常用的几种进行介绍。

第一节 公文概述

一、行政公文的概念

行政公文,是公务文书的简称,是人类在治理社会、管理国家的公务实践中使用的具有法定权威和规范格式的应用文。作为表述国家意志、执行法律法规、规范行政执法、传递重要信息的最主要的载体,从某种程度上来说,公文是国家法律法规的延续和补充。公文写作的要求很高,起草者要具有工作实践的基础,懂得工作中许多微妙的环节,而在具体起草中要求有较好的文字语言能力。公文语言总的要求是庄重、平实、概括。公文语言能力的核心是选词。选词一要根据所反映的客观实际需要,二要符合明晰、确切、简练的标准,三要根据具体的语言环境,为避免上下文重复而选择不同的词语,注意文中所涉及对象和阅读对象。多用书面语和文书用语,少用形象和描绘性词语和口语,不用方言土语。

二、行政公文的特点和作用

(一)行政公文的特点

(1)政策性:对政治,经济,社会生活各个领域有指导作用,用以执行贯彻党和国家的有关政策,执行国家的法律法令。

(2)实用性:处理公务,根据现实需要,针对实际问题而制发,有明确的写作目的。

(3)可靠性:所涉及的材料,数据,事实必须真实可靠,没有任何虚假错漏。

(4)定向性:由特定机关制发,写给特定读者,针对特定事务。

(5)时间性:所针对的问题总是存在于特定时间范围之内的。

(6)规范性:写作格式和办理程序有一定的规范。

(二)行政公文的作用

(1)颁布法规:宪法、刑法、民法以及某些规定办法都要通过行政公文予以颁布实施,在法制完善的进程中起积极作用。

(2)指挥管理:大到国家机器运转,小到企事业单位运作,公文的主体是领导机构,很多公文的起草、定稿过程实质上就是管理过程。

(3)交流信息:下行文中的公告、通告、公报等,上行文中的报告、请示,平行文的函,都具有交流信息的基本功能。

(4)宣传教育:决议,公报,公告,通报,会议纪要等文件。如《关于建国以来党的若干历史问题的决议》教育全党和全国人民正确认识毛泽东和毛泽东思想的历史功过。

（5）商洽协调：某些工作需要若干单位合作完成，单位之间就要协调商议，主要文种是函。

（6）凭证依据：下行文是下级机关的工作依据，上行文是上级机关决策的依据，机关内部公文是开展工作的记录和凭证。

（三）行政公文分类

行政机关公文最新版本有15种，分别是决议、决定、命令（令）、公报、公告、通告、意见、通知、通报、报告、请示、批复、议案、函、纪要，比2000年8月的版本多了决议和公报两个文种。

（四）旅游行政公文

旅游行政公文是指在旅游事务中，经常用到的行政公文，包括指示类的决定、意见、批复、通知；呈请类的报告和请示；晓谕类的通告、通报；商洽类的函等。

第二节　报　告

一、任务导入

试分析下文存在的问题，并进行修改。

高速公路塌方事故的报告

市委、市政府：

2014年7月23日，××高速公路××路段发生塌方事故，造成一定的伤亡后果。事故发生前，桥面上分散有二三十名工人，已浇铸了近200立方米的混凝土；而且违章施工，按照施工程序应分两次浇筑的混凝土却一次浇铸，估计事故原因是桥面负荷过重。事故发生后，近200名消防队员、工地工人、公安干警到现场紧张抢救，抢救时间持续近28小时。据查，该工程承建商是××市市政总公司第一分公司。特此报告。

2014年7月26日
市政工程总公司

二、范例分享

关于旅游安全生产大检查工作开展情况的报告

皖旅安〔2015〕×号

省安委会办公室：

为全面贯彻落实省政府办公厅转发国务院办公厅《关于立即开展全国安全生产大检查的通知》和省政府4月7日召开的全省安全生产电视电话要求，我局在全省旅游行业中全面开展了旅游安全生产大检查行动。目前，各项工作仍在扎实、深入、有序地推进。现将有关情况报告如下：

一、提高认识，精心组织，周密部署

按照"统一领导、分工负责、协调配合"的原则和"属地管理"、"谁主管谁负责"、"一岗双责"的责任制度，我局及时召开了安全生产大检查工作会议，制定了《全省旅游安全生产大检查工作方案》，下发了《关于立即开展全省旅游安全生产大检查的通知》（皖旅安〔2015〕5号），成立了领导机构，建立健全各项规章制度，细化工作程序，明确责任，分解任务，确立目标、行动对象和范围、职责分工、实施步骤和要求。

（一）从"保增长、保民生、保稳定"大局的高度，充分认识深入开展隐患排查治理和督促检查工作的重要性，全面排查消除安全事故隐患，真正从思想和行动上高度重视观，切实抓好这次旅游安全生产大检查工作的落实。

（二）各级旅游行政管理部门和各旅游经营企业，均制定了本地区、本部门、本企业的旅游安全大检查工作方案，进一步明确了大检查工作的职责、目标、任务、内容和检查、登记、整治、督办、验收和销号等每个环节的工作要求，切实做到隐患排查彻底、督促检查到位、整治责任明确、整改资金落实、应急措施完善、跟踪督办有力。

（三）各级旅游行政管理部门和各旅游经营企业，严格实行隐患排查治理工作问责制。严格按照国家安全生产监督管理总局关于《安全生产事故隐患排查治理暂行规定》等法律、法规要求，对隐患排查治理责任和措施不落实、隐患整治不力的，依法依规予以追究责任。

二、健全机构，明确任务，落实责任

（一）成立了以局长为组长、副局长为副组长、相关处室主要负责人为成员的旅游安全大检查工作领导小组。并要求各市旅游局（委）、各旅游经营企业，分别成立了相应的安全生产大检查工作领导机构。

（二）把旅游安全生产大检查工作，层层落实到各级旅游行政管理部门和各旅游经营企业，将责任落实到主管领导和具体人员。

（三）完善工作制度，建立了联防联控机制。为强化监督管理，要求各级旅游行政管理部门和各旅游经营企业，建立多部门参与的安全工作联防联控机制。进一步完善细化应急预案，拟定工作手册，建立动态安全管理制度，形成旅游企业具体抓、行业管理部门加强监管与督查、社会各界大力协同配合与监督、各部门间既相互协调配合又分工明确的旅游安保管理体系和督查工作长效机制。

（四）加强应急值守，确保信息畅通。要求各级旅游行政管理部门和各旅游经营企业，加强对敏感性、苗头性、预警性信息的收集、汇总和分析研判，提高信息报告的及时性和准确性，确保通信联络畅通，并确保有专人24小时应急值守，省旅游局随机对值班在位情况进持抽查。

三、突出重点，部门联动，全面检查

我局根据省安委会的统一部署，在各市、各旅游经营企业全面自查的基础上，局机关成立了两个旅游安全联合督查组，分别对合肥市、宣城市、黄山市等地以听取汇报、审核资料、实地检查的形式，对旅游星级饭店、旅行社、景区（点）、农家乐的安全生产情况进行了督促检查。

（一）全面检查。督查组一方面对部分旅游行政管理部门的建章立制、应急队伍建设等情况进行深入细致的检查；另一方面检查和抽查星级宾馆（饭店）、A级景区（点）、星级

农家乐、旅行社等部分旅游经营企业在健全安全管理组织体系、设立专（兼）职安全专管员的情况；检查和抽查签订安全责任状，健全应急预案，健全并落实各项安全责任制，检查和抽查事故报告和处理及对有关责任人的责任追究情况；检查和抽查安全生产和管理所需经费和设施设备，安全专管员业务培训及从业人员安全教育培训情况，应急救援物资、设备配备和维护情况，特种人员持证上岗情况；检查和抽查安全生产重要设施、装备的完好情况及日常管理维护保养情况，电梯等运输工具的完好状况及检测检验情况；检查和抽查旅行社包车签约资质情况，协议餐饮单位食品卫生安全管理情况；检查和抽查星级饭店防火、防盗、防食品中毒安全管理情况；检查和抽查旅游景区（点）安全设施、安全警示标识标牌、安全教育情况；安全生产隐患排查治理等情况。

（二）检查情况。从督促检查情况看，受检地市的旅游行政管理部门对这次安全生产大检查行动认识明确，措施到位，计划周密，安排合理，氛围浓厚，能严格按国务院办公厅、省安委会和省旅游局关于开展安全生产大检查行动的相关要求，深入扎实地推进旅游安全生产大检查工作的落实。

四、强化措施，分清重点，督办整改

按照属地管理的原则，进一步强化各旅游企业法人为本企业安全生产第一责任人的责任，高度重视，加强领导，制订治理方案，亲自督办本企业检查出的安全隐患。

（一）完善本地区重大事故隐患信息管理台账。

（二）对重大隐患实行挂牌督办制度。

（三）对一时难以整改又严重影响安全的，立即责令其停业整治，制订整改方案和计划，限期整改。

（四）对不具有经营条件且难以整改到位的企业将上报有关部门依法予以关闭或取缔。

五、下一步打算

（一）继续推进安全隐患排查治理工作，落实组织机构、人员、资金、责任，制定相关措施，确保排查治理整改到位，不留死角，不走过场，不留后患。

（二）充分利用广播、电视、报纸、网络等媒体加大对隐患排查治理工作的宣传力度。以"治理隐患，防范事故"为主题，大力宣传隐患排查治理安全生产知识和隐患排查治理工作的先进典型与工作经验。

（三）进一步加强和规范安全管理与监督，加强隐患排查治理制度建设，建立健全隐患治理分级管理和重大危险源分级监控力度，建立健全隐患排查治理工作档案，实现隐患登记、整改、销号全过程管理。立足长远，推进隐患排查治理工作常态化，建立健全安全生产和管理的长效机制。

安徽省旅游局
2015年4月23日

（资料来源：安徽旅游政务网）

【提示】这是一篇专题性工作报告。开头说明报告的目的，简明扼要；主体从思想认识、具体工作和今后打算三个层面，分五个部分向上级汇报"旅游安全生产大检查"专项工作情况。既有情况概述，又有具体措施说明。条理清楚，语言简洁，可读性强。

三、知识览要

1. 概念和特点

报告是下级机关向上级机关或业务主管部门汇报工作、反映情况，提出意见或建议，答复上级机关询问时使用的公文。它不需要上级机关给予回复或批示，行文方向具有单向性。报告的汇报主要以事实和具体数据为主，所表达的内容和使用的语言都是陈述性的。多数报告是在工作开展了一段时间，或某种情况发生之后向上级做出的汇报，具有事后性。

2. 种类

根据性质和内容，报告可分为以下五类。

1) 工作报告

适用于向上级汇报例行工作或临时性工作。工作报告要把前段某项工作的基本情况、成绩、问题、经验教训阐述清楚，对下一步工作提出意见。目的是为了让上级了解工作情况和动态、掌握全局、指导工作。工作报告又可分为综合工作报告和专题工作报告两种。

2) 情况报告

适用于向上级汇报某一问题或某一偶发事件。情况报告涉及的内容：一是对本单位出现的重大事件、事故进行反省、总结；二是汇报本单位公务活动中出现的新情况、新问题。呈请情况报告的目的是为了"下情上达"，保证上级机关对下面的情况始终了如指掌，如果隐情不报，则是一种失职的表现。情况报告突出工作中的"情况"，工作报告注重工作的"全过程"。

3) 建议报告

适用于向上级机关就今后的工作提出意见和建议。建议报告必须是对自己职权范围内的某方面工作有了深思熟虑、切实可行的设想之后，将其归纳整理成意见、办法、方案呈报上级。对于建议报告，上级机关可以采纳，也可能不予采纳，都是很正常的。作为下级机关，对此要有清醒的认识。

4) 答复报告

适用于答复上级机关询问情况和工作。从其内容上看，也属于工作报告或情况报告。不同的是，它是被动报告，即答复上级的询问。且答复的内容要有针对性，询问什么，答复什么，不能答非所问，答复前还要做深入的调查研究。

5) 报送报告

一般向上级报送文件、物件时使用。正文通常比较简单，写清楚报送材料（文件、物件）的名称、数量，结尾用"请审阅"、"请收阅"收束。重要的内容在所报送的文件里。

3. 写作格式和要求

报告一般由标题、主送机关、正文组成。

1) 标题

报告的标题一般采用"发文机关＋事由＋文种"的写法，如《国家旅游局关于2014年"十一"黄金周情况的报告》。也可以采用"事由＋文种"的写法，如《关于2015年星级酒店安全检查情况报告》。

内容紧急的报告,则在"报告"前加上"紧急"字样。

2)主送机关

写明主送的领导机关,一般只送一个上级机关即可。如需其他相关的上级机关阅知,可以抄送。一般不得越级报告。

3)正文

报告的正文由以下几部分组成。

(1)报告的缘由。开头简要概括报告的原因、依据和目的,要开门见山,直陈其事,然后用"现将有关情况报告如下"之类的陈述语,转入报告主体。

(2)报告的事实和问题。这是报告的主体部分。要重点写明工作进展情况,采取的措施,取得的成效,存在的问题和不足,对今后工作的意见;或写明事情发生发展的基本情况,对事情做出分析、评价,说明处理结果或提出处理意见,等等。

(3)结束语。通常有两种:一是提出建议或意见,供领导参考,也可以重申意义、展望未来;二是用"特此报告"或"请指正"、"请审查"等模式化的套语收结全文,呈转报告常用"以上报告如无不妥,请予批转执行"等结语。

(4)落款和日期。

四、写作实训

试结合"任务导入"中病文的分析,写出修改稿。

知识链接

上行文、平行文和下行文

行政公文按其行文方向分为上行文、平行文和下行文。

上行文是指下级机关或业务部门向所属的上级领导机关或业务主管部门所发送的公文,是自下而上的行文,故称上行文。一般地说,上行文是作为下级机关向上级领导机关,下级业务部门向上级业务主管部门汇报工作,请示问题,请求给予领导和业务指导的文件。行政公文中的报告、请示、议案等都属于上行文。

平行文是指同级机关或者不相隶属的,没有领导与指导关系的机关之间,在相互联系或协商工作、问题时,使用的一种行文。函是唯一的平行文。

下行文是指上级领导机关对所属的下级机关的一种行文。下行文是上级机关对下级机关、上级业务主管部门对下级业务部门实施领导与业务指导责任的重要工具。对下级机关与业务部门来说,是重要的收来文件。行政公文中的命令(令)、决定、公告、通告、通知、通报、意见、批复等都属于下行文。

公文作为管理手段和工具,其所反映的社会现象是纷繁复杂的。为了保证公文处理工作的有序、高效,必须从分析和研究公文的性质、特点和作用入手,对日常公务活动中所使用的公文进行科学的分类。上述是从公文的行文方向进行分类的。另外,根据公文的来源,还可将一个单位使用的公文分为对外文件、收来文件和内部文件。

第三节 请 示

一、任务导入

指出下列公文在格式、内容和语言文字方面存在的问题并改正。

××社区关于便民早餐店等若干问题的请示报告

××街道办事处、谭大林主任：

根据×政发14年67号文件《××区人民政府关于推动社区"早餐工程"建设的决定》精神，为了加快解决社区居民早餐难的问题，我们打算在社区活动中心附近兴建便民早餐店（已经规划部门批准），力争在二○一五年三月一日开业，产权归××社区所有，聘请社区内的下岗职工承包经营。

便民早餐店预算建设资金共计一百二十五万元，现已筹集资金八十五万元，还有四十万元资金没有着落。为此，要求街道办事处给予支持解决。

另外，社区活动中心室外建身场的健身器械严重不足，难以满足居民健身需要，居民意见很大，故请顺便追加拨款十五万元用于购置健身器械。

此事关系到社区居民的切身利益，务必批准。

2014年9月1日

二、范例分享

关于成立滨州市旅游行业协会的请示

市委组织部：

近几年来，随着我市经济和社会各项事业的快速发展，旅游事业发展迅猛。截至目前，全是拥有旅行社35家，星级酒店11家，"A"级景区点3处，旅游从业人员已达3500余人，今年上半年，全市共接待海外游客1700人次，接待国内游客118.74万人次，实现国内旅游总收入7.29亿元，比去年同期增长22.2%。

为进一步适应市场经济条件下政府职能转变和旅游产业快速发展形势的迫切需要，国家旅游局、省旅游局先后组织成立了全国、全省旅游行业协会组织。我省17市地半数以上都组建了各自的行业协会组织。旅游行业协会是由旅游行业及与旅游密切相关的社会团体、企事业单位和有关部门，按照平等自愿原则组成的地方性行业协会，是非营利性的社会自律组织，具有独立的社团法人资格。旅游行业协会作为管理、协调、服务企业的中介环节，已经成为沟通政府与企业的桥梁。

为更好地发挥政府宏观调控作用，结合滨州旅游工作实际需要，我们拟组织筹建滨州旅游行业协会。为更便于工作开展和借鉴上级及周边市地的经验，新组建的旅游行业协会拟由市旅游局局长朱洪星同志任会长，由市旅游局副局长张振泉、梁金生同志任副会长，由梁金生同志兼任协会秘书长。

当否,请批复。

滨州市旅游局
2015 年 7 月 15 日

(资料来源:滨州市政府信息网)

【提示】这是一份请求批准的请示。正文首先交代行业背景,说明请示目的。叙述有据,理由充分。接着顺势提出筹建滨州旅游行业协会的问题,事项单一。最后以习惯用语作结。全文行文规范,简洁明了。

三、知识览要

1. 概念和种类

请示是下级机关向上级机关请求指示、批准时使用的公文。上级机关指有隶属关系的上级机关,包括领导和被领导的关系、业务上指导与被指导的关系两种。

呈报请示的直接目的就是得到批复,下级有请示报上去,上级就会有对应的批复发下来,因此期复性是它的重要特点。与其他公文相比,请示更强调"一文一事"的原则,一份请示只能就一项工作或一种情况、一个问题做出请示,不得在一份请示中请求指示和批准若干事项。请示还具有时效性,上级机关受文后应该及时研究,给予批复,不宜拖延不复,否则会贻误解决问题的时机或影响下级机关正常开展工作。

请示一般可分为请求指示的请示、请求批准的请示、请求批转的请示、请求帮助的请示。

2. 写作格式和要求

请示一般由标题、主送机关和正文构成。

1) 标题

请示的标题一般采用"发文机关+事由+文种"的写法,如《华容县关于将湘鄂西革命根据地红色旅游区纳入国家重点红色旅游项目的请示》。也可以采用"事由+文种"的写法,如《关于申请成立湖北省旅游节活动办公室的请示》。

2) 主送机关

请示的主送机关一般只写一个,需要同时送其他机关的,应当用抄送形式,但不得抄送其下级机关。

3) 正文

请示的正文由以下几部分构成。

(1) 请示的缘由。这部分是请示的导语,也是上级机关批复的主要依据。一般要直接写明所遇到的新情况、新问题,或自身没有能力解决的困难,要写得理由充分、言简意赅、明白具体。

(2) 请示的具体事项和意见。这部分是请示的核心和主体,要写明想在哪些具体问题、哪些方面得到指示。请求批准的请示,要把要求批准的事项分条列款——写明。如果在请求批准的同时还需要人、财、物等方面的支持和帮助,更需要把编制、数据、途径等表达清楚、准确,以便上级及时批准。

（3）结束语。

请示的结语比较简单，常用"当否，请批示"、"妥否，请批复"、"以上请示，请予审批"、"以上请示如无不妥，请批转有关部门执行"等模式化的语言写明期复请求。

（4）落款和日期。

四、写作实训

××学院近几年引进青年教师 150 人。过去因资金紧张，从未建职工宿舍。青年教师住房非常困难，再不解决将会严重影响他们的工作积极性。为改善这种局面，经院长办公会研究，计划建造青年教师周转房 3000 余平方米，须拨款 500 万元。请根据以上材料拟写一份请示。

知识链接

怎样确定请示主送机关？

请示在确定主送机关时，要注意以下三点：

1. 主送机关只能有一个

国务院办公厅规定：请示一般只写一个主送机关，如需同时送其他机关，应当用抄送的形式。中共中央办公厅也规定：向上级机关行文，应当主送一个上级机关，受双重领导的机关向上级机关行文，应当写明主送机关和抄送机关，由主送机关负责答复其请示事项。请示如果多头行文，很可能得不到任何机关的批复。

2. 只能主送上级机关，不能送领导者个人

请示主送的是上级机关，不能是某领导者个人。对此，国务院办公厅规定：除上级机关负责人直接交办的事项外，不得以机关名义向上级机关负责人报道"请示"。中央办公厅规定：不应直接送领导者个人。

3. 不得越级

国务院办公厅规定：一般不得越级请示和报告。中央办公厅规定：党委各部门应当向本级党委请示问题。未经本级党委同意或授权，不得越过本级党委向上级党委主管部门请示重大问题。

请示与报告的区别

请示与报告都是下级机关向上级机关反映情况、陈述意见时使用的公文，同属上行文，但在使用中却是两个不同性质的文种，不能混淆。两者主要区别如下：

1. 行文目的不同

请示的目的是请求上级给予批准和答复。报告的目的是下情上达，它一般不需要回复。

2. 行文时限不同

请示必须事前行文，请求批复，不能违背组织原则"先斩后奏"。报告的行文时间较

灵活,事前、事中和事后行文都可以。另外,请示的内容常常较迫切,需要受文的上级单位及时研究处理。相对来说,对于报告的研究处理没有那么紧迫。

3. 行文结构不同

请示要一文一事,内容具体单一,结构较稳定。而报告内容广泛,可一文一事,也可一文多事,结构灵活。

第四节 批 复

一、任务导入

阅读下文,试分析其中存在的问题。

关于建立联合贸易公司给××乡的批复

××乡政府:

有关请示收悉。经研究,应该以不建立为妥。此复。

××县政府
××××年×月×日

二、范例分享

国家外汇管理局关于旅游换汇有关问题的批复

中国银行:

你行《关于旅行社旅游换汇有关问题的请示》中银结〔20××〕17号收悉,现就有关问题函复如下:

一、境内居民个人因私出境会亲、探亲需兑换外汇的,除了提交《境内居民个人外汇管理暂行办法》第十七条规定的有效证明材料、文件外,还需提供境外亲属的邀请信件。

二、境内居民个人出境定居的,其离休金、退休金、离职金、退职金、抚恤金可以全部兑换外汇,其中离职金不足等值2000美元的,可以兑换2000美元外汇;无工资收入的,可一次性兑换等值2000美元外汇;未满十四岁的儿童,每人可兑换等值1000美元外汇。

三、境内居民个人在出境前办理出境定居兑换外汇手续时,在规定金额内,应向银行提供下列文件:

(一)本人工作单位(无工作单位的由户口所在地街道办事处或乡以上人民政府)的证明文件;

(二)已办妥前往国家或地区有效入境签证的护照和出境证明,或者前往港澳通行证或往来港澳通行证;

(三)前往国家或地区的居住证;

（四）兑换离休金、退休金、离职金、退职金、抚恤金的,还应提供发放上述款项单位的证明文件。

境内居民个人兑换外汇超过规定金额的,应持上述证明文件向所在地外汇局申请,由外汇局审核真实性后,凭外汇局的核准件到银行兑换外汇。

四、境内居民个人在境外定居后,其离休金、退休金、退职金、抚恤金,可以每半年合并后兑换外汇,兑换外汇时,应向银行提供境外定居证明和有效的生存证明,以及发放上述款项的单位的证明文件。

五、境内居民个人移居境外后,其出租境内房屋的合法人民币租金收入,可凭房屋产权证明、房屋出租许可证明、出租合同、完税证明申请购汇。

六、旅行社组织境内居民个人自费出境旅游,对旅游团队导游,由于境外旅游机构负责其在境外的费用,对导游只按每次实际出境游团组中个人零用费的标准供其个人零用费,团费部分不供汇。

七、中资国际旅行社需向境外旅游机构退还团费时,应持申请报告(写明退团原因、原计划接待团组等)、境外机构要求退团款的通知书或文件,向银行申办相应手续。

国家外汇管理局
二〇××年三月六日

(资料来源:法律图书馆网站)

【提示】这是一份答复性批复。开头引述来文标题和发文字号,接着以过渡句引出下文。主体采用条款式行文提出指导性意见和要求。全文条理清晰,格式规范。

三、知识览要

1. 概念和种类

批复是上级机关批示或答复下级机关请示事项时使用的公文。

批复必须以下级机关的请示为前提,没有下级的请示就没有上级的批复。批复与请示,是行政公文中唯一具有关联的一对文种,而批复也是行政公文中唯一纯粹的被动性文种。这一特点,决定了批复的撰写必须充分体现批复对于请示的针对性,其行文要受到请示机关和请示内容的制约,行文关系和行文内容都是特定的。

根据内容特点,批复可以分为批准性批复、否决性批复和答复性批复。

2. 写作格式和要求

1) 标题

批复的标题一般采用"发文机关＋事由＋文种"的写法,如《××市政府关于旅游规划的批复》。也可以采用"事由＋文种"的写法,如《关于旅游规划的批复》。

略有不同的是,可以在批复的标题中加上"同意"、"不同意"等以表明态度,如《关于同意成立"××旅游开发有限公司"的批复》,其中"同意"两字就是用来表明态度和意见的。如果不批准请求事项,标题中可以不出现态度和意见,到正文中再表态。答复性批复,也无须在标题中表态。

2) 主送机关

批复的主送机关,一般只有一个,即上报请示的下级机关。

3）正文

批复的正文一般由批复依据、批复事项、结语三部分组成。

（1）批复依据。请示的来文是批复最主要的论据，要完整引用请示的标题并加括号注明其请示的发文字号，如：你县《关于成立"××旅游开发有限公司"的请示》（××政〔2015〕19号）收悉。上级有关文件和规定是答复请示的政策和理论依据。可表述为："根据××关于××的规定，现作如下答复。"必要时，可标引文件名、文件编号和条款序号。如果下级请示的事项在上级文件和规定中找不到依据，就不必出现这样的文字。

（2）批复事项。针对请示的事项或问题表示同意、否决或做出解答。不管持什么态度，都要根据法规和政策并结合实际情况做出简洁而明确的答复。如果同意，还应进一步提出指示意见和要求；如果不同意，一定要阐明不同意的理由并做出处理的指示和办法，使下级机关有所遵循。如果内容复杂，可分条表述，但必须坚持一文一批的原则。

（3）结语。一般用"此复"、"特此批复"为结束语。

四、写作实训

试结合"任务导入"中病文的分析，写一篇同意建立联合贸易公司的批复。

知识链接

批复写作注意事项

撰写批复必须注意两点。一是写批复意见要有政策依据和现实依据，撰写前要核实请示缘由的真实性，做好调查研究。二是态度要明确，答复要具体，批复要有针对性，要紧扣请示事项，下级请示什么，就答复什么，同意或不同意都要态度明确。

第五节 决 定

一、任务导入

试分析下文存在的问题，并进行修改。

关于向赵小红同志学习的决定

集团公司所属各单位：

我公司××分公司职工赵小红在8月16日的特大洪水灾害中，为抢救国家财产不幸身亡。集团公司决定开展向赵小红同志学习的活动。

一、学习赵小红同志公而忘私、奋勇保护国家财产的高尚品德，爱祖国爱人民，敢于牺牲的精神。

二、根据赵小红同志生前的表现和愿望，追记赵小红同志为中共党员。

三、在集团系统内广泛宣传赵小红同志的先进事迹，运用这一典型对全体干部职工进行一次努力奉献、坚持改革、敢于进取的革命精神，以及勇于献身的革命英雄主义精神教育。宣传科和工会要把赵小红同志的事迹册子、墙报，广为发放。

四、各单位要开展讨论，学习赵小红同志的优秀品质，开展比、学、赶、帮活动，争取经营上一个新台阶。

××市物资集团有限公司

二、范例分享

国务院关于修改《旅行社管理条例》的决定

为了适应我国旅游业对外开放的需要，促进我国旅游业的发展，国务院决定对《旅行社管理条例》作如下修改：

一、第五条第一款修改为："旅行社按照经营业务范围，分为国际旅行社和国内旅行社。本条例另有特别规定的，依照其规定。"

二、删去第十六条。

三、增加一章，作为第四章：……

四、…………

五、…………

六、…………

七、…………

八、…………

九、…………

十、第三十九条修改为："第四十五条　旅游行政管理部门工作人员玩忽职守、滥用职权，触犯刑律的，依法追究刑事责任；尚不够刑事处罚的，依法给予行政处分。"

十一、附则中增加一条，作为第四十六条："第四十六条　香港特别行政区、澳门特别行政区和台湾地区的旅游经营者在内地投资设立旅行社，比照适用本条例。"根据以上修改，对本条例的条款顺序作相应调整。

本决定自××××年1月1日起施行。××××年10月29日国务院批准、××××年12月2日国家旅游局和对外贸易经济合作部联合发布的《中外合资旅行社试点暂行办法》同时废止。

《旅行社管理条例》根据本决定作相应的修改，重新公布。

××××年×月×日

（资料来源：国家旅游局网站）

【提示】这是一则公告性决定。文章开头说明行文目的，主体说明决定事项，结尾提出要求。内容具体明确，语言简洁明快。

三、知识览要

1. 概念和种类

决定是上级机关对重要事项或者重大行动做出安排，奖惩有关单位及人员，变更或者撤销下级机关不适当的决定事项的公文。决定是一种指令性和规定性公文，要求下级机关和个人必须贯彻执行。

决定一般包括处置性决定、公布性决定、部署性决定等。

2. 格式和要求

1) 标题及成文时间

决定的标题一般采用公文常规模式写法，即"发文机关＋事由＋文种"，如《国务院关于加快发展旅游业的意见》。不同的是，一般要在题下标明成文时间，用圆括弧括入，文末不再标写年月日。如：

《国家旅游局关于废止部分规章的决定》
（××××年6月6日）

有些处置性决定，也可以把成文时间标在正文后面，而不是标在题下。经会议通过或批准的决定，一定要在题下写明"什么时间什么会议（全称）通过"，如：

《政协全国委员会常务委员会关于举行辛亥革命90周年纪念活动的决定》
（××××年2月28日政协九届常委会第十二次会议通过）

有些决定，其标题可以采用省略式，由"事由＋文种"构成，如《关于命名第二批"中国优秀旅游城市"的决定》，但落款中一定要标明发文机关。

2) 正文

决定的正文一般由开头、主体、结尾三部分组成。

（1）开头。简要写明决定的缘由、目的、根据、意义。行文中，可以用"目前……"引出事实依据，用"根据……"引出理论依据，用"为了……"引出目的主旨，用"现决定……"引出意图主旨。

（2）主体。主要写明决定事项。用于部署工作的决定，要提出工作任务、措施、方案、要求等；用于处理事故的决定，要剖析事故的原因、性质，追究领导人、当事人的责任，总结应吸取的教训；用于人事任免、机构设置的决定，要写明根据及决定的意见，可以不说明理由；用于表彰或惩戒的决定，要写明表彰决定和项目，或处分决定、处罚方法。

内容比较单纯的决定，一般采用一段式。内容较复杂的决定，可用条款式，分条写出事项。对重大决策的决定，还可用小标题显示层次。行文中，可以在决定的缘由和决定的事项之间，用"为此……决定"、"现决定……"转接以领起下文。

（3）结尾。一般提出要求、希望、号召或执行说明。

四、写作实训

试结合"任务导入"中病文的分析，写出修改稿。

知识链接

决定写作注意事项

撰写决定必须注意三点。一是起草决定之前要做好调查研究,认真考虑做出的决定是否切合实际情况,能否解决实际问题;二是决定的事项要明白具体,完整周密,便于理解和执行;三是语言表述要简明扼要,用语准确,决定中涉及对人和事的评价要实事求是,恰如其分。

第六节 通 告

一、任务导入

从内容和形式来看,你认为下面的通告有哪些问题?

关于加强市区犬类管理的通告

(×府告〔2015〕5号)

2015年2月25日

为了预防和控制狂犬病,保障人民群众的人身安全,维护社会秩序,保证市区清洁卫生,根据创建全国文明卫生城市的标准要求和《××省犬类管理规定》(×府〔2015〕9号),经市政府研究,现就加强市区犬类管理工作通告如下:

一、从2014年12月19日起,严禁一切犬类在市区内大街小巷、公共场所走动,应依规办理有关手续后,在室内圈(栓)养。

二、严格犬类的粪便管理,禁止犬类在室外拉粪便。

三、犬类咬人致死、致伤,除责令立即捕杀外,犬主要按有关规定承担相关责任。

四、要加强对饲养犬类的管理,凡发现犬类上街、到公共场所走动或乱拉犬粪的,公安等有关部门应按有关规定没收该犬或对犬主予以处罚。

××市人民政府

2015年2月25日

二、范例分享

文化部关于整治网络音乐网站违规行为的通告

人民网游戏4月20日电,近年来,部分网络音乐网站(单位)未经许可或备案擅自从事网络音乐活动,扰乱网络音乐市场秩序,损害网络音乐企业和消费者合法权益。为加强网络音乐市场管理,整治网络音乐网站违规行为,根据《国务院对确需保留的行政审批项目设定行政许可的决定》(国务院第412号令)、《国务院办公厅关于印发文化部主要职责内设机构和人员编制规定的通知》(国办发〔20××〕79号)和《互联网文化管理暂行规定》(文化部令第32号)等有关法规,现就清理违法违规网络音乐网站等有关事项通告如下:

一、下列网络音乐网站(附件)未按照《互联网文化管理暂行规定》的规定,履行网络音乐单位许可或备案手续,擅自提供网络音乐产品及服务。请所涉网站自本通告下发之日起60日内,按照《互联网文化管理暂行规定》,到所在地省级文化行政部门进行许可申请或备案登记。凡在此时限内未进行许可申请或备案登记的,文化部将联合相关部门依法予以严肃查处。

二、其他未经许可或备案,擅自提供网络音乐产品或服务的网站,也要对照《互联网文化管理暂行规定》,依法办理许可或备案手续。文化部及各地文化行政部门或综合执法机构依法受理有关违法违规网络音乐的投诉举报。全国文化市场统一举报电话为:12318。文化部将在清理核查的基础上,不定期下发查缴目录,指导各地文化行政部门和综合执法机构依法查处违法网络音乐及其经营活动。

联系电话:59882100、59881897　传真:59882100

特此通告。

附件:未获得许可或备案的网络音乐网站名单

2015年4月19日

(资料来源:网易科技)

【提示】这是一则制约性通告。正文由通告背景、目的、法律依据和遵守的事项组成,以"特此通告"结尾。内容简洁,语气严肃,符合规范。

三、知识览要

1. 概念和种类

通告是在一定范围内向所属机关、单位或人民群众公布应当遵守或者周知的事项时使用的公文。通告具有政策性、法规性、告晓性、广泛性等特点。

通告大致可分为法规性通告和事项性通告两大类型。

2. 写作格式和要求

1) 标题

通告的标题,一般有四种写法。

一是采用公文标题的常规写法,即"发文机关＋事由＋文种",如《××旅游学院关于维护学院秩序的通告》。

二是由"事由＋文种"组成,如《关于治理、整顿旅游景点的通告》。

三是只有文种名称,如《通告》。

四是由"发文机关＋文种"组成,如《××市旅游局通告》。

2) 正文

正文一般包括通告缘由、通告事项、通告结语等部分。

(1) 通告缘由。主要写明发布通告的背景、根据、目的、意义,末句一般用"特通告如下"、"现将有关事项通告如下"等惯用语转入下文。

（2）通告事项。这是主体部分,要写明通告的有关事项和有关规定。如果内容较复杂,文字较多,就要采用分条列项的写法,做到条理分明,层次清晰。如果内容比较单一,也可采用贯通式写法。不管用哪种方式,文字表达要准确、严密、通俗,语气要坚定庄重。

（3）通告结语。通告结语的写法比较简单,多采用"本通告自发布之日起实施"或"特此通告"的模式化结语。有些通告,也可以没有结语。

四、写作实训

试结合"任务导入"中病文的分析,写出修改稿。

○○○○○○○○○○○○○○ 知 识 链 接 ○○○○○○○○○○○○○○

通告与公告之比较

行政公文中有一种跟通告很相似的公文,即公告。二者都具有晓谕性和公布性,具体说,二者的内容都是知照性的,发布范围都是面向全社会。在实际工作中,经常看到一些企业单位,用"公告"发布诸如招标、转让、拍卖之类的日常事务性内容,显然是用错了文种。造成这种错误的主要原因是混淆了二者的概念,没把握好二者的特点和适用范围,从而影响了国家行政公文使用的严肃性和规范性。要避免这种错误,关键是区分它们的不同,其实二者有较大的区别。

1. 发布内容的重要程度不同

公告是用来发布重要事项或法定事项的,涉及内容多是国家大事或省市级的行政大事,小的局部性事项和非法定的事项,不能采用公告的形式公布。通告用来发布在一定范围内需要遵守或周知的事项,它涉及的事项没有公告那么重大。

2. 对发文机关的限制性不同

公告是一种高级别的文种,一般只有涉及全局性的重大事项或法定事项时,才能由高级别的行政部门发布。通告是一种高级别机关和基层单位都可使用的文种,不仅行政机关可以制发,社会团体、企事业单位在自己的职权范围之内,都可以制发。

3. 发布范围不同

公告的发布范围比较大,是向国内外宣布重要事项或者法定事项,它面向全国,甚至全世界。通告的发布范围比较小,是向社会各有关方面公布应当遵守或周知的事项,它限定在特定的范围,内容指向特定的人群。

4. 发布方式不同

公告多刊登在报刊上,一般不用红头文件下发,也不公开张贴。通告可以刊登在新闻媒体上,也可以用红头文件下发,还可以公开张贴。

第七节 通　　知

一、任务导入

阅读下面材料,你认为写作会议通知还应添加哪些要素?

为了总结 2014 年全市旅游工作,部署 2015 年旅游工作任务,同时表彰全市旅游工作先进单位和先进个人。×市旅游局决定于 2015 年 5 月 8 日上午 9:30(星期四),在市平湖大酒店 2 楼 10 号会议室(××路××号)召开全市旅游工作会议。要求各县(市)、区旅游局长、星级饭店、旅行社、旅游景区、四星级以上乡村旅游点负责人,高等院校旅游系及旅游院校负责人,2014 年度旅游先进单位和先进个人参加会议。

二、范例分享

关于印发《20××年全国旅游教育培训统计基本情况》的通知

旅人函〔20××〕42 号

各省、自治区、直辖市旅游局:

现将《20××年全国旅游教育培训统计基本情况》印发你们,供开展旅游教育培训时参考。

希望各地切实加强与教育、统计部门及旅游院校之间的联系与沟通,不断完善旅游教育统计体系,进一步提高旅游教育统计的专业水平,并继续做好 20××年旅游教育培训有关数据的采集积累工作。

国家旅游局人事司
20××年 6 月 30 日

(资料来源:国家旅游局网站)

【提示】这是一则印发文件的通知。文章开头直陈所印发的文件名称和用途,接着提出希望和要求。内容简要,语言庄重。

西安市旅游局关于开展西安市旅游服务质量提升年活动的通知

市旅发〔20××〕21 号

各区县旅游局、各旅游经营单位:

为深入贯彻《国务院关于加快发展旅游业的意见》,落实《旅游服务质量提升纲要(20××—2015)》的要求,国家旅游局决定开展 20××全国旅游服务质量提升年活动。为此,我局制定了《20××西安市旅游服务质量提升年活动方案》。现将方案印发你们,希望各区县旅游局、各旅游企业根据工作实际,按照市局工作部署,统一思想,切实把开展质量年活动作为 20××年的一项重要工作抓紧抓好,逐步建立完善促进旅游服务质量提升的长效机制,为今后进一步提升旅游服务质量打下坚实的基础。

20××年 3 月 2 日

(资料来源:西安市旅游局网站)

【提示】这是一则指示性通知。全文一个自然段,分三层意思。首先说明行文目的和背景,接着说明工作的指导原则,最后提出希望和要求。全文条理清楚,规定具体,语言果断,具有约束力。

三、知识览要

1. 概念和种类

通知是批转下级机关公文,转发上级机关和不相隶属机关的公文,传达要求下级机关办理和有关单位需要周知或执行的事项,任免人员时使用的公文。

通知是所有行政公文中使用最广泛、使用频率最高的文种。通知的使用不受机关或组织性质、级别的限制,任何一级机关、企事业单位、社会团体,均可制发通知。通知的内容不受轻重繁简的限制,比较灵活、实用,无论重要决策,还是日常行政工作,都可以使用通知。

通知一般包括发布性通知、转发性通知、指示性通知、告知性通知、会议通知、任免通知等。

2. 写作格式和要求

通知一般由标题、主送机关、正文三部分组成。

1)标题

通知的标题一般采用"发文机关+事由+文种"的写法,如《国家旅游局关于进一步做好旅游涉外饭店星级评定工作的通知》。也可以采用"事由+文种"的写法,如《关于××等同志职务任免的通知》。一般事务告知性通知且使用范围很小的通知,也可只用文种名。

发布规章的通知,所发布的规章名称要出现在标题中,并使用书名号,如《国家旅游局关于转发国务院〈旅行社管理条例〉的通知》。批转和转发文件的公文,所转发的文件内容要出现在标题中,但不一定用书名号,如《宜昌市人民政府关于转发市旅游局 2008 年三峡国际文化旅游节系列活动方案的通知》。

2)主送机关

与其他公文不同,通知的主送机关通常较多,要注意主送机关排列的规范性。有的通知,如发布性通知,涉及范围广泛时,则可以省略主送机关。

3)正文

通知的正文由通知缘由、通知事项、执行要求三部分组成。

(1)通知缘由。发布指示、安排工作的通知,主要用来表述有关背景、根据、目的、意义等。批转、转发文件的通知,根据情况,可以在开头表述通知缘由,但多数以直接表述转发对象和转发决定为开头,无需说明缘由。发布规章的通知,一般是一段式,也不交代缘由。

(2)通知事项。通知事项是通知的主体部分,一般包括发布的指示、安排的工作、提出的方法、措施和步骤等,内容复杂的需要分条列款。

(3)执行要求。发布指示、安排工作的通知,可以在结尾处提出贯彻执行的有关要求,如无必要,或其他篇幅短小的通知,可以没有这部分。

撰写通知应注意,主题要集中,重点要突出,措施要具体,要讲求实效,不能贻误时机。

四、写作实训

根据对"任务导入"中材料的分析,在合理添加的基础上拟写一份会议通知。

第八节 通　　报

一、任务导入

阅读下面的材料,你认为批评性通报正文部分应分为哪几个层次?

山西工程职业技术学院借出境培训之机公款旅游:2014年3月至6月,山西工程职业技术学院分别由党委书记朱光和党委副书记、院长刘勇带领,分两批组织67名骨干教师和管理人员赴台湾科技大学培训。培训期间,未经有关部门批准,擅自增加3天时间,以文化参访名义到日月潭、故宫博物院、台北101大楼等景点旅游,两次用公款支付旅游费用共计21.6532万元。省纪委对未履行主体责任、违规延长在台湾停留时间的朱光、刘勇,分别给予党内严重警告处分;对负有领导责任的分管副院长陈清胜,给予其党内警告处分;对负有监督责任的党委委员、纪委书记徐旭宁,给予其党内警告处分。责令参与公款旅游人员全部退缴相关费用。

二、范例分享

关于旅游行业2015年度
全国(湖北省)青年文明号选评结果的通报

各市、州、直管市、神农架林区旅游局(委):

2015年,全省旅游行业的广大青年职工积极开展创建青年文明号的活动,努力提升旅游服务质量和水平,涌现出一批立足岗位无私奉献、弘扬良好职业道德、创造一流工作业绩的优秀青年集体。

今年年初,各地旅游行政管理部门根据国家旅游局、共青团中央和省旅游局、团省委的工作部署,按照《全国青年文明号活动管理办法》,会同当地共青团组织,对全省旅游系统全国青年文明号和湖北省青年文明号进行了认真选评和积极申报。日前,国家旅游局和共青团中央共同决定:命名孝感宾馆,同时继续认定长江轮船海外旅游总公司神州轮等21个青年集体为2015年度全国青年文明号;湖北省青年文明号活动组委会决定命名湖北省海外旅游(集团)有限公司旅游发展部等10个青年集体为2015年度湖北省青年文明号。

被命名为全国青年文明号和湖北省青年文明号的青年集体,是全省旅游行业广大青年集体的杰出代表和优秀典型。他们在平凡的岗位上创造了不平凡的业绩,在旅游服务工作中实现了自身价值,以过硬的本领、一流的服务和良好的信用赢得了旅游者的赞誉和社会好评,展示了新时期旅游行业青年职工积极向上、奋发进取、勇于奉献、开创新风的崭新风貌和青春风采。

希望获得全国青年文明号和湖北省青年文明号称号的青年集体珍惜荣誉、锐意进取、与时俱进,在加强基础管理、创新服务方式、提高服务质量、推动诚信旅游建设、为社会做贡献等方面充分发挥示范带头作用。

全省各级旅游行业管理部门要进一步加强与当地共青团组织的密切配合,共同加强对青年文明号活动的领导,积极组织开展向国家级和省级青年文明号学习的活动,并以此为契机,组织更多的青年集体参与创建活动,全面深化青年文明号创建工作,为推动旅游行业精神文明建设,促进我省旅游业又好又快发展做出新的更大贡献。

附件:
1. 湖北省旅游行业2015年度全国青年文明号名单
2. 湖北省旅游行业2015年度湖北省青年文明号名单

2016年4月9日

(资料来源:湖北旅游网)

【提示】这是一则情况通报。全文分为三层。第一层概述全省旅游行业的基本情况;第二层说明青年文明号选评情况和结果,并对先进集体进行勉励;第三层针对今后的工作提出了意见和要求。全文结构紧凑,层次分明,语言精练。

三、知识览要

1. 概念和种类

通报是国家机关、社会团体、企事业单位表彰先进、批评错误、传达重要精神或情况时使用的公文。

通报的内容必须真实、准确、可靠。反映的事物必须具有代表性和典型性,能起到感召、宣传、教育的作用。

通报一般分为表彰性通报、批评性通报和情况通报三种。

2. 写作格式和要求

通报一般由标题、主送机关、正文组成。

1) 标题

通报的标题,一般有四种写法:

一是采用公文标题的常规写法,即"发文机关+事由+文种",如《国家旅游局关于近期较大旅游安全事故的通报》。

二是由"事由+文种"组成,如《关于星级酒店卫生检查情况的通报》。

三是由"发文机关+文种"组成,如《广东省旅游局通告》。

四是只有文种名称,即《通报》。

2) 主送机关

一般通报都要写明主送机关,如果受文范围较广,可不写此项。

3) 正文

正文一般包括以下部分:

(1) 主要事实。主要写明典型事例的基本情况,包括时间、地点、人物、经过和情节、表现等,要求用概括精练的语言写清楚主要事实。

（2）分析实例的教育意义。着重指出通报事例的重要意义或严重后果，揭示其中实质性问题，从现象到本质加以分析。批评性通报要分析犯错误的原因，指出其严重性和危害性，以引起普遍重视，并提出处理意见及处分决定。有的表彰性通报要写出给予精神或物质奖励的决定。

（3）号召和要求。根据通报的精神要求如何去做，或者号召为什么目标而奋斗。

四、写作实训

根据"任务导入"中材料的分析，按照通报要求拟写一份批评通报。

知识链接

通知与通报的区别

1. 告知的内容不同

通知：告知的主要是工作的情况，以及共同遵守执行的事项。通报：告知正反面典型，或有关重要的精神或情况。

2. 目的要求不同

通知：要求受文机关了解要办什么事，该怎样办理，要求遵照执行。通报：主要是交流、了解情况，起教育宣传作用。

3. 表现方法不同

通知：主要是叙述，告知人们做什么，怎样做，叙述具体。通报：兼用叙述、分析和议论，有较强的感情色彩。

4. 其他

通知：事实尚未发生。通报：以事实作前提。通报事情的性质、范围大于通知。

第九节　会议纪要

一、任务导入

阅读下文，试分析其中存在的问题。

××市税务局市场征收工作经验交流大会纪要

××××年5月20日，××市税务局召开了"市场征收工作经验交流大会"，××副局长对去年6月1日农贸市场实行征税以来的工作进行了回顾总结，部署了今后工作。

××副局长在总结中指出，在各级党政领导重视支持和有关部门密切配合下，经过广大税务专管员的努力，取得了不少成绩：

一、运用税收经济杠杆，加强税收管理。（略）

二、初步探索、积累了一些行之有效的征收管理办法。(略)

三、在培养、锻炼新生力量方面迈出了可喜一步。

××副局长还号召市场税务专管员向一年来立功受奖的同志学习,拒腐蚀,永不沾。只有思想上筑牢一道防线,方能在种种糖衣炮弹面前立于不败之地。

最后,××副局长要求各单位进一步加强市场专管员的队伍建设,在思想、业务水平、工作经验上都有一个新提高;认真贯彻市委18号文件,密切与其他部门的配合,把整顿市场秩序的工作做好。

二、范例分享

海南省旅游协会第六次会长会议纪要
研究省旅游协会改革思路及工作等事宜

2015年4月23日下午,受省旅游协会会长××委托,省旅游委副主任、省旅游协会副会长××主持召开了省旅游协会第六次会长会议,研究省旅游协会改革思路及工作等事宜。省旅游委党组副书记、副主任××参加了会议并讲话。省旅游协会副会长兼秘书长××、海口旅游投资控股集团有限公司董事长××、海南中远博鳌有限公司总裁、××海南椰湾集团有限公司董事长××、海口旅行社协会会长××、三亚南山文化旅游区董事长××、海南省中国旅行社总经理××,以及海南陵水猴岛旅业发展有限公司、三亚天涯海角旅游发展有限公司、三亚湘投银泰度假酒店的代表出席了会议。省旅游协会副秘书长××、××、省旅游协会旅游景区分会秘书长××、旅行社分会秘书长××列席会议。会议议定如下:

一、关于省旅游协会的改革思路

会议对省旅游委党组副书记、副主任××在省旅游协会四届二次理事大会上讲话给予充分肯定,会议认为,根据国务院41、44号文件精神,结合我省的实际情况,××副主任关于省旅游协会改革的思路是正确的,筹备成立海南省旅游联合会是可行的,会议要求省旅游协会秘书处按照省旅游委的统一部署,把协会体制机制的改革创新作为今年的重要任务来抓,积极推进,并在认真调查基础上,研究制定改革的具体方案,报省里审批后实施。

二、关于协会的几项工作

1. 要抓紧整理××同志在省旅游协会四届二次理事大会上的讲话,及时印发给全省旅游企业及会员单位认真学习和贯彻落实。

2. 对省旅游协会四届二次理事大会提出今年的十项具体工作,协会秘书处要认真做好责任分工,并充分发挥行业分会职能作用,确保各项工作落实到位。

3. 省旅游协会单靠会员经费是不足以支撑发展的,还要积极争取政府的支持,同时要积极主动争取一些项目和活动,增加经费收入,加大协会自身造血功能。

4. 随着省旅游委转变职能,将逐步把一些具体工作下放给协会,因此协会工作任务将不断增多,要确实加强和充实秘书处的力量,确保协会各项工作能够有序有效开展。

2015年4月28日

(资料来源:海南省旅游协会网站)

【提示】这是一份工作会议纪要。开头介绍了会议主题、时间、地点、主持人和出席人。主体采用归纳分类法,省略会议讨论过程,突出议定事项及决议。全文条理清楚,概括完整。

三、知识览要

1. 概念和种类

会议纪要是记载和传达会议基本情况或主要精神、议定事项等时使用的公文。

会议纪要是根据会议的宗旨,综合会议议程,在会议记录的基础上整理出来的,具有指导性、纪实性、概括性等特点。会议纪要对上级可作为情况汇报,对下级可指导工作,对与会单位可作为开展工作的依据,要求共同遵守和执行,对友邻单位可起到互通信息的作用。会议纪要大致可分为办公会议纪要和专项会议纪要。

2. 写作格式和要求

会议纪要一般由标题、正文、落款和日期等组成。

1) 标题

会议纪要的标题一般由会议名称和文种构成,如《全国旅游工作会议纪要》。也有的会议纪要采用正、副标题的形式。一般情况下,正题阐述会议的主要精神、意义,副题交代会议名称、文种。如:《以人为本,充分发挥员工的积极性——××旅游公司关于加强人力资源管理工作座谈会纪要》。

会议纪要是一种正式的公文,其标题必须写明确,不能仅以"会议纪要"为题。

2) 正文

会议纪要的正文一般由以下部分组成:

(1) 开头。简要介绍会议的基本情况,包括会议的目的、时间、地点、参加人、主持人、会期、形式、主要议程和议题、会议的结果等。然后一般用"现纪要如下"等套语转入主体。

(2) 主体。主要反映会议情况和会议结果。要把会议的基本精神,特别是会议形成的决定、决议,准确地概述清楚。这部分常见的写法有以下几种。

第一,综合概述法。即把会议的发言内容、讨论情况综合到一起,概括叙述出来。

第二,归纳分类法。即把会议的内容整理、归纳成几个问题扼要地阐述出来,突出会议中心。

第三,发言摘要法。即按与会者发言的顺序,写出每个人发言中的主要意见,客观地反映每个人的意见和不同看法。

(3) 结尾。即结束语,一般是向收文单位提出希望、号召和要求,有的会议纪要没有结尾部分,主体写完就结束全文。

3) 落款和日期

落款只用于办公会议纪要。一般会议纪要可不署名,只写成文时间,加盖公章。

四、写作实训

试结合"任务导入"中病文的分析,写出修改稿。

第十节 函

一、任务导入

阅读下文,试分析其中存在的问题

函

××酒店:

兹有我校酒店管理专业学生毕业实习即将开始。经研究分配2015届酒店管理1班学生到贵酒店实习,望能妥善安排。

可否,请迅速回复。

××职业技术学院旅游管理学院
2015年10月25日

二、范例分享

关于征集"传承农耕文化促进乡村旅游"论文的函

各有关单位和专家:

  土地养育了人民,农耕孕育了文化。农耕文化是中国传统文化的重要组成部分,它贯穿中国传统文化的始终。时至今日,农耕文化的许多理念和对自然规律的认知,在现代农业生产和人们生活中仍具有现实意义。农耕文化在维系生物多样性、保障食品安全、促进资源持续利用、传承民族文化、保护独特景观、促进乡村旅游等方面具有重要价值。农耕文化对于保持和传承民族特色、地方特色、传统特色,改善和保护生态环境,促进社会和谐等方面发挥着十分重要的基础作用。保护、传承、利用农耕文化,将对繁荣农村文化、生态环境保护、发展休闲农业、推动乡村旅游、促进农民就地就近转移就业,以及推进城镇化和新农村建设起到积极的作用。

  为总结推广各地传承农耕文化,发展休闲农业,促进乡村旅游的做法和经验;为配合由农业部、文化部、江苏省人民政府共同支持,农业部农村社会事业发展中心、江苏张家港市人民政府承办的"2015年中国(张家港·永联)农耕文化节"等活动,2015年中国(张家港·永联)农耕文化节组委会决定组织开展"传承农耕文化促进乡村旅游"论文征集活动。现将有关事宜通知如下:

一、论文主题

  为满足更多的专家学者、大专院校、研究单位,以及各级农业等主管部门的领导广泛参与本次征文活动,论文征集拟定两个主题,分别是传承农耕文化与促进乡村旅游、推进城镇化与新农村建设。请结合各自的工作实践、理论研究,把你们的真知灼见、独到见解跃然纸上,使我们"奇文共欣赏、疑义相与析"。

二、论文组织与投稿要求

1. 论文应具有学术性、创新性和逻辑性;要求论文论点明确,论据确凿,文字简练,字数一般以 3000~5000 字为宜。

2. 论文一律使用 word 排版,报送时请注明作者姓名、单位、职务、通信地址、邮编、联系电话及电子信箱,并保证文章版权的独立性,严禁抄袭,文责自负。

3. 论文投稿截止日期为 2015 年 7 月 30 日,以电子版发至农业部农村社会事业发展中心,电子信箱:kaifa@agri.gov.cn。

三、论文汇编

我们将遴选出的论文汇编并印刷,作为"2015 年中国(张家港·永联)农耕文化节"参阅资料发送。寄送论文作者(或单位)均可获赠论文集,还将评选优秀论文、颁发证书,并选择部分作者作为特邀嘉宾参加 2015 年中国(张家港·永联)农耕文化节。

四、联系方式

联系单位:农业部农村社会事业发展中心

联系人:××× ×××

通信地址:北京市朝阳区麦子店 18 号楼(100125)

联系电话:010—59194278　010—59195047　010—65956459

传真:010—65956459

2015 年中国(张家港·永联)农耕文化节组委会
农业部农村社会事业发展中心(代章)
2015 年 5 月 14 日

(资料来源:福建农业信息网)

【提示】这是一则告知函。正文分为两层。一是告知征文缘由和目的;二是告知征文事项,通过简要叙述告知对方有关征文事项的具体内容及要求。全文层次清楚,行文简洁,格式规范。

国家发展改革委关于推进云南旅游产业改革发展有关问题的复函

云南省人民政府:

你省《关于云南省旅游产业发展和改革规划纲要的请示》(云政发〔2014〕236 号)收悉。经研究,现函复如下:

一、你省组织开展旅游业综合改革试验,先行试验一些重大的改革发展措施,对推动旅游产业实现科学发展具有重要意义。原则同意《云南省旅游产业发展和改革规划纲要(2014—2021)》,对其中财税、金融、对外开放和国家公园、外商独资合资旅行社等涉及国家层面的政策措施,建议你省与有关部门逐一协商、个案解决。

二、推进云南旅游业综合改革试验,要以邓小平理论和"三个代表"重要思想为指导,深入贯彻落实科学发展观。要进一步解放思想,推进改革开放,突出发展特色,优化发展环境,争当生态文明建设的排头兵,妥善处理好开发建设与环境保护、政府引导与市场配置资源基础性作用的关系,率先建立与社会主义市场经济体制相适应的旅游业管理体制和运行机制,用新思路、新体制、新机制推动云南旅游产业不断提高综合实力、创新活力和竞争能力,充分发挥旅游产业在推动云南经济社会又好又快发展中的特殊重要作用。

三、认真做好推进云南旅游业综合改革试验各项工作。要制定具体试验方案和政策措施,健全工作机制,落实工作责任。对旅游业改革发展中出现的新情况新问题,要及时统筹研究,提出相应对策,工作推进中的有关重大问题及时与我委沟通。我委将云南省作为推进改革试验工作联系点,加强对云南旅游业综合改革试验工作的指导和协调,加快推进旅游业体制改革和科学发展。

国家发展和改革委员会
2015 年 4 月 27 日

(资料来源:国家发展和改革委员会网站)

【提示】这是一则答复函。正文开头引述对方来函标题和发文字号。接着以"经研究,现函复如下"承上启下。主体针对来函进行答复并提出相关建议。文章针对性强,态度明确,行文规范。

三、知识览要

1. 函的概念

函是不相隶属机关之间商洽工作,询问和答复问题,请求批准和答复审批事项时使用的公文。函是行政公文中唯一的平行文。

2. 函的种类

根据不同的分类方法,可以将函分成不同的种类。

1) 发函和复函

根据行文方向,函可分为发函和复函。主动发函一方制发的函为发函,回复对方来函的函称为复函。一般情况下,对方发来的是函,回复的也应该是函。但是,上级机关发函向下级机关询问有关情况,下级回复时应使用报告。

2) 公函与便函

根据行文是否郑重和规范,函可分为公函和便函。公函是正式的公文,要严格按照公文格式撰写制作。便函不属于正式公文,格式可以比较随意,没有文件头,没有发文字号,甚至可以没有标题。但正文之后,要有署名、日期和公章。本章介绍的是作为正式文件的公函。

3) 商洽函、询问函、答复函和请批函

根据内容、性质、用途的不同,函可以分为商洽函、询问函、答复函、请批函等。

3. 函的写作格式和要求

函一般由标题、主送机关和正文构成。

1) 标题

函的标题通常采用"发文机关+事由+文种"的写法,要写明是"函",还是"复函"。如《上海葛洲坝国际旅游公司关于委托三峡旅游职业技术学院举办导游培训班的函》。

也可以采用"事由+文种"的写法,如三峡旅游职业技术学院制发的《关于为上海葛洲坝国际旅游公司举办导游培训班的复函》。

2) 主送机关

写明受函单位名称,一般是明确、单一的。如涉及多个部门,则要注意排列规范。

3）正文

函的正文一般由以下几部分构成。

（1）开头。主要说明发函的根据、目的、缘由等。如果是复函，则先引用对方来函的标题、发文字号，然后再交代根据，说明缘由。这部分结束时，常用"现将有关情况说明如下"、"现就有关问题函复如下"等套语转入主体。

（2）主体。写明所商洽、询问、请示或答复的具体内容，要求明确具体，条理清晰。同时，要注意用语的分寸，因为平行文，语言要平和礼貌，但要避免阿谀逢迎。

（3）结尾。通常向对方提出希望或请求。最后，另起一行以"特此函商"、"特此函询"、"特此函告"、"特此函复"、"以函复为盼"、"请即复函"等套语收束。

（4）落款和日期。

四、写作实训

试结合"任务导入"中病文的分析，写出修改稿。

知识链接

不一样的行政公文——函

与所有行政公文不同的是，函既可以用于平级之间的往来，也可以用于不相隶属关系的单位之间，还可以用于上下级之间，函的行文关系十分灵活。

函用于不相隶属单位之间商洽工作、询问和答复问题时，体现着沟通双方的平等关系。即使是向有关主管部门请求批准，其行文的措辞、口气也跟请示和批复大不相同，所以函具有平等性特点。

函对发文机关的资格要求很宽松，高层机关、基层单位、党政机关、社会团体、企事业单位，均可发函，函的内容和格式也比较灵活，所以函的使用又具有广泛性特点。

我们要掌握好函的性质特点和写作要求，努力做到在工作中正确、自如地使用它。

本章练习

一、知识训练

1. 怎样理解公文的基本含义？
2. 常见的公文分类方法有哪些？
3. 简述公文写作的基本要求。
4. 简述公文正文的结构。
5. 什么是公文的行文规范？它包括哪几个方面？
6. 批评性通报的正文一般应包括哪些内容？
7. 批复与复函有什么区别？
8. 写作会议纪要时应注意哪些事项？

二、能力训练

1. ××职业学院,经过一年多的努力,已基本具备了招收"旅游英语"专业学生的条件,决定向省教育厅申报成立"旅游英语"专业,并拟于明年开始招生,请你为该院拟定一份请示。

2. ××旅游公司因业务发展需要,拟从××学院挑选5名应届毕业生充实管理队伍。请以该公司名义,拟一份致××学院商洽此事的函。具体内容(如对毕业生的要求、办理办法等)可作合理想象。

3. ××市民警张军、李明为保护人民生命财产,与持枪歹徒搏斗,身负重伤,省公安厅为此做出表彰决定,并授予他们"优秀人民警察"称号。请代省公安厅起草该决定。

4.《谏逐客书》是李斯写的奏章。题目中的"书",指的是古时候的奏章,相当于今天行政公文中的报告类,属于上行文。请阅读这篇古代公文并进行赏析。

秦宗室大臣皆言秦王曰:"诸侯人来事秦者,大抵为其主游间于秦耳,请一切逐客。"李斯议亦在逐中。

斯乃上书曰:"臣闻吏议逐客,窃以为过矣!

"昔穆公求士,西取由余于戎,东得百里奚于宛,迎蹇叔于宋,求邳豹、公孙支于晋,此五子者,不产于秦,而穆公用之,并国二十,遂霸西戎。孝公用商鞅之法,移风易俗,民以殷盛,国以富强,百姓乐用,诸侯亲服,获楚、魏之师,举地千里,至今治强。惠王用张仪之计,拔三川之地,西并巴、蜀,北收上郡,南取汉中,包九夷,制鄢、郢,东据成皋之险,割膏腴之壤,遂散六国之纵,使之西面事秦,功施到今。昭王得范雎,废穰侯,逐华阳,强公室,杜私门,蚕食诸侯,使秦成帝业。此四君者,皆以客之功。由此观之,客何负于秦哉!向使四君却客而不内,疏士而不用,是使国无富利之实,而秦无强大之名也。

"今陛下致昆山之玉,有随和之宝,垂明月之珠,服太阿之剑,乘纤离之马,建翠凤之旗,树灵鼍之鼓。此数宝者,秦不生一焉,而陛下悦之,何也?必秦国之所生而然后可,则是夜光之璧不饰朝廷,犀象之器不为玩好,郑、卫之女不充后宫,而骏马駃騠不实外厩,江南金锡不为用,西蜀丹青不为采。所以饰后宫、充下陈、娱心意、悦耳目者,必出于秦然后可,则是宛珠之簪、傅玑之珥、阿缟之衣、锦绣之饰不进于前,而随俗雅化、佳冶窈窕,赵女不立于侧也。夫击瓮叩缶、弹筝搏髀而歌呼呜呜快耳者,真秦之声也。郑、卫、桑间,韶虞、武象者,异国之乐也。今弃击瓮叩缶而就郑、卫,退弹筝而取韶虞,若是者何也?快意当前,适观而已矣。今取人则不然,不问可否,不论曲直,非秦者去,为客者逐。然则是所重者在乎色乐珠玉,而所轻者在乎人民也。此非所以跨海内、制诸侯之术也。

"臣闻地广者粟多,国大者人众,兵强则士勇。是以泰山不让土壤,故能成其大;河海不择细流,故能就其深;王者不却众庶,故能明其德。是以地无四方,民无异国,四时充美,鬼神降福,此五帝、三王之所以无敌也。今乃弃黔首以资敌国,却宾客以业诸侯,使天下之士,退而不敢西向,裹足不入秦,此所谓借寇兵而赍盗粮者也。夫物不产于秦,可宝者多;士不产于秦,而愿忠者众。今逐客以资敌国,损民以益仇,内自虚而外树怨于诸侯,求国之无危,不可得也。"

秦王乃除逐客之令,复李斯官。

第七章　旅游社交活动类应用文

 项目目标

通过本章学习,应当达到以下目标。

知识目标

了解旅游社交活动过程中各类应用文的概念、特点、种类、作用及写法,能用其指导申请书、求职信、演讲稿、欢迎词、答谢词和欢送词的写作活动,规范其相关技能活动。

能力目标

运用本章文种知识研究相关案例,培养与"旅游社交活动"相关的应用文写作情境中分析问题与解决问题的能力;通过写作实训,掌握申请书、求职信、演讲稿、欢迎词、答谢词和欢送词的写法。

素质目标

结合本章教学内容,依照社交礼仪的规范,能灵活运用申请书、求职信、演讲稿、欢迎词、答谢词和欢送词为开展旅游社交活动服务。

第一节 申请书

一、任务导入

峡州旅行社员工黄宏长期与妻子分居。最近母亲病重,儿子又面临中考,妻子一人难以承担。因此,黄宏想回到在家乡的分社工作。你能代黄宏拟写一份调动工作的申请书吗?

二、范例分享

工作调动申请书

尊敬的领导:

我于20××年来到×××工作,因本人工作的×××离家较远、经常出差等原因,导致小孩年幼无法照顾,特向领导提出申请,将本人调到离家较近的×××工作。

20××年我与在××上班的爱人结婚。20××年我们在××西路北坛花园小区购置了房屋。我的父母在××居住,爱人的父母在××居住,均因年事已高,不能来此与我们一起居住,不能给我们提供任何帮助。我们的儿子今年1岁,因为丈夫从事跑外工作,无暇顾及家庭,教养儿子及家务劳动,都由我独自承担。因我们家至×××较远,路上需要两个小时,长期以来,我一直在单位与家庭间奔波,疲倦之极,实在难以支撑。给我的生活带来了诸多困难,也影响了我的工作。为解决家庭实际困难,免除后顾之忧,更好地投身工作,我希望就近调入社区工作。

请领导批准。

此致

敬礼!

申请人:×××
20××年×月×日

(资料来源:http://www.mian4.net/shenqingshu/sqsfw/55787.html)

【提示】这是一份关于调动工作的申请书。申请的事项清楚具体,理由充分,语言得体,符合申请书的写作要求。

三、知识览要

申请书是个人、单位、集体向组织、领导提出请求,要求批准或帮助解决问题的专用书信。申请书的使用范围广泛,申请书也是一种专用书信,它同一般书信一样,也是表情达意的工具。申请书要求一事一议,内容要单纯。不同的对象有不同的申请书,常见的有入团申请书、入党申请书等。

申请书的使用范围相当广,种类也很多。按作者分类,可分为个人申请书和单位、集体公务申请书。

1. 申请书的特点

1）申请书请求的特性

"申请"顾名思义是申述自己的理由有所请求的意思。无论是个人在政治生活上入团、入党的申请，或者个人、单位在其他方面的申请，均是一种请求满足要求的一种公用文书。所以请求的特性是申请书的一个根本特性。

2）申请书采用书信体格式

申请书是一种专用书信，因此它也必须按照书信的格式来行文。内容因要求不同而不同，形式都基本保持不变。

3）申请书是个人向组织、下级向上级的行文方式

这是申请书的性质所决定的。所以申请书在语言的使用上，语言的选择上均需符合这种下对上的行文标准。

2. 申请书的格式

一般分为标题、称谓、正文、结尾、署名和日期五个部分。

1）标题

有两种写法，一是直接写"申请书"，另一是在"申请书"前加上申请的内容。

2）称谓

顶格写明接受申请书的单位、组织或有关领导，如"尊敬的校领导"。

3）正文

正文部分是申请书的主体，首先提出要求，其次说明理由。理由要写得客观、充分，事项要写得清楚、简洁。

4）结尾

写明惯用语"特此申请"、"恳请领导帮助解决"、"希望领导研究批准"等，也可用"此致""敬礼"礼貌用语。

5）署名、日期

个人申请要写清申请者姓名，单位申请写明单位名称并加盖公章，注明日期，如：

学生：×××
××××年××月××日

四、写作实训

指出下列申请书在格式和内容方面存在的问题并改正。

岗位调动申请书

我叫×××，于××××年××月份进入×××工作至今。现想申请调动从现在的×××岗位到×××岗位。

在×××工作×年多的时间里，我都是在××岗位工作，不但学到了较多的专业知识，更是培养了我吃苦耐劳、勇于接受挑战的精神，还使我学到了更多做人的道理。在此，感谢领导对我的培养，感谢同事们对我的帮助。

本人现为了学到更多的知识，为了未来能够更好地展开工作，更好地为×××服务，非常渴望到×××岗位进行锻炼。

我很喜欢×××的工作氛围和工作环境，以及造人、树人、重视培养年轻人的理念。我很喜欢这份工作，或许没有××工作经验是我最大的不足之处，但这也是我最大的前进

动力,我会努力学习,我相信,在×××的培养和我的勤奋努力下,我会在新的工作岗位做得更加出色的。

此事关系到我的切身利益,务必批准!

此致敬礼!

申请人:×××
××××年××月××日

知识链接

入党申请书

入党申请书的基本内容和写法如下:

1. 标题

一般写"入党申请书"或"入党申请"。

2. 称谓

申请人对党组织的称呼,如"敬爱的党组织"或"敬爱的×××党支部"等,顶格写在第一行,后面加冒号。

3. 正文

这是入党申请书的关键部分,主要包括三方面内容:一是对党的认识和要求入党的动机,也就是为什么要入党。对党的认识,主要是对党的性质、纲领、奋斗目标、宗旨、党的路线、方针、政策的认识;入党动机,就是参加中国共产党的目的,即为什么要加入党组织。写这部分要联系自己的思想实际,可以写通过学习党的基础知识、听了党课、参加了有意义的活动以后的思想演变过程,以及思想认识上有什么提高等。二是个人履历(学历和工作经历)、家庭成员和主要社会关系的情况。如果本人家庭成员和主要社会关系中,有人有政治历史问题、或者犯过什么错误、或受到过刑事处分的,都要写清楚并表明自己的态度,以便让组织上了解。三是自己的优缺点和今后的努力方向。即个人在政治、思想、学习、工作、作风、纪律等方面的主要表现,特别是对自己存在的缺点和不足要敢于指出,并向党组织表明改正的决心和努力方向,以及如何以实际行动争取入党。

4. 结尾

入党申请书的结尾,一般可写"请党组织在实践中考验我",或"请党组织看我的实际行动"等作为正文的结束。正文写完之后,加上"此致、敬礼"等用语,亦可不写。

5. 署名和日期

入党申请书写完后,要署上申请人的姓名,申请时间,以示郑重。

6. 最好将正文中关于"个人履历"、"本人家庭成员和主要社会关系"部分单独写成《本人自传》。

自传的内容主要包括:姓名、出生年月、家庭出身、本人成分、个人履历,家庭主要成员及社会关系的姓名、政治面貌、职业及工作单位。本人的政治历史情况(如受到的奖励、处分等),对重要情节要提出证明人。

第二节 求职信

一、任务导入

某市平湖旅行社招聘导游、会计若干,假如你是某校导游专业的应届毕业生,请结合专业实际拟写一封求职信。

二、范例分享

求 职 信

尊敬的××公司总经理先生:

  首先,为我的冒昧打扰向您表示真诚的歉意。在即将毕业之际,我怀着对贵公司的无比信任与仰慕,斗胆投石问路,希望能成为贵公司的一员,为贵公司服务。

  我是××职业技术学院计算机软件专业××级学生,将于今年7月毕业。在大学学习期间,我努力学习各门基础课及专业课,并取得了良好的成绩(见附表),英语已通过六级考试(见附件)。本人不仅能熟练掌握学校所教课程的有关知识(程序设计、AutoCAD R14、Frontpage98、C语言等),而且还自学了 PhotoShop5.0、DMAX2.5、Visual Foxpro 等,专业能力强,曾获学校计算机软件设计比赛一等奖。

  作为新世纪的大学生,我非常注意各方面能力的培养,积极参加社会实践,曾在平安保险做过业务员,在肯德基做过星级训练员,还在龙腾信息有限公司做过网络技师,爱好广泛,有责任感,能吃苦耐劳。

  本人期盼能成为贵公司的一员,从事计算机服务等工作。诚然我尚缺乏丰富的工作经验,如果贵公司能给我机会,我会用我的热情、勤奋来弥补,用我的知识、能力来回报贵公司的赏识。

  盼望您能给我一次面试的机会。随信附上简历、英语等级证书、获奖证书等。

  通信地址:××××××

  此致

敬礼

××敬上
电话:××××××
2015年12月5日

(资料来源:http://wenku.baidu.com/view/25810560783e0912a2162aa9.html)

【提示】这封求职信正文导言谦恭有礼,说明"投石问路"的缘由。主体分为三部分:第一部分介绍自己的学业情况,重点介绍了自己的学习成绩和自学能力;第二部分突出写自己注重参加社会实践,特别自评了自己的爱好、责任感和吃苦耐劳精神;第三部分用恳切的言辞表达了自己的求职愿望和决心。附件为信函提供了旁证。全文情辞恳切,谦恭得体,不卑不亢,值得借鉴。

三、知识览要

求职信是欲就业或欲转新岗位的人向用人单位申请职位的信件。目的是让对方了解自己、相信自己、录用自己,它是一种私人对公并有求于公的信函。

1. 求职信的功能

1) 沟通交往,意在公关

求职信是沟通求职者和用人单位之间的桥梁。通过一定的沟通,在相互认识、交流的基础上,实现相互的交往,是求职信的基本功能。实现交往,求职者才可能展示才干、能力、资格,突出其实绩、专长、技能等优势,从而得以录用。因此,求职信的自我表现力非常明显,带有相当的公关要素与公关特色。

2) 表现自我,求得录用

实现自己的求职目的,就要求必须充分扬长避短,突出自我优势,在众多的求职者中脱颖而出,以自己的某些特长、优势、技能等吸引用人单位。表现自我,求得录用,也是求职信的又一基本功能。

2. 求职信的目的和作用

求职信起到毛遂自荐的作用,好的求职信可以拉近求职者与人事主管(负责人)之间的距离,从而获得面试机会。

求职信是自我表白,其目的和作用是要让人事主管看,而因人事主管有太多的求职信函要看,因此好的求职信应简明扼要。

3. 求职信的格式、内容及写作要求

求职信的格式主要有称谓、正文、结尾、附件、署名、成文时间几部分。

1) 称谓(对受信者的称呼)

称谓写在第一行,要顶格写受信者单位名称或个人姓名。单位名称后可加"负责同志";个人姓名后可加"先生"、"女士"、"同志"等。在称谓后加冒号。

求职信不同于一般私人书信,受信人未曾见过面,所以称谓要恰当,郑重其事。

2) 正文

正文要另起一行,前空两格开始写求职信的内容。正文内容较多,要分段写。

第一,写求职的原因。首先简要介绍求职者的基本个人情况如:姓名、年龄、性别等。接着要直截了当地说明从何渠道得到有关信息以及写此信的目的。如:"我叫李民,现年22岁,男。是一名财会专业的大学本科毕业生。从报上我看到贵公司招聘一名专职会计人员的消息,不胜喜悦,以本人的水平和能力,我不揣冒昧地毛遂自荐,相信贵公司定会慧眼识人,会使我有幸成为贵公司的一名会计人员。"这段是正文的开端,也是求职的开始,介绍有关情况要简明扼要,对所求的职位,态度要明朗。而且要吸引受信者有兴趣将你的信读下去,因此开头要有吸引力。

第二,写对所谋求的职位的看法以及对自己的能力客观公允的评价,这是求职的关键。要着重介绍自己应聘的有利条件,要特别突出自己的优势和"闪光点",以使对方信服。如:"我于1996年7月毕业于东北财经学院财会专业。毕业成绩优秀,在省级会计大奖赛中,获得'能手'嘉奖(见附件),在海南金融杂志上发表过多篇学术论文(见附件)。我在有关材料上看到过关于贵公司的情况介绍,我喜欢贵公司的工作环境,钦佩贵公司的敬业精神,又很赞赏贵公司在经营、管理上的一整套的切实可行的规章制度。这些均体现了在当前改革开放的经济大潮中,贵公司的超前意识。我十分愿意到这样的环境中去艰苦拼搏,更愿为贵公司贡献我的学识和力量。我相信,经过努力,我会做好我的工作。"写这段内容,语言要中肯,恰到好处;态度要谦虚诚恳,不卑不亢,达到见字如见其人的效果。要给受信者留下深刻印象,进而相信求职者有能力胜任此项工作。这段文字要有说服力。

第三,向受信者提出希望和要求。如:"希望您能为我安排一个与您见面的机会"或"盼望您的答复"或"敬候佳音"之类的语言。这段属于信的内容的收尾阶段,要适可而止,不要啰唆,不要苛求对方。

3)结尾

另起一行,前空两格,写表示敬祝的话。如:"此致"之类的词,然后换行顶格写"敬礼",或祝"工作顺利"、"事业发达"等词语。这两行均不点标点符号,不必过多寒暄,以免画蛇添足。

4)署名和日期

写信人的姓名和成文日期写在信的右下方。姓名写在上面,成文日期写在姓名下面。姓名前面不必加任何谦称的限定语,以免有阿谀之感,或让对方轻看你的能力。成文日期要年、月、日俱全。

5)附件

有说服力的附件是对求职者的鉴定的凭证。所以求职信的附件是不可忽视的组成部分。

附件可在信的结尾处注明。如:附件(一)×××××××;(二)×××××××;(三)×××××××……然后将附件的复印件单独订在一起随信寄出。附件不需太多,但必须有分量,足以证明求职者的才华和能力。

同时还要附上求职者的详细地址、电话号码、邮政编码等,以便用人单位回复。

4. 求职信的写作原则和技巧

语气自然:语言和句子要简单明了。写信就像说话一样,语气可以正式但不能僵硬。语言直截了当。

通俗易懂:写作要考虑读者对象的知识背景,不要使用生僻词语、专业术语。

言简意赅:在重点突出、内容完整的前提下,尽可能简明扼要,切忌面面俱到。

具体明确:不要使用模糊、笼统的字眼;多使用实例、数字等具体的说明。

四、写作实训

结合"任务导入"写一封求职信。

> **知识链接**
>
> **毕业生求职信的四个误区**
>
> 通过写信求职是一种常见方式,但必须避免以下四种失误以提高求职命中率。
>
> 1. 不够自信,过于谦虚
>
> 求职者应当在信中强调自己的强项,即使不可避免地要说明自己的弱项,也没有必要那么坦率。
>
> 2. 主观意愿,推理不当
>
> 许多求职者为了取悦于招聘单位,再三强调自己的成绩,而不知有关经验与能力对职位的重要性。
>
> 3. 语气过于主观
>
> 对于招聘单位来讲,他们大都喜欢待人处世比较客观与实际的人,因而求职者在信中应尽量要避免用"我认为"、"我觉得"、"我看"、"我想"等字眼。
>
> 4. 措词不当,造成反感
>
> 写求职信最忌用词不当,例如:有我这样的人才前来应聘,你们定会大喜过望。对方看到这样的词语,怎么会不反感呢?

第三节 演 讲 稿

一、任务导入

文明旅游,是提高社会文明程度、促进社会和谐、形成良好社会风尚的有效途径。为促进我国旅游事业健康发展,提高人民群众的旅游文明素质,请围绕"文明旅游"这一主题,谈谈演讲稿的写法。

二、范例分享

旅游安全生产演讲稿

尊敬的各位领导、同事们:

随着国家经济的快速发展和社会生活水平的不断提高,以及交通条件的不断完善,外出旅游已经成为人们日常生活中不可缺少的一部分,我国的旅游业进入了一个蓬勃发展的时期。然而,旅游活动的增多也使旅游安全事故发生的概率增大,旅游安全问题逐渐成为社会各界日益关注的焦点。

安全是旅游业发展的基础,它不仅是旅游活动顺利发展的保障,也是旅游业发展的前提。旅游业是个综合性的产业,它涉及很多社会部门和行业,旅游活动又包含了食、住、行、游、购、娱六大方面，涉及社会生活的方方面面，可以说现代旅游业由于各种社会的和自然的因素影响，潜藏着许多危险和不安全因素，旅游行业和旅游活动的各个环节中都可能存在着潜在的旅游风险。旅游安全问题产生后，会通过各种媒介影响到潜在旅游者，影响潜在旅游者对目的地的决策行为。

如今这个社会，"安全"这两个字已经被很多人所忽略，因为社会竞争日益激烈，人们为了利益已经无法去想别的东西。所以，现在我们经常会在电视上、报纸上、网络上看到很多意外事故的发生，而这其中很多是因为人们缺乏安全知识造成的。惨痛的教训，血的代价，让我们不得不重视安全生产，不得不参与到安全生产的工作中，请你千万不要忽略安全，请你珍爱生命。因为生命的可贵，不容忽视。它与安全密不可分。

为了更好地避免和处理旅游安全问题，我们可以做出以下五个对策。

（一）完善旅游安全法规

目前，虽然旅游安全问题已经引起了人们的关注，国家和地方也相继出台了各种相关法规，但是我国的旅游法制还不完善，对安全问题只是做出了原则性的指导和规定，在处理旅游安全的相关问题上还存在着很多空白处。旅游安全法规是旅游安全得到保障的基础，完善的旅游安全法规是旅游业顺利、平稳发展的保障和前提。

（二）建立旅游安全预警系统

旅游安全不仅仅考虑与人们生命财产直接相关的安全问题，还应涵盖旅游资源安全、旅游环境安全等内容，准确、及时的预警信息能有效减少国家经济损失，确保人们生命财产安全，从某种意义上说对危险事故的预警也是一种安全。旅游安全预警就是在安全事故发生之前，通过科学指标，对未来特定的一段时间，一定旅游区域内的旅游动向进行预测和引导，使旅游效果达到最佳。

（三）建立旅游急救系统

建立一个完善的旅游安全急救系统，以救援指挥中心为核心统一策划旅游安全急救工作，一旦发生旅游安全事故，各方面能够快速、有序地开展工作，发挥集体的力量，顺利地解决问题。

（四）加强旅游从业人员培训

旅游业属于劳动密集型产业，相对于其他产品，旅游产品有无形性、生产和消费的同时性、不可储存性、异质性的特点。这些特点决定了旅游产品的质量在很大程度上是由旅游从业人员的即时表现来决定的。如果旅游从业人员没有掌握足够的基本安全知识，或是在旅游活动过程中不按有关规定行事，就会大大增加旅游安全事故发生的可能性。因此，旅游企业和旅游有关部门应按照国家有关规定定期对旅游从业人员进行培训，提高他们的安全知识水平和安全防范意志，强化他们在旅游活动过程中严格按照规章制度工作的意识，将安全事故的发生扼杀在萌芽阶段。

（五）加大旅游安全的宣传教育

针对近年来出现的诸多安全事故，旅游企业及旅游有关部门应加大旅游安全的宣传教育，增加人们对旅游活动过程中潜在危险的了解，提高社会大众的自我保护意识。

生命如歌，就要吟出激越，生命如歌，就要走向辉煌。当我们沐浴明媚的阳光时，当我们肆意地享受雨露时，当你我都为拥有生命而欣慰时，我们要感谢安全为此营造的氛围，感谢安全的呵护。因此，我们要从现在做起，从自身做起，让安全意识扎根脑海，贯彻于我们的工作中,让安全的警钟长鸣,让生命之花灿烂,绽放!让我们高喊:"生命诚可贵,安全价更高!"

谢谢大家!

(资料来源:http://wenku.baidu.com/view/d446bd66f5335a8102d2206c.html)

【提示】本文目的明确、逻辑严密、语言通畅,结构上条理清晰,语言上通俗易懂、生动活泼,同时,感情真挚,是一篇值得学习的演讲稿。

三、知识览要

1. 演讲稿的概念和种类

演讲稿是在公众集会或一定场合上发表个人见解的口头演讲的文稿,也称讲演稿或演说词。它是人们在社会活动中一种常用的应用文体。演讲稿通过讲话人的演讲,充分表达出讲话人的立场、观点、思想、情感,具有较强的宣传和鼓动作用。

演讲稿按不同的划分标准可分为不同的种类。按性质分,有宣传性演讲稿、工作性演讲稿、辩论性演讲稿和吊唁性演讲稿等。按内容分,有政治性演讲稿、经济性演讲稿、军事性演讲稿、外交性演讲稿、学术性演讲稿和社会礼仪性演讲稿等。按形式分,有个人演讲稿、多人辩论性演讲稿。按文种分,有贺词、祝酒词、欢迎词、欢送词、解说词、悼词等。现常常按演讲的要求和性质,把演讲稿分为即席演讲稿、专题演讲稿和报告演讲稿三种。

2. 演讲稿的特点

1) 目的明确

演讲稿的主题应是社会关注的问题,立场观点鲜明,能引起听众的兴趣。因此应根据不同的对象、不同的场合,为听众设计不同的演讲内容,选择不同的演讲方法。

2) 逻辑严密

演讲稿的结构特点是条理清晰而又环环紧扣,前后照应,所讲的道理层层深入,具有内在的逻辑性。

3) 语言通畅

演讲稿的语言特点是通俗晓畅,生动活泼。因为演讲稿不是通过阅读来领略其中的情味,而是要诉诸演讲者的口头表达。因此它必须以易说能讲、上口入耳为前提。一篇好的演讲稿,对演讲者来说,要讲起来顺口;对听众来说,要悦耳动听。要做到这点,应多用通俗易懂的口语、短句,少用修饰语过多的长句、书面语,把书面语转换为口头语,化专业语汇为通俗语汇,把一本正经的内容用生动活泼的语言说出来;多用比喻、俗语,使人一听就懂,就明白;多用整齐的句子,如排比句、对偶句,少用长短悬殊的句子;多用响亮的平声字,少用短促的仄声字。总之,演讲稿的语言要流畅、生动、易懂,让听众能听得津津有味。

4) 感情真挚

演讲稿要讲究艺术性,要言之有物,言之有理,言之有序,言之有文,言之有情,以便激发起听众的兴趣,与演讲者产生共鸣。这样,演讲才能获得成功。

3. 演讲稿的写作格式与要求

演讲稿的结构一般包括开头、主体、结语三部分。

1）开头部分

这部分主要包括以下两方面的内容。

一是听众的称谓。在正式发表演讲内容之前，需要称呼与会者，以示礼貌和引起注意。称谓要注意三点：第一要确切，必须与听众的身份相符合。如果是代表会议，一般称呼"各位代表"；如果是工作会议，可称"各位领导、各位同志"；如果是群众性集会，应称"朋友们、女士们、先生们"；如果有重要来宾，还应加上专指性称呼，以示礼貌和尊重。称谓写在标题下左侧顶格处，独占一行，用冒号连起下文。第二要照顾全面，主要听众和一般听众均须顾及。第三要有顺序，重要的在前，一般的在后。

二是引出演讲主题。其方法根据内容需要而定，常见的开头方法有以下几种。

（1）开宗明义。开门见山，直接切入主题。这种方法显得质朴明了，重点突出，使听众易于把握演讲的要领。

（2）设问造疑。出人意料地提出问题，制造悬念，催人深思，发人深省。这种开头方法的好处是，把听众的注意力吸引过来，追随演讲者的思路，由被动地听转为主动地思索，从而很好地掌握演讲的内容。

（3）借典发挥。借用典故、名言等，巧妙发挥，切入正题。这种方法是引用哲人的名言、警句或俗语、谚语、歇后语，以及成语典故、奇闻趣事等来提纲挈领，然后顺势阐发观点，表明态度。这种开头富有哲理性，能为下面的论证做好铺垫，也容易引起听众的兴趣。

（4）幽默开场。运用幽默开场，能较好地表现演讲者的智慧和才华，并且能使听众在轻松愉悦的气氛中不知不觉进入角色，接受演讲的内容；不仅能在笑声中给听众美的享受，而且能沟通演讲者与听众的感情，缩短与听众的距离。

（5）交代缘由。这种开头方法一般是先交代演讲的背景、缘由，使听众很快了解演讲的目的。从而排除疑虑，安心地听讲。这种方法也可以迅速拉近演讲者和听众的距离，在感情交融的基础上使演讲产生良好的效果。

2）主体部分

这是演讲的重点、核心，也是最能展示演讲者才华的部分。主体部分主要是叙事、说理、抒情，写法比议论文、杂文灵活。总的要求是寄情于理，寓理于事，叙议结合，把叙事、说理、抒情结合起来熔为一炉。写时要注意以下几点。

（1）主题鲜明。主题的鲜明、集中是引起强烈反响的主要条件。选择主题时要注意选择公众急需了解的主题，选择自己熟悉的主题，选择有新意的主题。

（2）材料典型。所选材料要能说明主题，征服听众。因此，必须选择真实可靠而又能充分展现主题的典型材料，要选择符合听众兴趣、特点、易于被听众理解的材料；而且这些材料要具体、生动，说服力强。

（3）层次分明。组织内容时要做到层次清晰，结构严谨；同时又要波澜起伏，张弛有道。要有强调、有反复、有比较、有照应、有发展、有变化，层层深入，扣人心弦。

主体部分一般都是根据演讲的具体内容、演讲者本人的个性和文化素养以及听众对象，按照演讲稿文体的特点，灵活地进行安排；根据演讲的讲述特点，一般都要按照一定的层次选择和组合材料，以有声语言和形体语言诉诸听众；在演讲过程中，根据听众的情绪和反应，有张有弛地加以引导。段落、层次之间的过渡、变换都应讲究艺术性，力求自然、巧妙。

3) 结语部分

人们把好的文章结尾称为"豹尾",意思是说结尾必须有力,鼓舞人心,催人奋进。演讲稿的结语也是如此。好的演讲结语言简意赅,余味无穷,令人思索,催人行动。结语应根据实际需要确定,有的绾结全文,深化主题;有的提出问题,发人深省;有的阐发哲理,令人回味;有的豪情满怀,鼓舞人心;有的提出目标,催人奋进;有的感情浓郁,令人遐思。无论采用何种方法,目的都是要给听众留下深刻的印象。

四、写作实训

以"文明旅游"为主题,写一篇演讲稿。

知识链接

1. 即席演讲稿

这是到某些会议、集会或某些活动场所发表演讲的文稿,也叫即兴演讲稿。这种演讲往往是无准备的。这种演讲稿的主题和内容都是根据当时的形势、听众的情绪和政治上的需要来确定的,往往都具有鲜明的倾向性和很强的针对性。因此,这类演讲稿是最典型的,是最能体现演讲者眼光、学识和水平的,也是最难写的。写这类演讲稿,首先,必须通过深入考察和科学分析,确定深刻独到的主题思想;然后,选用典型生动的具体事例,进行分析论证;最后,用通俗易懂、准确生动的语言很好地表达出来,使人耳目一新,为之一振。

2. 专题演讲稿

这是在专门召开的专题演讲会或演讲比赛上所作演讲的文稿。这种演讲一般限定题目范围,所讲内容必须新颖独到,才能独树一帜,给人鲜明印象。由于篇幅短小,就要求有精巧的结构和生动的表达,否则,难以吸引听众。

3. 报告演讲稿

这是在专门召开的事迹报告会或学术报告会上所作演讲的文稿。事迹报告演讲稿的标题常使用《×××个人先进事迹介绍》或《×××个人成长史》;其正文写法与通讯正文写法相同,只是多用第一人称,多谈心理活动,多谈细节,语言恳切实在,尽量用生动的事实感动人。学术报告演讲的标题就是《×××学术报告》或《×××学术讲座》。其正文写法与学术报告正文写法一样,由绪论、本论、结论三部分组成。本论部分可用纵式结构,也可用横式结构,但切忌使用孤僻、深奥的词句。

第四节 欢迎词

一、任务导入

万达旅行社接待了一个来自香港的旅行团。该团打算在宜昌停留两天。一天游三峡大坝,一天游车溪民俗风景区。作为该团的地接导游,你打算怎样致辞以表示欢迎,给客人留下美好的印象呢?

二、范例分享

欢 迎 词

各位来宾:

　　大家早晨好,首先,我代表司机、代表××旅行社欢迎大家来到美丽的海滨城市——大连,我是××旅行社的导游员,我叫王乾,乾是乾隆的乾,不是金钱的钱,为了方便记忆,大家可以叫我小王。前方的是司机×师傅,×师傅有多年的驾驶经验,驾驶技术高超,所以大家在行车过程中可以完全放心。开车的朋友可能听过这样一句话:到了吉林是吉(急)开,到了蒙古是蒙(猛)开,到了上海是沪(胡)开,那到了大连就是黑白两道都能开。这是因为大连是个"春有百花秋有月,夏有凉风冬有雪"的四季分明的城市,在夏天我们的马路是黑色的,到了冬天我们的马路是白色的,所以我们的师傅是黑白两道混得都熟的,大家尽可以放心。接下来这几天就由我和×师傅为大家服务。

　　中国有句俗话说得好:百年修得同船渡。今天我们就是:百年修得同车行。我们大家由不同的地方走到同一个目的地,乘坐在同一辆车里,大家由不相识到相见相知,这真是一种很奇妙而又美好的缘分,那么就让我们将这个美好的缘分进行到底。那小王先在这里预祝大家大连之行愉快,希望我们大连的好山、好水、好导游、好司机给大家带来一份好的心情,使大家带着对大连的期待和憧憬而来,带着对大连的满意和流连而归。最后祝大家在大连吃得舒心,玩得开心,住得爽心。

　　(资料来源:http://www.5ykj.com/Article/yjzchyhs/37317.htm)

【提示】这是一篇在导游现场发表的欢迎词。开篇对游客表示热烈的欢迎,接着在介绍中向游客表明服务的诚意,最后预祝大家旅游愉快。全篇篇幅简短,语言明快,感情真挚,给人留下难忘的印象。

三、知识览要

欢迎词指行政机关、企事业单位、社会团体或个人在公共场合欢迎友好团体或个人来访时致词的讲话稿。

1. 欢迎词的种类

欢迎词从表达方式上可分为以下几种。

1)现场讲演欢迎词

一般指由欢迎人在被欢迎人到达时在现场口头发表的欢迎稿。

2)私人交往欢迎词

私人交往欢迎词一般是在个人举行较大型的宴会、聚会、茶会、舞会、讨论会等非官方的场合下使用的欢迎稿。通常要在正式活动开始前发表。私人交往欢迎词通常具有很大的即时性、现场性。

3)公事交往欢迎词

这种欢迎词一般在较庄重的公共事务中使用。要有事先准备好的得体的书面稿,文字措词上的要求较私人交往欢迎词要正式和严肃。

2. 欢迎词的特点

1）欢愉性

中国有句古话是"有朋自远方来，不亦乐乎"，所以致欢迎词要有一种愉快的心情，言词用语务必富有激情并表现出致辞人的真诚，给客人一种"宾至如归"的感觉，为下一步各种活动的完满举行打下好的基础。

2）口语性

欢迎词是现场当面向宾客口头表达的，所以要口语化，在遣词用语上要运用生活化的语言，既简洁又富有生活的情趣。口语化能拉近主人同来宾的亲切关系。

3. 欢迎词的基本格式

欢迎词一般由标题、称呼、正文和落款四部分组成。

1）标题

标题写法一般有两种：一种是单独以文种命名，如《欢迎词》；另一种由活动内容和文种名共同构成，如《在××学术讨论会上的欢迎词》。

2）称呼

称呼要写在开头顶格处，要写明来宾的姓名称呼，如"尊敬的各位先生们女士们："，"亲爱的××大学各位同仁："等。

3）正文

欢迎词的正文一般可由开头、中段和结尾三部分组成。

（1）开头。开头通常应说明现场举行的是何种仪式，发言者代表什么人向哪些来宾表示欢迎。

（2）中段。欢迎词在中段一般要阐述和回顾宾主双方在共同的领域所持的共同的立场、观点、目标、原则等内容，较具体地介绍来宾在各方面的成就及在某些方面做出的突出贡献，同时要指出来宾本次到访或光临对宾主友谊及合作交流所具有的现实意义和历史意义。

（3）结尾。通常在结尾处再次向来宾表示欢迎，并表达自己对今后合作的良好祝愿。

4）落款

欢迎词的落款要署上致辞单位名称，致辞者的身份、姓名，并署上成文日期。

4. 欢迎词写作的注意事项

欢迎词是出于礼仪的需要而使用的，因此要特别注意礼貌。通常要注意以下几点。

（1）称呼要用尊称，感情要真挚，要比较得体地表达自己的原则、立场。

（2）措辞要慎重，勿信口开河，同时要注意尊重对方的风俗习惯，应避开对方的忌讳，以免发生误会。

（3）语言要精确、热情、友好、温和、礼貌。

（4）篇幅短小，言简意赅。

四、写作实训

2015年9月20日，三峡艺术节将在××学院隆重举行，请你代领导拟写一份欢迎词。

第五节 欢送词

一、任务导入

指出下列欢送词在格式、内容和语言方面存在的问题并改正。

欢 送 词

今天,是一个让我们非常伤感的日子。是因为你们就要离开公司了,我们的心情是依依不舍的。

在即将分别的时刻,回想过去几天我们愉快的相聚,真是让人不堪回首;大家相处的时间是短暂的,但我们之间的友好情谊是长久的。我们相信,我们都会想念你们的,希望你们也能记住我们大家。

中国有句古语:"来日方长,后会有期。"虽然你们的离去,是我们的巨大遗憾。但是,我们还是希望大家一路顺风,多多保重!再见了朋友们。

×××公司经理×××
××年××月××日

二、范例分享

欢 送 词

到这里大家的大连之行就要结束了。相信大连广场之多,绿地面积之大,干净的城市面貌和欧式的城市建筑给您留下深深的印象,特别是大连的海鲜一定还在您的唇齿间留香。小王也在这里感谢大家一路上对我工作的支持和理解。特别是大家对我像朋友一样,大家的热情和友好让我深受感染,我会把大家的这种心态带给更多的人。也希望我们之间的友情像大连的棒棰岛啤酒一样源远流长。这种友情不因时间和空间的距离而减少,只会越来越醇香和绵长。在离别之际小王送大家一句话:我们常说因为生活我们不能失去工作,我们努力地工作是为了生活,那反过来我们也不能因为工作失去生活,在您忙碌的工作之余别忘了给自己留一份空间,出来旅行一下。大家也别忘了,古老的中国有一个美丽的大连,美丽的大连有一个您信任的旅行社,有机会再到大连来,小王和我所在的××旅行社将为您提供更好的服务。最后祝大家归途一切顺利,一路平安!

(资料来源:http://www.17u.net/news/newsinfo_53958.html)

【提示】这是一篇导游现场发表的欢送词。开头以谈话的口吻说明大连之行即将结束,接着引导游客回味大连之行的美好感受,最后祝福游客归途平安。口语化的语言饱含依依惜别之情,使人深受感染。

三、知识览要

欢送词是行政机关、企事业单位、社会团体或个人在公共场合欢送团体或亲友出行时致辞的讲话稿。

1. 欢送词的种类

(1) 欢送词从表达方式上可分为现场讲演欢送词和报刊发表欢送词两种。

(2) 欢送词从社交的公关性质上分为私人交往欢送词和公事往来欢送词两种。

2. 欢送词的特点

1) 惜别性

正如有句古诗所说:"相见时难别亦难",欢送词要表达亲朋远行时的感受,更要把依依惜别之情溢于言表。格调也不可过于低沉,尤其是公共事务的交往更应把握好分别时所用言辞的分寸。

2) 口语性

同欢迎词一样,口语性也是欢送词的一个显著的特点。遣词造句应注意使用生活化的语言,使送别既富有情趣又自然得体。

3. 欢送词的基本格式

同欢迎词一样,欢送词也由标题、称呼、正文和落款四部分组成。

1) 标题

标题的写法一般有两种:一种是单独以文种命名,如《欢送词》;另一种是由活动内容和文种名共同构成。

2) 称呼

称呼要求写在开头顶格处。要写出宾格的姓名和称呼,如"尊敬的各位女士们、先生们:"、"亲爱的×××大学各位同仁:"等。

3) 正文

欢送词的正文一般由开头、中段和结尾三部分组成。

(1) 开头。开头通常应说明此时在举行何种欢送仪式,发言人是以什么身份代表哪些人向宾客表示欢送的。

(2) 中段。欢送词在中段要回顾和阐述双方在合作或访问期间在哪些问题和项目上达成了一致的立场、取得了哪些有突破性的进展,陈述本次合作交流中双方的合作和交流给双方所带来的益处,阐述其深远的历史意义。私人欢送词还应该表达双方在共事合作期间彼此友谊的加深、增进以及分别之后的思念之情。若为朋友送行,还应该加上一些勉励的话。

(3) 结尾。通常在结尾处再次向来宾表示真挚的欢送之情,并表达期待再次相会的心愿。亲朋远行要表达希望早日团聚的惜别之情。

4) 落款

欢送词在落款处要署上致词的单位名称,致词者的身份、姓名,并署上成文日期。

4. 欢送词写作的注意事项

(1) 称呼要用尊称,注意宾客的身份,致词要恰到好处,感情要真挚、诚恳而且要健康。

(2) 措辞要慎重,勿信口开河,要尊重对方风俗习惯,以免发生不该发生的误会。

(3) 语言要精确、友好、热情、温和、礼貌。

(4) 要言简意赅,篇幅不宜过长。欢送词也是一种礼节性的社交公关辞令,要短小精悍,这样更宜于表达主人对客人的尊重和礼貌。

四、写作实训

结合"任务导入"写出修改稿。

第六节 答 谢 词

一、任务导入

××公司将于8月5日举行开业庆典仪式,总经理宋常乐要致辞答谢社会各界朋友,你能代宋总写一篇答谢词吗?

二、范例分享

答 谢 词

尊敬的上海金华酒店××总经理、尊敬的上海金华酒店的朋友们:

首先,请允许我代表东方职业技术学院酒店管理系部分师生对上海金华酒店××总经理及上海金华酒店对我们的盛情接待表示衷心的感谢。

我们学院首次来贵酒店参观学习,此次学习时间虽短,但收获颇大。仅几天的时间,我们对贵酒店的酒店管理有了比较全面的了解,与贵酒店建立了友好的合作关系。这一切,都得益于主人真诚的合作和大力支持。对此,我们表示衷心的感谢。

酒店管理业是发展的产业,有着广阔的发展前景。贵酒店的酒店管理具有现代化管理理念和素质,管理人员具有较强的实践能力和应对能力。我们有幸与贵酒店建立友好的合作关系,为我院酒店管理专业的发展提供了新的契机,必将推动我们学院酒店管理专业迈上一个新的台阶。

最后我代表东方职业技术学院酒店管理系的师生再次向上海金华酒店表示感谢,并祝贵酒店生意兴隆。更希望彼此继续加强合作,共创明天。最后,我建议:为我们今后更加密切合作,干杯!

(资料来源:http://www.mian4.net/wenshu/huanyingci/37965.html)

【提示】这篇答谢词首先对主人的盛情表示感谢。其次,对对方的情况做介绍,以示尊重。最后提出希望与之进一步发展合作关系的强烈意愿。内容合乎规范,篇幅简短,语言精练,是答谢词的典型写法。

三、知识览要

答谢词,是指在特定的公共礼仪场合,主人致欢迎辞或欢送词后,客人所发表的对主人的热情接待和多方关照表示谢意的讲话。答谢词也指客人在举行必要的答谢活动中所发表的感谢主人的盛情款待的讲话。自古以来,人们就提倡"礼尚往来"、"知恩报德"、"来而不往非礼也",于是在人际交往中便有了"谢"的言行:或揖拳,或鞠躬,或以言辞道谢,或以纸笔作书(写成谢函、谢帖、感谢信),倘若在庄重的礼仪场合,那便要温文尔雅地致"答谢词"了。

1. 答谢词的基本类型

依据不同的致谢缘由和致谢内容,答谢词可划分为两个基本类型。

1)"谢遇型"答谢词

"遇",招待,款待。"谢遇型"答谢词,即用来答谢别人的招待的致词,它常用于宾主之间,既可用于欢迎仪式、会见仪式上,与"欢迎词"相应,也可用于欢送仪式、告别仪式上,与"欢送词"相应。

2)"谢恩型"答谢词

"恩",受到的好处,即别人的帮助。"谢恩型"答谢词,即用来答谢别人的帮助的致词。它常用于捐赠仪式或某种送别仪式上。例如,1998年长江中下游地区的灾民在接受全国各地捐赠物品的仪式上,在洪水退后为抗洪抢险的解放军战士送行的仪式上,就都使用了这种答谢词。

2. 答谢词的基本格式

1)标题

在第一行居中的位置写上"答谢词"。

2)称谓

另起一行顶格写致辞对方的姓名、头衔,既可以是广泛对象,也可以是具体对象。称呼后加":"以示引领全文。

3)正文

首先对主人的盛情表示感谢,并对对方的优越性予以肯定,表达出自己的荣幸与激动。这是答谢词的写作重点。其次,要对对方的情况做较详细的介绍,以示尊重。最后,应提出希望与之进一步发展合作关系的强烈愿望。

4)结尾

再一次用简短的语言表示感谢。

3. 答谢词的写作要求

1)内容与结构要合乎规范

两类答谢词所涉及的写作内容以及所运用的结构形式,各有相对稳定的模式。在写作中,一不可混淆,二不可随心所欲地"独创",要尽可能地符合写作规范,否则将会张冠李戴、非驴非马。

2)感情要真挚、坦诚而热烈

既然要"答谢",就应该动真情、吐真言,这就是所谓"真挚、坦诚";虚情假意、言不由衷或矫揉造作,只能引来对方的反感。况且,"答谢"的本身,就是一种"言情"方式,既然要"言情",就应热烈奔放、热情洋溢,给人以如坐春风的温煦感;否则,那种薄情寡义、冷冰冰、干巴巴、硬邦邦的致词是很难获得对方认可的。

3)评价要适度,要恰如其分

一般说来,对于对方的行动,"谢遇型"致词不宜妄加评论、说三道四。而"谢恩型"致词则可就其"精神"或"风格"做出评价,但要适度,要恰如其分,不可故意拔高、无限升华,以免造成"虚情假意"之嫌。

4)篇幅要简短,语言要精练

礼仪的"仪式"场合毕竟不是开大会,致词一般应尽量简短,决不可像某些会议报告那么冗长。作为"答谢词",千字文即可。胡锦涛会见连战时,连战的答谢词写得很美,不过,也许由于是60年来的第一次答谢,"酒逢知己千杯少",其篇幅稍显长了些,但是倒很适合当时的情境。一般"答谢"是无需这么长的。

要想篇幅简短,语言必须精练,应尽可能地将可有可无的字、句、段删掉,努力做到文约旨丰,言简意赅。

四、写作实训

结合"任务导入"写一篇答谢词。

知识链接

答谢词须注意处理好的关系

1. 客套与内容

"客套"是礼仪的表现,"内容"才是实际的东西。一方面,需要客套;但另一方面,客套要为内容服务,不宜过多,更不宜过分,以免造成对方的反感。

2. 友谊与原则

在谈论双边关系时,既要充分表达友好之情、友谊之愿,又不可丧失原则、立场。对于敏感性问题应尽可能地回避(宜放到谈判桌前去解决),对于回避不掉的矛盾与分歧,也应以坦诚的态度、温和的口吻、委婉的言辞做出恰当得体的表达,要谨防出言不逊或不慎而伤害对方的感情。

3. 过去与未来

胡锦涛会见连战时,连战的答谢词中引用得好:"逝者已矣,来者可追。"对于昔日的矛盾与分歧,不宜念念在口、耿耿于怀,应面向未来,化干戈为玉帛。故而,致词中应少讲昔日之"辛酸",多谈未来之"亮丽"。在这方面,连战先生的致词堪称典范。

4. 现实与设想

也许,"现实"的双边关系不那么尽如人意,甚或存在着较大的矛盾与分歧。对于这种情况,致词中可稍作点示,而应集中笔墨去做较完美的"设想",因为"设想"的本身就是"面向未来"。但是,"设想"毕竟不是"现实",不宜于说得那么实在,忌用"一定"、"必然"等副词修饰,宜用"虚笔"出之,比如可采用假设连词以及带有"感觉"、"希望"意义的意念性动词加以表达。在这方面,连战先生做得很出色,请看他的惯用字眼:"假如","我相信","我觉得","我个人觉得","我也感到","我非常盼望","我们也相信","我们很希望","我们也希望"。

5. "己见"与"人见"

"己见",即自己的见解与意见;"人见",指别人的、对方的见解与意见。当然,答谢词所表述的主要是"己见";但是当自己的答谢处于对方的"欢迎词"或"欢送词"之后时,最好能将对方的意见引述出来,融入自己的意见之中。这样做,不仅可以丰富致词的内涵,而且也可巧妙地融洽双方关系,增强和悦气氛。比如,连战先生曾两次引述胡锦涛总书记的话:

(1) 诚如总书记刚才所讲,今天的聚会是国民党和共产党 60 年来的头一次,也是在两岸的情况之下 56 年来党和党见面交换意见最高层次的一次,难能可贵!

(2) 今天,诚如刚才总书记讲的,我们是以善意为出发,以信任为基础,以两岸人民的福祉做依归,以民族长远的利益做目标。

这种引述,表明了对对方意见的认可,也是双方的一种共识,十分明显地带有一种友好的色彩。

6. "言谢"与"行谢"

"言谢",即以言语致谢;"行谢",指以实际行动致谢。孔夫子就主张要"听其言而观其行",可见"行"是取信于人的一个最重要的方面。"谢恩型"答谢词一般要把"如何以实际行动感谢对方的帮助"明确地表达出来;而"谢遇型"答谢词则常将"行谢"的内容隐含在对未来的期望中,而且,一般不说自己将如何做,而是常以"我们……"来代指双方的共同行动。例如连战先生致语:

假如我们都能够以正面的态度勇敢地来面对……来追求未来,我相信……

我们尽我们的力量能够建立一个良性的循环……

让我们把握当前,让我们共同来开创未来……

7. "直"与"曲"

这是对"章法"以及"表达"形式的辩证要求。对于"谢恩型"答谢词来说,无论是章法结构还是表达形式,都应求"直"不求"曲",也就是说,应依照其结构及逻辑层次平直地写来,无需章法上的起伏或者曲折,文字表达也应直来直去,排斥任何形式的婉言曲语。而"谢遇型"答谢词则不尽然,它要求"章法求直,表达求曲"。请看连战先生的一段表达:

当然,中国国民党、中国共产党,我们过去曾经有过冲突,我们都知道这些历史的过程。但是历史毕竟已经是过去的事情,我们没有办法在此时此刻再来改变历史,但是未来却是掌握在我们的手里。当然,历史的进程不会是很平坦的,但是这个不确定的时代,不确定的未来,尤其给我们提供了很多很多的机会。

……

似乎半吞半吐、欲言又止,却能婉转逶迤、曲折尽意,可谓抑扬顿挫、一波三折!

8. "雅"与"俗"

这是对致词语言的辩证要求。与其他的演讲文书一样,答谢词是诉诸听觉的,要想让人听得顺心悦耳,就应将优美雅洁的书面语与活泼生动的口语有机融合一体,以获得琴瑟和谐、雅俗共赏的美感。

本章练习

一、知识训练

1. 撰写求职信应注意哪些问题?
2. 演讲稿有哪些开头方法?
3. 欢迎词写作应注意哪些问题?
4. 欢送词的基本格式是怎样的?
5. 答谢词的写作要求有哪些?

二、能力训练

1. 结合所学专业实际,向某单位写一篇求职信。
2. 以"竞争"为话题,写一篇800字左右的演讲稿。
3. 请为迎新晚会写一篇欢迎词。

第八章 旅游法律诉讼类应用文

通过本章学习,应当达到以下目标。

知识目标

了解旅游法律诉讼活动过程中各类应用文的概念、特点、种类、作用及写法,能用其指导旅游民事起诉状、旅游答辩状和旅游上诉状的写作活动,规范其相关技能活动。

能力目标

运用本章文种知识研究相关案例,培养与"旅游法律诉讼活动"相关的应用文写作情境中分析问题与解决问题的能力;通过写作实训,掌握旅游民事起诉状、旅游答辩状和旅游上诉状的写法。

素质目标

通过学习本章内容,培养学生良好的思想政治素质,增强法律意识。以规范的法律诉讼类文书写作来解决工作中遇到的实际问题,运用法律维护合法权益。

第一节 旅游民事起诉状

一、任务导入

陈某去年与一家旅游公司签订合同。当时合同里写明等陈某旅游回来后将所交的保证金无条件退还。陈某旅游回来后要求旅游公司退还保证金,可是旅游公司找各种理由不肯退了,于是陈某就想起诉这家旅游公司。请问旅游合同纠纷民事起诉状的写法是怎样的呢?

二、范例分享

民事起诉状

原告:西安××旅行社有限责任公司

住所地:西安市×××区××××号

法定代表人:×××　　　　　职务:执行董事

电话:029—××××××××

被告:××市××旅行社有限责任公司

住所地:××省××市×××号

法定代表人:×××　　　　　职务:总经理

邮编:××××

电话:0935—×××××××

案由:追讨团款

诉讼请求:

1. 判令被告支付原告接待团款及违约金共计人民币××元;
2. 判令被告支付原告因追讨团款而支付的费用××元;
3. 判令被告承担本案全部诉讼费用。

事实及理由:

200××年×月×日,被告委托原告接待团号为DT-01的旅游团队,双方就此达成了委托接待协议,团队行程为东线、华山、市内、延安五日游,先行支付部分团款,余款团队返回后即付。团队抵达后,原告全面履行了协议,完成了该团接待,接待质量良好,团款共计人民币××元,被告已支付××元,尚余××元未付。20××年×月×日该团按期返回。之后,被告一直拖延未支付剩余团款,经原告多次书面催告,并派专人上门催收,被告仍未支付。

鉴于上述事实,原告认为,被告违反合同约定,拒不履行付款义务,其行为已严重侵害了原告合法权益,构成严重违约,理应承担违约责任。故根据《合同法》及《民事诉讼法》之规定诉至法院,请求人民法院依法支持原告诉讼请求,维护原告的合法权益。
此致
西安市××区人民法院

具状人:西安××旅行社有限公司
20××年×月×日

【提示】这是一份旅游合同纠纷民事起诉状。状头说明当事人的基本情况。案由明确,诉讼请求明确具体;事实交代简洁明了,理由陈述合情合理并佐以相关法规;是一篇较为规范的起诉状。

三、知识览要

1. 旅游民事起诉状的概念

旅游主体选择向人民法院提起诉讼的方式维权,第一个程序就是向有管辖权的人民法院提起诉讼。旅游民事起诉状是指旅游当事人认为他人违约、侵权或者有其他损害其合法权益的行为,使自己人身财产受到损失,向有管辖权的人民法院提起诉讼,要求人民法院依法判决对方承担侵权责任或违约责任的书面文书。

2. 旅游民事起诉状的特点

1) 特定的使用对象

必须是由与本案有直接利害关系的公民、法人和其他组织提起诉讼。必须向有管辖权的第一审人民法院提起诉讼。

2) 明确的写作内容

必须有明确的被告、具体的诉讼请求和理由。争执的焦点是民事权益。

3. 旅游民事起诉状的写作格式

其基本格式如下。

1) 标题

要求位置居中。

2) 当事人的基本情况

包括原告、被告的姓名、性别、年龄、民族、籍贯、工作单位和地址。如果当事人为法人或团体时,应写明单位的名称、所在地址,法定代表人的姓名、职务。

3) 案由

概括说明起诉缘由。

4) 诉讼请求

指起诉人要求人民法院解决民事纠纷的具体事项。即原告起诉所要达到的目的,如赔偿损失、履行合同等。写作时"请求"要全面、明确、具体。

5) 事实与理由

一般分开来写。

(1) 事实部分。应当写明原、被告民事法律关系存在的事实,以及双方发生民事权益争议的时间、地点、原因、经过、情节和后果。要求:一是完整概括案情;二是围绕"诉讼请求"叙述事实;三是叙事要真实,不违背常理;四是要写重要事实,随举证据。

(2) 理由部分。是对事实的分析评论,应写清事实理由和法律理由。要求:一是依事论理,依法论理;二是理由必须与事实、诉讼请求相一致;三是援引法律条款要全面、准确和规范。

6) 证据表述

根据"谁主张,谁举证"的原则,原告有举证的责任。它决定诉讼的胜负。要求:一是证据名称要规范;二是要说明证据来源;三是举证要具体清楚。

7) 结尾

包括致送法院名称、起诉人署名或盖章、起诉时间、附项,写明按被告数量提供的起诉状副本的份数,各种证据等。

四、写作实训

结合"任务导入"分析,请你代陈某拟写一份民事起诉状。要求:格式规范,叙事有条理,诉讼理由合理合法,请求事项要有分寸。

第二节　旅游答辩状

一、任务导入

阅读下面的起诉状,从答辩的角度思考并指出其中的问题。

民事起诉状

原告:×× 装饰工程有限公司

法定代表人:罗××

职务:总经理

地址:高新区高朋大道 10 号 B 座 2F　电话:028-×××××××××

被告:××市××旅行社有限责任公司

法定代表人:×××

职务:总经理

地址:××市×××号

诉讼请求:

1. 判令被告向原告赔偿各种损失共计 30804.22 元;

2. 判令被告承担本案诉讼费。

事实及理由:

2014 年 10 月 27 日,原告与被告签订了 15 人单独组团米亚罗二日游的旅游合同,其后原告单位职工依约参加了该旅游行程,10 月 31 日在米亚罗风景区进行游玩时,索桥上游玩人员过多且严重超载致使桥上 40 多人全部落水,原告单位职工两人溺水昏迷,经抢救该两人得以生还,同时也使原告单位职工随身携带的大量财物全部被河水冲走,该次事故是由于被告派出的导游没有尽到责任所致,对原告单位的人身、财产造成了极大的损

失:原告为此支付了医药费1194.22元、财产损失费25610.00元、误工费2400.00元、车辆使用费1600.00元,共计30804.22元。

根据《合同法》、《民事诉讼法》相关规定,请求人民法院查清事实、判令被告赔偿原告的各种损失,保护原告的合法权益。

此致
××市××区人民法院

附:①本诉状副本1份;②证据复印件×份

法定代表人:罗××
2015年4月6日

二、范例分享

答 辩 状

答辩人:××市××旅行社有限责任公司

就贵院受理的××装饰工程有限公司诉××市××旅行社有限责任公司赔偿损失一案,答辩人现依据本案的有关事实、相关法律规定提出如下答辩意见:

一、从原告提出的诉讼请求和事实理由来看,××装饰工程有限公司不是本案的适格原告,其作为原告与其诉讼请求及所依据的事实理由之间存在冲突和矛盾,就其诉讼请求而言,该公司不应作为本案原告,而适格的原告应当是接受被告提供旅游服务的15名游客。

1. 旅游合同是指旅行社为旅客提供安排旅程及提供交通、食宿、导游或其他有关服务,而旅客支付旅游费用的合同。

根据这一法律概念,旅游活动作为一项服务,其接受服务的人只能是自然人,被告依据旅游合同所提供的旅游服务,企业法人是无法接受的。企业法人没有意识、没有感知,没腿、没眼,其法律属性决定了企业法人无法成为游客而享受旅游服务。

从本案实际情况来看,原告与被告签订了旅游合同,该合同约定由原告支付旅游费用,然后由被告向原告指定的15名游客提供旅游服务。因此,该合同呈现出了"原告为他人利益而与被告订立合同"的属性和客观事实。

正因为该合同所具备的"原告为他人利益而与被告订立合同"的性质,因此合同的实际履行过程为:首先,原告为15名游客的利益与被告签订旅游合同;其次,原告履行了合同约定的支付款项的义务;第三,被告依据与原告的约定,向原告指定的15名游客提供旅游服务。

2. 原告作为旅游合同的一方当事人,这一点是没有任何异议的。但由于该旅游合同具备特定的性质,该旅游合同履行过程中所出现的问题和争议,应当分别情况来确定原告。

原告在此次诉讼中提出的诉讼请求为:要求被告向原告赔偿各种损失;并且其在诉状事实和理由中称:被告由于未尽到责任,对原告的人身、财产造成了极大的损失等等。通过上述内容,我们可以十分明确地看出,其实原告旅游过程中并未受到任何损害,因为原告是企业法人,它不可能成为游客。而原告诉称的损害,完全是本案案外人(游客)产生的损失。

被告认为:尽管原告是订立旅游合同的一方当事人,但就本案诉讼请求来看,原告以他人在旅游过程产生损失主张原告自己享有债权,并以此主张被告进行清偿,这是没有法律依据和事实依据的。原告的这种主张毫无道理地否定了受伤游客依法应享有的债权,损害了这些游客的合法权益和诉讼权利。本案由××装饰工程有限公司作为原告属于典型的越俎代庖。

关于原告主体适格与否的问题,简单地讲就是——既然诉讼请求是主张受伤游客在旅游过程中产生的损失,而不是原告这个企业法人在旅游过程中产生的损失,则该项诉讼请求只能由受伤的游客提起。

二、被告旅行社不应承担赔偿责任

1. 根据旅游合同约定,旅行社提供了相应的住宿、导游服务就应视为履行合同约定的义务。在旅游过程中发生景区索桥断裂的意外事故,一方面对于旅行社而言是不能预见、不能避免、不能克服的客观情况;另一方面,发生索桥断裂事故并非被告未尽合同义务所致,不在被告应承担的人身和财产安全保障义务范围之内。因此,由于索桥断裂所产生的损害不构成合同违约,不应由旅行社承担违约责任。

2. 原被告签订的旅游合同不是常规的全包价旅游合同,是属于半自由人性质的自驾车旅游。方式是旅行社安排住宿,导游,代买门票,游客自己开车,自己安排旅游行程、吃饭等等。这种旅游方式自由灵活,游客可以自行安排。在该旅游合同实际履行过程中,游客自行开车在旅游景点进行游览,旅游想快想慢,如何控制均由游客掌握,旅游团队不可能像平时全包价旅游中在一辆旅游大巴之上,导游可以随时照顾到全部游客。此种新兴的旅游形式在事实上是被告旅行社仅仅是为该15名游客提供了大量代办的服务工作,属于委托代理性质的旅游代办合同。就该事实而言,索桥断裂及其发生的损害与被告是没有任何事实上和法律上的关系的。

3. 当时发生意外时,索桥边马路上停着多辆巴士和汽车,本旅游团队的多辆自驾车分别停在路边,部分游客登上索桥,桥上有其他旅行社多个旅游团队40多人(原告方诉状中也有相关叙述),许多人因好玩摇晃索桥,致使索桥垮塌多人落水。作为具有完全民事行为能力的成年人,应该知道在少数民族地区搭建的仅仅做通行之用的索桥,在剧烈的人为晃动的情况下具有相当的不安全性,可能导致断裂、垮塌,部分游客看到索桥上已经拥挤了几十个人还要上桥游览,此行为对于此次意外事故的发生也有一定的责任。

综上所述,就本案的诉讼请求而言,原告不具备诉讼主体资格,应依法驳回起诉,被告方不应该承担赔偿责任。请求法院依据事实和相关法律规定,依法裁判。

此致

××市××区人民法院

附:①本答辩状副本1份

答辩人:××市××旅行社有限责任公司
代理人:××律师

2015年6月8日

【提示】这是一份民事答辩状。答辩人针对"任务导入"中民事起诉状的原告提出的诉讼请求和事实理由,进行了针锋相对的反驳和有理有据的分析,明确提出被告旅行社不应承担赔偿责任。是一篇格式规范、语言简明、富有针对性和思辨力量的答辩状。

三、知识览要

1. 概念

旅游答辩状是指当旅游纠纷的一方当事人向人民法院(或仲裁)提起诉讼(或申请仲裁),另一方作为被告(或被申请人),就原告(或申请人)提起的诉讼请求(或仲裁请求)的内容,进行回答和辩驳,并向受理的人民法院(或仲裁机构)提交的书面答辩文书。旅游答辩是赋予被告(或被申请人)的一项权利,即赋予被告(或被申请人)针对起诉书(或仲裁申请书)的内容为自己进行辩解的权利。

2. 特点

1) 特定性

使用对象只能是被告或被上诉人。

2) 针对性

答辩内容必须针对起诉状或上诉状陈述的事情,不能节外生枝。

3) 论辩性

要摆事实讲道理,以有力的论据和法律条文来驳倒对方的观点和论据。

3. 结构和写法

1) 标题

即"答辩状"。

2) 答辩人基本情况

应写明出生地、职业、工作单位和职务、住址等。如果是法人或其他组织提出答辩的,则应写明:单位名称及所在地址,法定代表人姓名、职务、电话,企业性质,工商登记核准号,经营范围和方式,开户银行及账号。

3) 答辩的理由

被告、被上诉人或被申请人,通过提出答辩状,向人民法院表明自己的态度和意见,以维护自己的合法权益,同时也有助于人民法院全面了解案情,查明事实真相,分清是非曲直,公正地审理案件。内容上,要抓住重点进行系统辩驳,同时要申诉自己的理由和观点,提出证据,阐明法律依据,从事理、法理两方面反驳对方的观点,确立己方的理由,以处于不败之地。

4) 尾部

写明送达机关、附项和签署。除答辩人称谓的变化外,其余与民事起诉状一样。

四、写作实训

试分析下面答辩状中存在的问题并修改。

民事答辩状

因原告××诉答辩人旅游合同纠纷一案[案号:(20××)深×法民二初字第××××号],现答辩如下:

一、答辩人完全依照旅游线路行程组织游客旅游,不存在擅自变更旅游行程行为

答辩人与原告签订了合同,约定由答辩人组织原告参加厦门三天专线汽车团游活动,明确约定了旅游时间、线路、费用以及在旅游过程中自费购物点等,二○××年××月××日前往厦门××公司××××购物点是旅游行程中明确约定的自费购物点(见合同及旅游行程表),属于正常履行旅游合同项目行为。

二、原告在旅游过程中受伤纯属意外事件

二○××年××月××日在厦门××公司××××购物点购物过程中,原告小跑前往××商场大堂内提供的免费血压测量仪器时摔倒受伤,当时商场地面平整干净、无杂物、无水渍,其摔倒受伤纯属意外事件,不存在答辩人未尽安全保障义务情形。

事件发生后,答辩人积极配合相关医疗机构对原告伤情做出检查,自费接送原告到其指定的医疗机构进行治疗,并垫付了前期医疗费用,该费用已远远高于原告依据旅游合同支付给答辩人的费用。同时,答辩人还向保险公司中国××保险股份有限公司深圳市分公司为原告申报了旅行社责任保险和旅游意外保险两种险种,保险公司在做出调查后认定该事故与旅行社的疏忽和过失没有直接联系,答辩人在该次事故中不承担责任。

三、原告自身亦承认该受伤事件属于意外事故

事实上,原告亦明确认可该摔倒受伤事故属于意外事件,事后在答辩人协助下已经向投保的保险公司做出了意外事故的理赔,领取了该次事故的相应赔偿金。

此致

深圳市××区人民法院

××年××月××日

知识链接

答辩状的写作技巧

1. 运用反驳方法的步骤

(1) 先抓住对方在起诉状、上诉状中所陈述的错误事实,或所引用法律上的错误,作为反驳的论点。

(2) 由被告人、被上诉人列举出事实与证据,作为反驳诉讼请求的论据。

(3) 运用逻辑推理论证。运用反驳方法时,要尊重事实,抓住关键,尖锐犀利。

2. 运用立论方法的步骤

(1) 从整个事实中归纳、提炼出答辩人的观点。

(2) 提出法律根据,举出客观证据,列出事实凭据作为立论的论据。

(3) 经分析论证,得出结论。

第三节 旅游上诉状

一、任务导入

阅读下面的材料,你认为应怎样写上诉状呢?

××市××饭店经理王灿(女,25岁,住本市××路××号),2013年5月开始租赁张强(男,50岁,在本市汽车站工作,住车站宿舍)的房子2间。双方并签订了租赁合同:房租每月300元。从2013年5月至2013年12月,王灿均按期如数交付房租。但后来王灿得知张强租给他人同样的房子每月房租仅45元,就向张强提出房租减到与别人同样多的要求,遭到张强的拒绝,因此,王灿从2014年1月起停止付房租。张以王不付房租赖占住房为由,向法院起诉,市人民法院于2014年5月16日第65号民事判决书判决:维护双方2013年4月25日签订的合同,令王灿将欠张强的5个月租金1500元一次付清。王不服判决,于2014年5月25日向市中级人民法院上诉,以双方过去签订的合同租金过高,不公平为由,要求比照其他同类房屋,减少每月租金数额。同时,以经济困难,一时付不起5个月的房租为由,要求分期付给,以维护上诉人的合法权益。

二、范例分享

上 诉 状

上诉人:王××,男,汉族,19××年×月×日生,住址:郑州市××区××街××号××号楼××号

被上诉人:中国建设银行股份有限公司××路支行,地址:××市郑花路10号

代表人:杨××

原审被告:周××,女,汉族,19××年×月×日生,住址:郑州市××区××里××号附7号

原审被告:河南××汽车贸易有限公司,地址:郑州市××路16号

法定代表人:马××

原审被告:河南××集团××汽车旅游有限公司,地址:郑州市××路89号

法定代表人:张××

案由:

上诉人因与被上诉人借款合同纠纷一案,不服郑州市金水区人民法院(2015)×民初字第1076号民事裁定书,特依法提起上诉。

上诉请求:

1. 依法撤销一审裁定。

2. 依法裁定郑州市金水区人民法院对本案借款合同纠纷一案没有管辖权,应依法移送郑州市管城回族区人民法院或郑州市二七区人民法院审理。

3. 诉讼费裁定由被上诉人承担。

事实与理由:

上诉人与被上诉人签订的汽车借款合同以及被上诉人与担保人签订的担保合同,均经过郑州市公证处依法公正,借据公证书和汽车消费借款合同、抵押合同、保证合同的公证书均写明借款人不履行或不完全履行借款合同,被上诉人可以本公证书向有管辖权的人民法院申请执行、审理。该公证书并没有公证如发生纠纷应受被上诉人所在地的法院管辖的内容。

我们知道,合同约定的内容如与公证书的内容不一致的,应该以公证书的内容为准,

公证书上对发生纠纷应向有管辖权的人民法院申请执行、审理,就是向被告所在地法院申请管辖,而本案被上诉人(一审原告)在原告所在地起诉,显然违背了公证书对管辖的公证,因此,一审人民法院裁定金水人民法院有管辖权,是错误的。故上诉人特依法上诉,请求撤销一审裁定,裁定本案借款合同纠纷一案移送至郑州市管城回族区人民法院或者郑州市二七区人民法院管辖。

  此致
郑州市中级人民法院

上诉人:王××
2015 年 8 月 16 日

【提示】这是一份不服一审裁定的合同纠纷上诉状。案由写明不服"(2015)×民初字第 1076 号民事裁定书"的判决。接着进行有理有据的辩驳,指出郑州市金水区人民法院对本案借款合同纠纷一案没有管辖权。最后请求裁定本案借款合同纠纷一案移送至郑州市管城回族区人民法院或者郑州市二七区人民法院管辖。全文条理清楚,语言简明,具有较强的逻辑性。

三、知识览要

1. 上诉状的概念

上诉状是刑事、民事或行政案件中的当事人或其法定代理人,不服一审人民法院的判决或裁定,而在法定的上诉期限内,向原审法院的上一级人民法院递交的要求撤销变更一审判决、裁定的书面请求。

2. 上诉状的分类

上诉状分为民事上诉状、刑事上诉状、行政上诉状三类。

1)民事上诉状

民事上诉状是民事案件当事人或者其法定代理人不服一审人民法院的民事判决、裁定,在上诉期间要求上级人民法院进行审理、撤销、变更原裁判所提出的书面请求。

2)刑事上诉状

刑事上诉状是刑事案件的当事人及其法定代理人或者刑事被告人的辩护人和近亲属经被告人同意,不服地方各级人民法院的第一审判决、裁定,依照法定程序和期限要求上一级人民法院撤销或变更原裁判的书面请求。

3)行政上诉状

行政上诉状是指当事人不服人民法院的第一审行政判决、裁定,依法要求上一级人民法院撤销变更一审裁判判的书面请求。

3. 上诉状的基本格式

1)标题

居中写明"民事上诉状"或"刑事上诉状"或"行政上诉状。

2)当事人的基本情况

按照先上诉人后被上诉人的顺序写明他们的姓名、性别、年龄、民族、职业、工作单位及住址。如果是法人或组织,则要写明单位名称、地址、法定代表人姓名、职务、电话、单位

性质、工商登记核准号、经营范围和经营方式、开户银行和账号等内容。

3）上诉案由

即不服一审判决或裁定的缘由。要概括写明因何案、不服何判决（或裁定）而提出上诉。

4）上诉请求

要概括写明请求第二审法院撤销或变更原审判决或裁定，或请求重新审理。

5）上诉理由

正当的上诉理由一般有：①原审事实不清，证据不足；②适用法律不当，定罪量刑有错误；③违反诉讼程序并因而影响裁判的正确性。

6）尾部

（1）另起一行空两格写"此致"。

（2）另起一行顶格写上诉状送达的人民法院名称。

（3）在上诉状的右下角，上诉人签名、盖章，注明上诉的日期。

（4）在上诉状的左下角，安排附项，如副本×本。

四、写作实训

结合"任务导入"中事实材料分析，拟写一份上诉状。

 本章练习

一、知识训练

1. 在起诉书的正文部分，叙述案件事实有哪些要求？
2. 民事起诉状的正文部分应写明哪些内容？
3. 民事上诉状主要应针对原审判决的什么错误而提出上诉？

二、能力训练

根据下列案情材料，为原告拟写一份民事起诉状。

当事人基本情况如下。原告：刘某，女，52岁，汉族，某市人，本市某研究所工程师，住本市西区梅圆路15号。被告：宋某，女，56岁，汉族，某市人，无业，住本市西区白云路38号。原告父亲刘贵与母亲阮氏，生育子女二人，儿子刘名，女儿刘某，即原告，一家四口，有私房3间。1987年刘名与本案被告宋某结婚，1994年刘名因病死亡，未生子女。1996年父亲刘贵逝世，由于宋某没有工作，由母亲阮氏维持一家三口的生活。1999年原告结婚另过，被告未再嫁，一直与阮氏生活在一起，由于没有经济来源，生活也一直由阮氏负担。被告脾气古怪，经常找茬发火，与阮氏吵闹，并且懒惰成性，叫阮氏为她洗衣做饭，操持家务，阮氏对此非常不满，但看在死去的儿子的份上，百般忍让，阮氏每年总要去原告家住上几个月散心。2015年阮氏去世，刘某要求继承祖传房产白云路38号平房3间（共67平方米），并考虑到被告没有生活来源也没有住处，同意留出一间归其居住，至其死亡。宋某认为她也享有继承权，应与刘某共同继承房产。双方为此多次发生纠纷。刘某因此决定向法院起诉，要求法院确认其为唯一合法继承人，继承祖产平房3间。证据：私房产权证；邻居李某、王某证言证明宋某与其婆婆阮氏关系不和；街道证明宋某无业也无其他生活来源等等。

附录 党政机关公文处理工作条例

(中办发[2012]14号,2012年4月)

第一章 总 则

第一条 为了适应中国共产党机关和国家行政机关(以下简称党政机关)工作需要,推进党政机关公文处理工作科学化、制度化、规范化,制定本条例。

第二条 本条例适用于各级党政机关公文处理工作。

第三条 党政机关公文是党政机关实施领导、履行职能、处理公务的具有特定效力和规范体式的文书,是传达贯彻党和国家的方针政策,公布法规和规章,指导、布置和商洽工作,请示和答复问题,报告、通报和交流情况等的重要工具。

第四条 公文处理工作是指公文拟制、办理、管理等一系列相互关联、衔接有序的工作。

第五条 公文处理工作应当坚持实事求是、准确规范、精简高效、安全保密的原则。

第六条 各级党政机关应当高度重视公文处理工作,加强组织领导,强化队伍建设,设立文秘部门或者由专人负责公文处理工作。

第七条 各级党政机关办公厅(室)主管本机关的公文处理工作,并对下级机关的公文处理工作进行业务指导和督促检查。

第二章 公文种类

第八条 公文种类主要有:

(一)决议。适用于会议讨论通过的重大决策事项。

(二)决定。适用于对重要事项作出决策和部署、奖惩有关单位和人员、变更或者撤销下级机关不适当的决定事项。

（三）命令（令）。适用于公布行政法规和规章、宣布施行重大强制性措施、批准授予和晋升衔级、嘉奖有关单位和人员。

（四）公报。适用于公布重要决定或者重大事项。

（五）公告。适用于向国内外宣布重要事项或者法定事项。

（六）通告。适用于在一定范围内公布应当遵守或者周知的事项。

（七）意见。适用于对重要问题提出见解和处理办法。

（八）通知。适用于发布、传达要求下级机关执行和有关单位周知或者执行的事项，批转、转发公文。

（九）通报。适用于表彰先进、批评错误、传达重要精神和告知重要情况。

（十）报告。适用于向上级机关汇报工作、反映情况，回复上级机关的询问。

（十一）请示。适用于向上级机关请求指示、批准。

（十二）批复。适用于答复下级机关请示事项。

（十三）议案。适用于各级人民政府按照法律程序向同级人民代表大会或者人民代表大会常务委员会提请审议事项。

（十四）函。适用于不相隶属机关之间商洽工作、询问和答复问题、请求批准和答复审批事项。

（十五）纪要。适用于记载会议主要情况和议定事项。

第三章 公文格式

第九条 公文一般由份号、密级和保密期限、紧急程度、发文机关标志、发文字号、签发人、标题、主送机关、正文、附件说明、发文机关署名、成文日期、印章、附注、附件、抄送机关、印发机关和印发日期、页码等组成。

（一）份号。公文印制份数的顺序号。涉密公文应当标注份号。

（二）密级和保密期限。公文的秘密等级和保密的期限。涉密公文应当根据涉密程度分别标注"绝密""机密""秘密"和保密期限。

（三）紧急程度。公文送达和办理的时限要求。根据紧急程度，紧急公文应当分别标注"特急""加急"，电报应当分别标注"特提""特急""加急""平急"。

（四）发文机关标志。由发文机关全称或者规范化简称加"文件"二字组成，也可以使用发文机关全称或者规范化简称。联合行文时，发文机关标志可以并用联合发文机关名称，也可以单独用主办机关名称。

（五）发文字号。由发文机关代字、年份、发文顺序号组成。联合行文时，使用主办机关的发文字号。

（六）签发人。上行文应当标注签发人姓名。

（七）标题。由发文机关名称、事由和文种组成。

（八）主送机关。公文的主要受理机关，应当使用机关全称、规范化简称或者同类型机关统称。

（九）正文。公文的主体，用来表述公文的内容。

（十）附件说明。公文附件的顺序号和名称。

（十一）发文机关署名。署发文机关全称或者规范化简称。

(十二)成文日期。署会议通过或者发文机关负责人签发的日期。联合行文时,署最后签发机关负责人签发的日期。

(十三)印章。公文中有发文机关署名的,应当加盖发文机关印章,并与署名机关相符。有特定发文机关标志的普发性公文和电报可以不加盖印章。

(十四)附注。公文印发传达范围等需要说明的事项。

(十五)附件。公文正文的说明、补充或者参考资料。

(十六)抄送机关。除主送机关外需要执行或者知晓公文内容的其他机关,应当使用机关全称、规范化简称或者同类型机关统称。

(十七)印发机关和印发日期。公文的送印机关和送印日期。

(十八)页码。公文页数顺序号。

第十条　公文的版式按照《党政机关公文格式》国家标准执行。

第十一条　公文使用的汉字、数字、外文字符、计量单位和标点符号等,按照有关国家标准和规定执行。民族自治地方的公文,可以并用汉字和当地通用的少数民族文字。

第十二条　公文用纸幅面采用国际标准A4型。特殊形式的公文用纸幅面,根据实际需要确定。

第四章　行文规则

第十三条　行文应当确有必要,讲求实效,注重针对性和可操作性。

第十四条　行文关系根据隶属关系和职权范围确定。一般不得越级行文,特殊情况需要越级行文的,应当同时抄送被越过的机关。

第十五条　向上级机关行文,应当遵循以下规则:

(一)原则上主送一个上级机关,根据需要同时抄送相关上级机关和同级机关,不抄送下级机关。

(二)党委、政府的部门向上级主管部门请示、报告重大事项,应当经本级党委、政府同意或者授权;属于部门职权范围内的事项应当直接报送上级主管部门。

(三)下级机关的请示事项,如需以本机关名义向上级机关请示,应当提出倾向性意见后上报,不得原文转报上级机关。

(四)请示应当一文一事。不得在报告等非请示性公文中夹带请示事项。

(五)除上级机关负责人直接交办事项外,不得以本机关名义向上级机关负责人报送公文,不得以本机关负责人名义向上级机关报送公文。

(六)受双重领导的机关向一个上级机关行文,必要时抄送另一个上级机关。

第十六条　向下级机关行文,应当遵循以下规则:

(一)主送受理机关,根据需要抄送相关机关。重要行文应当同时抄送发文机关的直接上级机关。

(二)党委、政府的办公厅(室)根据本级党委、政府授权,可以向下级党委、政府行文,其他部门和单位不得向下级党委、政府发布指令性公文或者在公文中向下级党委、政府提出指令性要求。需经政府审批的具体事项,经政府同意后可以由政府职能部门行文,文中须注明已经政府同意。

(三)党委、政府的部门在各自职权范围内可以向下级党委、政府的相关部门行文。

（四）涉及多个部门职权范围内的事务，部门之间未协商一致的，不得向下行文；擅自行文的，上级机关应当责令其纠正或者撤销。

（五）上级机关向受双重领导的下级机关行文，必要时抄送该下级机关的另一个上级机关。

第十七条　同级党政机关、党政机关与其他同级机关必要时可以联合行文。属于党委、政府各自职权范围内的工作，不得联合行文。

党委、政府的部门依据职权可以相互行文。

部门内设机构除办公厅（室）外不得对外正式行文。

第五章　公文拟制

第十八条　公文拟制包括公文的起草、审核、签发等程序。

第十九条　公文起草应当做到：

（一）符合党的理论路线方针政策和国家法律法规，完整准确体现发文机关意图，并同现行有关公文相衔接。

（二）一切从实际出发，分析问题实事求是，所提政策措施和办法切实可行。

（三）内容简洁，主题突出，观点鲜明，结构严谨，表述准确，文字精练。

（四）文种正确，格式规范。

（五）深入调查研究，充分进行论证，广泛听取意见。

（六）公文涉及其他地区或者部门职权范围内的事项，起草单位必须征求相关地区或者部门意见，力求达成一致。

（七）机关负责人应当主持、指导重要公文起草工作。

第二十条　公文文稿签发前，应当由发文机关办公厅（室）进行审核。审核的重点是：

（一）行文理由是否充分，行文依据是否准确。

（二）内容是否符合党的理论路线方针政策和国家法律法规；是否完整准确体现发文机关意图；是否同现行有关公文相衔接；所提政策措施和办法是否切实可行。

（三）涉及有关地区或者部门职权范围内的事项是否经过充分协商并达成一致意见。

（四）文种是否正确，格式是否规范；人名、地名、时间、数字、段落顺序、引文等是否准确；文字、数字、计量单位和标点符号等用法是否规范。

（五）其他内容是否符合公文起草的有关要求。

需要发文机关审议的重要公文文稿，审议前由发文机关办公厅（室）进行初核。

第二十一条　经审核不宜发文的公文文稿，应当退回起草单位并说明理由；符合发文条件但内容需作进一步研究和修改的，由起草单位修改后重新报送。

第二十二条　公文应当经本机关负责人审批签发。重要公文和上行文由机关主要负责人签发。党委、政府的办公厅（室）根据党委、政府授权制发的公文，由受权机关主要负责人签发或者按照有关规定签发。签发人签发公文，应当签署意见、姓名和完整日期；圈阅或者签名的，视为同意。联合发文由所有联署机关的负责人会签。

第六章　公文办理

第二十三条　公文办理包括收文办理、发文办理和整理归档。

第二十四条　收文办理主要程序是：

（一）签收。对收到的公文应当逐件清点，核对无误后签字或者盖章，并注明签收时间。

（二）登记。对公文的主要信息和办理情况应当详细记载。

（三）初审。对收到的公文应当进行初审。初审的重点是：是否应当由本机关办理，是否符合行文规则，文种、格式是否符合要求，涉及其他地区或者部门职权范围内的事项是否已经协商、会签，是否符合公文起草的其他要求。经初审不符合规定的公文，应当及时退回来文单位并说明理由。

（四）承办。阅知性公文应当根据公文内容、要求和工作需要确定范围后分送。批办性公文应当提出拟办意见报本机关负责人批示或者转有关部门办理；需要两个以上部门办理的，应当明确主办部门。紧急公文应当明确办理时限。承办部门对交办的公文应当及时办理，有明确办理时限要求的应当在规定时限内办理完毕。

（五）传阅。根据领导批示和工作需要将公文及时送传阅对象阅知或者批示。办理公文传阅应当随时掌握公文去向，不得漏传、误传、延误。

（六）催办。及时了解掌握公文的办理进展情况，督促承办部门按期办结。紧急公文或者重要公文应当由专人负责催办。

（七）答复。公文的办理结果应当及时答复来文单位，并根据需要告知相关单位。

第二十五条　发文办理主要程序是：

（一）复核。已经发文机关负责人签批的公文，印发前应当对公文的审批手续、内容、文种、格式等进行复核；需作实质性修改的，应当报原签批人复审。

（二）登记。对复核后的公文，应当确定发文字号、分送范围和印制份数并详细记载。

（三）印制。公文印制必须确保质量和时效。涉密公文应当在符合保密要求的场所印制。

（四）核发。公文印制完毕，应当对公文的文字、格式和印刷质量进行检查后分发。

第二十六条　涉密公文应当通过机要交通、邮政机要通信、城市机要文件交换站或者收发件机关机要收发人员进行传递，通过密码电报或者符合国家保密规定的计算机信息系统进行传输。

第二十七条　需要归档的公文及有关材料，应当根据有关档案法律法规以及机关档案管理规定，及时收集齐全、整理归档。两个以上机关联合办理的公文，原件由主办机关归档，相关机关保存复制件。机关负责人兼任其他机关职务的，在履行所兼职务过程中形成的公文，由其兼职机关归档。

第七章　公文管理

第二十八条　各级党政机关应当建立健全本机关公文管理制度，确保管理严格规范，充分发挥公文效用。

第二十九条　党政机关公文由文秘部门或者专人统一管理。设立党委（党组）的县级以上单位应当建立机要保密室和机要阅文室，并按照有关保密规定配备工作人员和必要的安全保密设施设备。

第三十条　公文确定密级前，应当按照拟定的密级先行采取保密措施。确定密级后，应当按照所定密级严格管理。绝密级公文应当由专人管理。

公文的密级需要变更或者解除的,由原确定密级的机关或者其上级机关决定。

第三十一条　公文的印发传达范围应当按照发文机关的要求执行;需要变更的,应当经发文机关批准。

涉密公文公开发布前应当履行解密程序。公开发布的时间、形式和渠道,由发文机关确定。

经批准公开发布的公文,同发文机关正式印发的公文具有同等效力。

第三十二条　复制、汇编机密级、秘密级公文,应当符合有关规定并经本机关负责人批准。绝密级公文一般不得复制、汇编,确有工作需要的,应当经发文机关或者其上级机关批准。复制、汇编的公文视同原件管理。

复制件应当加盖复制机关戳记。翻印件应当注明翻印的机关名称、日期。汇编本的密级按照编入公文的最高密级标注。

第三十三条　公文的撤销和废止,由发文机关、上级机关或者权力机关根据职权范围和有关法律法规决定。公文被撤销的,视为自始无效;公文被废止的,视为自废止之日起失效。

第三十四条　涉密公文应当按照发文机关的要求和有关规定进行清退或者销毁。

第三十五条　不具备归档和保存价值的公文,经批准后可以销毁。销毁涉密公文必须严格按照有关规定履行审批登记手续,确保不丢失、不漏销。个人不得私自销毁、留存涉密公文。

第三十六条　机关合并时,全部公文应当随之合并管理;机关撤销时,需要归档的公文经整理后按照有关规定移交档案管理部门。

工作人员离岗离职时,所在机关应当督促其将暂存、借用的公文按照有关规定移交、清退。

第三十七条　新设立的机关应当向本级党委、政府的办公厅(室)提出发文立户申请。经审查符合条件的,列为发文单位,机关合并或者撤销时,相应进行调整。

第八章　附　　则

第三十八条　党政机关公文含电子公文。电子公文处理工作的具体办法另行制定。

第三十九条　法规、规章方面的公文,依照有关规定处理。外事方面的公文,依照外事主管部门的有关规定处理。

第四十条　其他机关和单位的公文处理工作,可以参照本条例执行。

第四十一条　本条例由中共中央办公厅、国务院办公厅负责解释。

第四十二条　本条例自 2012 年 7 月 1 日起施行。1996 年 5 月 3 日中共中央办公厅发布的《中国共产党机关公文处理条例》和 2000 年 8 月 24 日国务院发布的《国家行政机关公文处理办法》停止执行。

参考文献

[1]　陈惠钦,等.现代应用文写作大全(修订本)[M].西安:太白文艺出版社,1994.
[2]　陈纪宁,等.现代应用文写作大全[M].北京:中华工商联合出版社,1997.
[3]　吴雅杰,蔚然.实用文体写作格式与技巧大全(修订本)[M].北京:中央民族大学出版社,1997.
[4]　高胜祥,邱晓平.旅游应用文[M].北京:旅游教育出版社,2005.
[5]　徐中玉.应用文写作[M].北京:高等教育出版社,2006.
[6]　包锦阳.旅游应用文[M].北京:人民邮电出版社,2006.
[7]　孙秀求,吴锡山.应用写作教程[M].北京:中国人民大学出版社,2006.
[8]　宋有武,边勋.应用写作教程及其实训[M].北京:北京交通大学出版社,2007.
[9]　张浩.新编酒店常用文书写作大全[M].北京:蓝天出版社,2007.
[10]　何小庭.旅游应用文写作[M].2版.北京:旅游教育出版社,2008.
[11]　罗国仕,杨金娥.实用语文教程[M].北京:科学出版社,2008.
[12]　罗春祥.旅游应用文写作[M].北京:北京交通大学出版社,2009.
[13]　赵龙详.应用文写作[M].苏州:苏州大学出版社,2009.
[14]　郝立新.应用文写作教程(修订版)[M].北京:商务印书馆,2009.
[15]　任孝珍.旅游应用文写作[M].北京:对外经济贸易大学出版社,2010.
[16]　文忠.新编公文写作基本知识与范例[M].北京:海潮出版社,2010.

教学支持说明

高等职业教育旅游大类专业示范院校"十三五"规划教材为华中科技大学出版社在湖北区域组建的高等职业教育教材。

为了改善教学效果,提高教材的使用效率,满足高校授课教师的教学需求,本套教材备有与纸质教材配套的教学课件(PPT 电子教案)和拓展资源(案例库、习题库视频等)。

为保证本教学课件及相关教学资料仅为教材使用者所得,我们将向使用本套教材的高校授课教师和学生免费赠送教学课件或者相关教学资料,烦请授课教师和学生通过电话、邮件或加入旅游专家俱乐部 QQ 群等方式与我们联系,获取"教学课件资源申请表"文档并认真准确填写后发给我们,我们的联系方式如下:

地址:湖北省武汉市东湖新技术开发区华工科技园华工园六路

邮编:430223

电话:027-81381206

E-mail:lyzjjlb@163.com

旅游专家俱乐部 QQ 群号:306110199

旅游专家俱乐部 QQ 群二维码:

群名称:旅游专家俱乐部
群　号:306110199

教学课件资源申请表

填表时间：_____年___月___日

1. 以下内容请教师按实际情况写，★为必填项。
2. 学生根据个人情况如实填写，相关内容可以酌情调整提交。

★姓名		★性别	□男 □女	出生年月		★职务	
						★职称	□教授 □副教授 □讲师 □助教

★学校		★院/系	
★教研室		★专业	
★办公电话		家庭电话		★移动电话	
★E-mail（请填写清晰）				★QQ号/微信号	
★联系地址				★邮编	

★现在主授课程情况	学生人数	教材所属出版社	教材满意度
课程一			□满意 □一般 □不满意
课程二			□满意 □一般 □不满意
课程三			□满意 □一般 □不满意
其 他			□满意 □一般 □不满意

教 材 出 版 信 息						
方向一		□准备写	□写作中	□已成稿	□已出版待修订	□有讲义
方向二		□准备写	□写作中	□已成稿	□已出版待修订	□有讲义
方向三		□准备写	□写作中	□已成稿	□已出版待修订	□有讲义

请教师认真填写表格下列内容，提供索取课件配套教材的相关信息，我社根据每位教师/学生填表信息的完整性、授课情况与索取课件的相关性，以及教材使用的情况赠送教材的配套课件及相关教学资源。

ISBN（书号）	书名	作者	索取课件简要说明	学生人数（如选作教材）
			□教学 □参考	
			□教学 □参考	

★您对与课件配套的纸质教材的意见和建议，希望提供哪些配套教学资源：